U0618938

教育部人文社会科学研究规划基金项目成果

（项目编号：21YJA790032）

新时代金融创新与发展系列丛书

城镇职工医疗保险的家庭微观效应研究

——基于健康效应和经济效应的视角

张霞　著

中国金融出版社

责任编辑：石　坚
责任校对：孙　蕊
责任印制：丁淮宾

图书在版编目（CIP）数据

城镇职工医疗保险的家庭微观效应研究：基于健康效应和经济效应的视角／
张霞著．--北京：中国金融出版社，2024.10． --ISBN 978-7-5220-2545-2

Ⅰ．F842.684

中国国家版本馆 CIP 数据核字第 2024PD3704 号

城镇职工医疗保险的家庭微观效应研究——基于健康效应和经济效应的视角
CHENGZHEN ZHIGONG YILIAO BAOXIAN DE JIATING WEIGUAN XIAOYING YANJIU：
JIYU JIANKANG XIAOYING HE JINGJI XIAOYING DE SHIJIAO

出版
发行　中国金融出版社

社址　北京市丰台区益泽路 2 号
市场开发部　（010）66024766，63805472，63439533（传真）
网 上 书 店　www.cfph.cn
　　　　　　　（010）66024766，63372837（传真）
读者服务部　（010）66070833，62568380
邮编　100071
经销　新华书店
印刷　北京七彩京通数码快印有限公司
尺寸　169 毫米×239 毫米
印张　12.25
字数　204 千
版次　2024 年 10 月第 1 版
印次　2024 年 10 月第 1 次印刷
定价　68.00 元
ISBN 978-7-5220-2545-2
如出现印装错误本社负责调换　联系电话（010）63263947

前言 PREFACE

作为健康保障的一环，医疗保险在个体层面上扮演着减轻家庭经济压力、强化家庭风险应对、普及医疗保障和健康知识、提升医疗资源使用效率以及缓解个体心理负担的角色。然而，它同样可能带来诸如激励不良生活习惯、医疗资源浪费和医疗过度等副作用。中国的社会基本医疗保险（全民医保）是否面临这些挑战？本书选取城镇职工医疗保险制度作为研究对象，探讨其对家庭带来的经济和健康影响。

城镇职工医疗保险自1999年年初启动，至同年年末已基本成形，与城乡居民医疗保险一起，成为我国全民医疗保障体系的关键组成部分。该制度通过其经济补偿功能，有效缓解了城镇职工面临的医疗难题，从而在整体上提升了他们的健康水平。本书依托健康经济学的基础理论，尝试构建评估医疗保险对家庭微观影响的两个关键指标：健康指标与经济指标。本书利用2010—2020年中国家庭追踪调查（CFPS）的6期数据，采用实证分析方法，探讨城镇职工医疗保险对家庭健康和经济状况的具体影响。

本书在结构上分为7个主要部分：第一章主要明确本书研究的背景、意义、文献综述、研究内容与框架、研究方法与技术路线、可能的创新。第二章为理论框架与评价体系，主要界定医疗保险、医疗保险效应、道德风险与逆向选择的概念，构建了包括两个维度五项内容的效应评价体系。第三章分析医疗保险效应的实现机制，第一节从健康意识和收入、选择现象两个方面分析健康效应的实现路径，从医疗保险待遇、正常医疗需求的释放、道德风险三个方面分析经济效应的实现路径。第二节主要介绍实证分析时构建的模型、数据来源及处理。本书使用2010—2020年中国家庭追踪调查（CFPS）的6期跟踪数据，为了避免选择偏差和内生性问题，构建PSM-DID模型分析医疗保险的健康效应，建立Heckman样本选择模型分析医疗保险的经济效应。第四章实证分析城镇职工医疗保险的家庭健康效应。第五章实证分析城镇职工医疗保险的家庭经济效应。第六章提出提高城镇职工医疗保险效应的对策建议：在城镇职工医疗保险中引进健康管理，提高健康水平；转变医保支付方式，控制医药费用不合理增长；深化医疗、医药、医保"三医联动"改革。第七章是结语部分，对本书的研究结论和研究展望进行总结，并给出了政策建议的启示。

本书的研究结果和结论主要包括以下几点：首先，评估医疗保险效果的体系至少需涵盖两个维度，本书重点分析了医疗保险对健康和经济的影响。在健康方面，本书进一步探讨了医疗保险如何影响健康行为、健康产出和医疗服务使用；在经济方面，本书深入分析了医疗保险对医疗消费和大病支出的影响。医疗保险的存在，能够在患者遭遇重病时提供经济补偿，使原本因经济困难而无法或放弃治疗的患者得以接受治疗，从而释放了正常的医疗需求，导致医疗服务使用率上升、健康水平提升和医疗开支增加。然而，道德风险的存在可能促使参保者采取不健康的生活方式，导致健康状况恶化、疾病发生率增加、医疗服务使用率提高和医疗开支增长，大病支出的发生率也随之提高。

其次，在健康指标方面，购买城镇职工医疗保险后：（1）参保者更可能选择不健康的生活方式，增加了吸烟和饮酒的概率，表明医疗保险可能增加了不健康行为的发生，存在一定的道德风险。（2）参保者的健康产出有所改善，身体不适的概率变化不大，而健康自我评价有所提升，这表明医疗保险能够释放正常的医疗需求，通过就医行为促进健康。（3）医疗保险显著提高了门诊医疗服务的使用率，这主要是因为城镇职工医疗保险设有个人账户，参保者在门诊时的自付费用可以直接从个人账户中扣除。在个人账户余额充足的情况下，参保者对因道德风险而增加的费用不敏感，医疗需求的释放成为主导因素，表现为城镇职工医疗保险增加了门诊就诊次数。

最后，在经济指标方面：（1）城镇职工医疗保险导致总医疗支出增长了102.3%，其中低收入家庭的医疗支出因正常医疗需求的释放而增长了171.09%，中等收入家庭的医疗支出则因道德风险而增长了134.18%。城镇职工医疗保险使参保者的自付医疗支出比参保前降低了20.78%，但这一结果并不显著，表明医疗保险能够在一定程度上减轻参保者的财务负担，但效果尚未达到预期。参保者的自付比例显著下降了8.93%，这是医疗保险报销政策的结果，尤其在高收入家庭中更为明显，自付比例下降了7.67%。（2）城镇职工医疗保险并未显著降低大病支出的发生率，其在保障大病支出方面的作用有限，意味着城镇职工医疗保险在提供大病保障方面的功能需要进一步加强。

本书的边际贡献主要体现在：（1）引入了信息不对称理论来探讨参保者选择购买医疗保险的内在原因，并结合行为经济学中的健康行为指标以及卫生经济学中医疗服务利用和健康产出的指标，构建了一个医疗保险效应评价体系。这样的研究设计不仅为分析提供了有力的理论支撑，而且拓宽了研究的视野，使研究结果更加深入和全面。（2）在探讨道德风险问题时，采用了一种创新的方法，即通过收入层次来划分并确定正常医疗需求的释放效应和道德风险效应。与传统的方法——通常基于风险水平和保险水平的正相关性来推断道德风险的存在不同，本书的方法不仅可以验证道德风险现象的存在，还能够对道德风险的程度进行定量的评估和度量。这种方法提供了一种更为精确和细致的视角来理解和分析道德风险问题。

目 录 CONTENT

第一章　探索之旅 ……………………………………………………… 1

　第一节　探索背景 ……………………………………………………… 1

　　一、医疗保险的社会价值 ……………………………………………… 1

　　二、研究的意义 ………………………………………………………… 3

　　三、研究的目的 ………………………………………………………… 4

　第二节　全球视野与本土融合 ………………………………………… 6

　　一、国际视角：研究综述 ……………………………………………… 6

　　二、方法论：研究框架与技术路线 …………………………………… 18

　　三、创新探索：新视角下的贡献 ……………………………………… 23

第二章　理解与评估：概念与评价体系 ……………………………… 24

　第一节　相关概念的界定与解释 ……………………………………… 24

　　一、医疗保险 …………………………………………………………… 24

　　二、医疗保险效应 ……………………………………………………… 25

　　三、道德风险与逆向选择 ……………………………………………… 26

　第二节　医疗保险效应评价体系的构建 ……………………………… 27

　　一、健康的重要性 ……………………………………………………… 28

　　二、经济的考量 ………………………………………………………… 30

第三章　医疗保险效应的实现机制：理论与实证 …………………… 33

　第一节　实现路径 ……………………………………………………… 33

　　一、健康效应探索 ……………………………………………………… 33

　　二、经济效应解析 ……………………………………………………… 36

第二节　实证模型与数据处理 ·· 41

　　一、模型构建 ·· 41

　　二、数据收集及处理 ·· 46

第四章　城镇职工医疗保险健康效应的实证分析 ··········· 58

　第一节　健康行为的改变 ··· 58

　　一、数据匹配 ·· 59

　　二、实证结果 ·· 62

　第二节　健康产出的追踪 ··· 80

　　一、数据匹配 ·· 80

　　二、实证结果 ·· 83

　第三节　医疗服务利用的调整 ·· 98

　　一、数据匹配 ·· 99

　　二、实证结果 ·· 102

第五章　城镇职工医疗保险经济效应的实证分析 ········· 118

　第一节　医疗支出的变化 ··· 118

　　一、总医疗支出的变化 ·· 119

　　二、自付医疗支出的变化 ··· 127

　　三、自付比例的变化 ·· 136

　第二节　大病支出的消长 ··· 143

　　一、大病支出的界定 ·· 143

　　二、实证结果分析 ··· 144

第六章　政策建议与实践应用 ·· 148

　第一节　城镇职工医疗保险中引进健康管理 ··· 148

　　一、疾病预防和疾病控制阶段的健康管理 ·· 148

　　二、疾病治疗阶段的健康管理 ··· 150

　第二节　转变医保支付方式，控制医疗费用增长 ·································· 151

　　一、由后付制转向预付制与后付制相结合 ·· 152

　　二、由单一支付方式转向多元复合型支付方式 ································· 153

　第三节　深化医疗、医药、医保"三医联动"改革 ······························ 154

　　一、医疗保险体制改革中强化医保机构的核心作用 ························· 155

二、医疗卫生体制改革中落实"管办分离"原则 ……………… 156

三、药品流通体制改革中推行市场定价机制 ………………… 157

第七章　结　语 …………………………………………………… 159

第一节　研究发现 ……………………………………………… 159

一、健康效应结果 …………………………………………… 159

二、经济效应结果 …………………………………………… 162

第二节　实践中的启示 ………………………………………… 163

一、加快推进分级诊疗，控制医疗费用增长 ……………… 163

二、引导灵活就业人员积极参保 …………………………… 165

三、合理确定缴费人群及水平，维持医保基金收支平衡 ………… 166

四、充分发挥企业补充医疗保险和商业医疗保险的补充作用 … 168

第三节　展望未来 ……………………………………………… 170

参考文献 …………………………………………………………… 172

第一章 探索之旅

第一节 探索背景

一、医疗保险的社会价值

（一）医疗保险的重要性

在当前社会经济背景下，医疗保险作为国家社会保障体系的一个关键组成部分，正日益受到社会各阶层的广泛关注。医疗保险（以下简称医保）是健康人群与非健康人群之间或健康时与病患时对病患风险的分摊机制，它的直接功能在于保障人们在患病时对医疗卫生服务利用的财务可及性[①]，其重要性日益凸显，这主要源于人口老龄化加剧、慢性病负担增加以及医疗成本持续上升等多重因素的叠加影响。

首先，人口老龄化的加剧凸显了医疗保险的重要性。随着全球及多数国家生育率的下降和人均寿命的延长，人口老龄化已成为不可逆转的趋势。随着老年人口比例的持续上升，医疗服务的需求也随之激增。老年人身体机能下降，更容易罹患各类疾病，对医疗资源的需求远高于其他年龄段，这直接导致了医疗费用的急剧上升。医疗保险通过分担个人和家庭的经济风险，确保了老年人在需要时能够获得必要的医疗服务，有效缓解了因老龄化带来的社会经济压力。其次，慢性病负担的增加进一步凸显了医疗保险的重要性。慢性病如心血管疾病、糖尿病、癌症等已成为威胁人类健康的主要疾病类型，且往往伴随着长期的治疗和康复过程，给患者及家庭带来沉重的经济负担。而随着生活方式的改变和环境污染的加剧，慢性病的发病率不断攀升，给个人、家庭和社会带来了巨大的经济负担。医疗保险通过提供覆盖慢性病治疗和管理的保障，减轻了患者及其家庭的经济压力，促进了慢性病的有效管理和控制。最后，医疗

---

① 潘杰，雷晓燕，刘国恩. 医疗保险促进健康吗？——基于中国城镇居民基本医疗保险的实证分析 [J]. 经济研究，2013，48（4）：130-142，156.

成本的持续上升也对医疗保险制度提出了更高要求。随着医疗技术的进步和人们对健康需求的不断提升，医疗服务的成本不断攀升。高昂的医疗费用使许多家庭在面对疾病时望而却步，甚至因病致贫、因病返贫。医疗保险通过集合社会资金，形成风险共担机制，有效降低了个人和家庭在面临疾病时的经济风险。同时，医疗保险还通过支付方式改革、医疗服务监管等手段，促进医疗资源的合理配置和医疗服务的有效利用，从而在一定程度上抑制了医疗费用的过快增长。

（二）医疗保险的效果

基于医疗保险的重要性，近年来，为了确保所有公民都能平等地获得医疗服务和保障，全民覆盖的社会基本医疗保险已成为我国医疗改革中的主要卫生政策，也是我们引以为豪的成就。然而，医疗保险的实施需要巨额资金的支持，其背后的投入与产出的权衡，以及实际效果是否值得如此巨大的投入，已经成为学术界广泛讨论和研究的热点。

一方面，从医疗保险的财务机制角度来看，它的确具有显著的优势。作为一种有效的风险分摊工具，医疗保险能够平滑医疗支出风险，普通民众在面对突发的、高昂的医疗费用时，不再感到无助和绝望。这种机制大大降低了就医的经济门槛，使更多人能够享受到医疗保健服务，提高了服务的可及性。而医疗服务的使用，本质上是保障和促进公民的健康长寿，因此，医疗保险在这一点上也发挥了积极的保护作用[1]。然而，我们也不得不面对一个现实：个体的健康状况并非仅仅由医疗保险所决定，基因、环境、生活习惯等多种因素都会对个体的健康状况产生影响，而医疗保险可能只能在这些因素中起到辅助的作用。这就引发了一个重要的问题：医疗保险是否真的改善了人们的健康状况？或者说，它的实际效果是否达到了我们的预期？

另一方面，医疗保险的实施也可能带来一些潜在的负面影响。由于保险覆盖的病人面临较低的医疗支出成本，这可能会在一定程度上引发医疗服务市场上的道德风险。一些医疗机构或医生可能会因此过度提供医疗服务，导致医疗资源的浪费。同时，这也可能导致人均医疗支出的增长速度超过收入增长，给参保人群带来更大的经济压力。由于医疗保险的筹资能力有限，参保人群仍需承担一定比例的医疗费用，随着医疗总费用的增加，参保人群的自付医疗费用也可能会相应增加。我们国家设立医疗保险的初衷是解决"看病难、看病贵"

---

[1] 黄枫，甘犁. 过度需求还是有效需求？——城镇老人健康与医疗保险的实证分析 [J]. 经济研究，2010，45（6）：105-119.

的问题，但在实际操作中，医疗保险究竟发挥了多大的作用？它是减轻了还是加重了居民的医疗负担？这是一个需要我们深入研究和准确评估的问题。为了得出科学的结论，我们需要通过一系列的研究和分析，准确估计医疗保险的效应，并区分道德风险的影响程度以及医疗保险对人们经济负担的净效应。只有当我们准确估计了医疗保险的效应后，才能通过成本效益、成本效果或成本产出的方法，将其与其他手段进行比较。这样，我们才能更好地调整和优化相关公共政策，确保每一分投入都能产生最大的社会效益，实现对社会资源的有效利用。

城镇职工医疗保险（以下简称城职保）作为我国社会基本医疗保险体系中的核心支柱，一直以来都在为城镇职工提供着坚实的医疗保障，确保他们在面临健康风险时能够得到及时、有效的治疗和帮助。这一制度在保障职工基本医疗需求、维护社会稳定和促进经济发展等方面，都发挥着不可替代的作用。然而，随着社会经济的发展和人民生活水平的提高，人们对医疗保险的期待和需求也在不断增长。在这样的背景下，对城镇职工医疗保险的绩效进行全面、深入的评估，就显得尤为重要。本书正是基于这样的考虑，旨在构建一个全面、科学的医疗保险评价指标体系，研究城镇职工医疗保险对参保人的健康行为、健康产出、医疗服务使用、医疗支出以及大病医疗支出的具体影响。

二、研究的意义

在构建评价指标体系时，本书不仅关注了医疗保险制度本身的运行情况，还从健康和经济的双重维度进行了综合考虑，来明确城职保是否发挥了其应有的微观作用。一方面，从健康角度出发，评估医疗保险对健康状况的改善程度，以及参保人是否会因医疗保险改变健康行为，在面对疾病时是否能够获得及时、有效的治疗；另一方面，从经济角度出发，分析医疗保险对参保人医疗支出的影响，特别是对大病医疗支出的影响。因此，本书的研究不仅具有重要的理论意义和现实意义，也为政府未来的决策提供了依据，具有深远的政策意义。

理论层面，本书的研究有助于我们：（1）丰富医疗保险研究的理论框架，促进不同学科间的知识交流和融合，为医疗保险领域的研究提供新的理论视角和工具。（2）深入剖析医疗费用增长的内在机理，包括正常医疗需求的释放和道德风险的影响。这种区分和量化评估不仅能解决传统研究中医疗费用增长原因不明的问题，也为政策制定者提供了针对性的干预策略，有助于控制医疗费用的不合理增长。（3）创新道德风险评估方法，在控制信息不对称的前提下，通过收入分类来区分正常医疗需求释放效应和道德风险效应，这一方法不仅验证了道德风险的存在，还实现了对道德风险大小的定量衡量。这种创新的道德风险评估方法不仅是对传统方法的革新，也为未来相关研究提供了新的思路和方法论支持，有助于提升医疗保险市场的监管效率和公平性。

现实层面，本书的研究有助于我们：（1）掌握医疗保险政策的实际运行效果，绩效评估可以直观地反映城镇职工医疗保险在实际运行中的效果，如医疗支出负担、健康行为改善、健康水平提升等方面的情况，为进一步完善制度提供数据支持。（2）指导参保行为，医疗保险绩效评估结果可以向参保人展示医疗保险的实际效益，引导其更加积极地参保，合理使用医疗资源，提高自我健康管理意识。（3）增强社会信任，透明、公正的绩效评估可以增强公众对城镇职工医疗保险制度的信任，减少误解和疑虑，促进社会稳定。

政策层面，本书的研究有助于我们：（1）完善政策设计，通过对城职保的深入研究，可以为政府制定和调整医疗保险政策提供科学依据，也可以发现医疗保险制度中存在的问题和不足，为制度改革提供方向，推动医疗保险制度不断完善，使政策更加符合实际需要，更具针对性和可操作性。（2）推动社会保障事业发展，城职保的成功实践可以为其他社会保障制度的改革和完善提供借鉴和启示，推动我国社会保障事业的持续健康发展。（3）增强政府公信力，通过为职工提供有效的医疗保障，城职保有助于增强政府的公信力，提升民众对政府的信任度和满意度。

三、研究的目的

（一）构建体系评价医疗保险的效应

在国际卫生经济学研究中，对医疗保险实施效果的评估通常集中在医疗可及性、医疗效果和医疗负担三个关键领域，即试图回答医疗保险对居民医疗服务需求、健康产出以及医疗负担的影响作用[①]。健康产出与居民医疗可及性之间存在直接的因果联系。本书认为，医疗保险能够鼓励居民定期进行健康检查，关注个人健康，减少不良生活习惯，如吸烟、饮酒和久坐，同时也可能因为道德风险而忽视健康，导致不健康行为的增加，这些因素均会对健康产出产生显著影响。健康产出的变化进一步影响医疗服务的利用，即医疗可及性。当居民面临疾病时，他们希望尽快恢复健康或提高生存率，这就需要及时获得医

---

① 周钦，刘国恩. 健康冲击：现行医疗保险制度究竟发挥了什么作用？［J］. 经济评论，2014（6）：78-90.

疗服务。相反，如果居民的健康水平提升，医疗需求减少，医疗服务的利用率也可能相应降低。因此，在构建医疗保险效应评价体系时，本书将健康行为、健康产出和医疗服务利用归纳为健康效应的一部分。

另外，人们购买医疗保险的主要动机是规避大病风险，预防高额医疗费用支出。因此，在评估医疗保险的效果时，必须考虑其在减少大病医疗支出方面的作用。基于此，本书设计了评价体系的第二个维度：经济效应。

目前，国内关于医疗保险效应评价的研究主要集中在弱势群体，如农民、老年人、儿童或外来务工人员，这导致了医疗保险效应评价体系的不完整性。本书在现有医疗保险效应评价体系的基础上，对现有指标进行了重新组合和归纳，形成了包含两个维度、五项内容的新评价体系。本书将这一新体系应用于城镇职工医疗保险，旨在拓展这一领域的研究内容，并期望能够推动医疗保险效应评价领域的进一步研究，这具有重要的理论研究价值。

（二）区分积极效应和消极效应

医疗保障体系不仅有助于分散因疾病带来的经济风险，还能通过降低医疗服务的实际成本，使原本经济条件有限的群体能够获得必要的医疗服务，进而满足其基本的医疗需求。然而，医疗保险可能对医疗服务的价格产生扭曲效应，这可能导致参保者倾向于消费更多的医疗服务或追求更高质量的医疗服务，从而引发医疗资源的浪费和医疗支出的增长，这被定义为事后道德风险。同时，医疗保险的存在也可能削弱个人的预防意识，增加不健康的生活方式，导致医疗需求的增加，这被称为事前道德风险。医疗保险市场是道德风险问题较为突出的领域之一，事后道德风险的现象已被广泛接受。因此，探讨参保者是否存在事前道德风险，即医疗保险是否改变了参保者的健康行为，对政府制定相应措施具有重要的指导意义。

此外，对城镇职工医疗保险的效果进行深入分析，研究其对健康行为、健康产出、医疗服务使用和医疗支出的影响，区分正常医疗需求的释放和道德风险效应的相对大小，对于政府制定未来政策具有重要的理论参考价值。这有助于肯定城镇职工医疗保险在实现健康中国战略目标中所发挥的积极作用，同时对可能出现的消极影响进行有效干预，为完善医疗保险制度提供更加合理和有效的建议，以实现对医疗保险市场的高效治理。

第二节　全球视野与本土融合

一、国际视角：研究综述

（一）医疗保险效应实现路径的研究进展

1. 国外的研究动态

Arrow（1963）第一次详细描述了在医疗保险市场上，投保人购买保险之后，风险防范动机会发生变化，即产生道德风险[①]。在保险市场上，所谓的道德风险通常指的是，消费者在购买了保险之后，获得了保险的保障，可能会减少采取预防措施的动力，降低自身的谨慎性，减少预防成本的投入，这可能导致事故发生的概率上升。这种现象发生的根本原因在于市场中存在信息不对称，具体来说，是激励机制的不平衡或失效，导致了在"隐藏行为"情况下的委托代理问题[②]。

事后道德风险的研究：Manning（1987）对兰德健康保险实验的数据进行分析后，发现医疗保险确实对人们的医疗服务使用和医疗支出产生了显著的影响，并且那些享有更高保障水平的参保者在医疗服务的消费量上有所增加，同时，他们的医疗费用支出也相应提高，这表明存在明显的道德风险现象[③]。Chiappori、Durand、Geoffard（1998）在1994年法国健康保险改革的背景下，引入了一项政策：医疗费用的个人自付比例被设定为10%，通过研究此项自然实验的结果，发现道德风险确实对人们的就医行为产生了影响[④]。Cardon、Hendel（2001）使用1987年自然医疗费用调查（NMES）数据发现了道德风险的证据[⑤]。

事前道德风险的研究：事前道德风险是指个人因为拥有医疗保险而减少了在健康生活方式和疾病预防上的投入，这是因为保险降低了疾病治疗的成本。

[①] Aroow K J. Uncertainty and the Welfare Economics of Medical Care [J]. American Economic Review, 1963, 53 (5): 941-973.

[②] 赵桂芹, 吴洪. 保险市场道德风险实证研究评述 [J]. 保险研究, 2011 (4): 116-123.

[③] Manning W G. Health Insurance and the Demand for Medical Care: Evidence from A Randomized Experiment [J]. The American Economic Review, 1987, 77 (3): 251-277.

[④] Chiappori P, Durand F, Geoffard P. Moral Hazard and the Demand for Physician Services: First Lessons from A French Natural Experiment [J]. European Economic Review, 1998, 42: 499-511.

[⑤] Cardon J H, Hendel I. Asymmetric Information in Health Insurance: Evidence from the National Medical Expenditure Survey [J]. The Rand Journal of Economics, 2001, 32 (3): 408-427.

这种风险可能会对参保者的健康造成长期的不良影响，并最终导致医疗费用的增加。Ehrlich 和 Becker（1972）首次对这一现象进行了研究，他们通过健康生产函数构建了事前道德风险的模型，指出保险降低了医疗服务的边际成本，进而减少了个人在疾病预防上的投资。然而，并非所有的实证研究都支持这一理论。Courbage 和 Coulon（2004）利用英国家庭调查数据进行的实证分析中发现，私人保险对人们的吸烟和运动习惯并没有显著影响[①]；Manning（1987）通过兰德实验，发现医疗保险的待遇水平并不显著改变个人的健康行为。然而，也有一些研究得出了相反的结论，表明医疗保险确实会引起事前道德风险。例如，Klick 和 Stratmann（2007）利用糖尿病患者的治疗数据发现，医疗保险的保障水平与患者的 BMI 指数存在正相关关系。Yilma、Van Kempen、De Hoop（2012）利用非洲加纳的微观调查数据也证实了事前道德风险的存在，特别是在预防性投入成本较高的情况下更为显著[②]。Son、Nicholas（2019）对澳大利亚健康保险市场的研究发现，拥有私人保险的个人使用了更多的医疗服务，这被视为道德风险的一个证据[③]。

2. 国内的研究动态

医疗保险效应的实现路径通常通过几个关键路径：释放潜在的医疗需求、逆向选择的影响，以及道德风险的效应。然而，以往的学术文献主要聚焦于医疗保险如何促进医疗消费的增长，对于医疗需求的释放、逆向选择和道德风险的具体影响并未作出清晰的区分。鉴于本书的核心是城镇职工医疗保险，该保险通过企业内部强制的方式确保所有符合条件的员工参与，因此逆向选择问题基本不存在。基于此，本书将重点梳理与正常医疗需求释放和道德风险效应相关的文献资料。

（1）正常医疗需求的释放

学术界通常依据自付医疗费用是否对家庭的日常消费产生挤出效应来评估医疗保险效应。如果自付的医疗费用并未减少家庭的日常生活消费，这表明医疗支出处于家庭的支付能力范围内，医疗需求的释放可能不是导致费用增长的主要因素，此时医疗开支的增加更可能是道德风险的结果。反之，如果自付费用对家庭消费造成了排挤，说明家庭的支付能力受限，患者不太可能无节制地

① Courbage C，De Coulon A. Prevention and Private Health Insurance in the UK ［J］. The Geneva Papers on Risk and Insurance-Issues and Practice，2004，29（4）：719-727.

② Yilma Z，Van Kempen L，De Hoop T. A Perverse Net Effect? Health Insurance and Ex-ante Moral Hazard in Ghana ［J］. Social Science & Medicine，2012，75（1）：138-147.

③ Son N，Nicholas G. Selection Bias and Moral Hazard in the Australian Private Health Insurance Market：Evidence from the Queensland Skin Cancer Database ［J］. Economic Analysis and Policy，2019，64：259-265.

使用医疗资源，这时医疗开支的上升更可能是基于真实医疗需求的增长，而非道德风险所致。胡宏伟、曲艳华、高敏（2013）通过分析9个城市4年的家庭追踪面板数据得出结论：医疗保险可以显著促进家庭医疗需求的释放，特别是在较贫困的人群中，这一效应更为显著。谢明明、王美娇、熊先军（2016）的实证研究发现，当自付医疗费用占家庭收入的比例超过40%时，由于医疗保险的保障水平不足，道德风险问题并不存在，此时医疗支出的增加应归因于正常的医疗需求释放。

（2）道德风险效应

在探讨事后道德风险的学术研究中，多数研究者都提供了道德风险存在的证据：史文璧、黄丞（2005）将医疗保险中的道德风险分为两种：一是被保险人的过度消费；二是医疗机构的诱导需求。张莹（2011）进一步细分了社会医疗保险中的道德风险，将其分为需求方的道德风险、供给方的道德风险，以及双方可能的合谋行为，并详细分析了这些风险的具体表现。胡思洋（2017）认为，大病医疗保险制度可能引发双重道德风险问题，包括医生和患者的道德风险以及医疗保险机构的道德风险。解祥优、李婧（2016）认为，投保人在购买保险后可能会减少在疾病预防上的投入或过度使用医疗服务，这样的行为可能会增加其效用水平，而医疗机构的利润与医疗费用成正比，这在一定程度上诱发了道德风险。王珺、高峰、冷慧卿（2010）通过比较重大疾病保险和非重大疾病保险中投保人的保险程度和风险类别的差异，尝试分离道德风险的影响，并发现重大疾病保险的道德风险相对较小。

解垩（2009）通过分析中国健康与营养调查数据，探讨了收入水平与健康状态及医疗服务使用之间的关系，结果显示参与医疗保险的人群往往经济条件更为优越，并且更频繁地利用医疗服务。黄枫、甘犁（2012）将城镇职工医疗保险改革视作一种"准自然实验"，通过研究发现，尽管医疗保险改革导致门诊自付费用的比重上升，但参保者就医的概率和门诊自付费用并没有显著变化，而门诊的总医疗支出却减少了28.6%~30.6%，这表明道德风险问题相当严重[①]。胡宏伟、栾文敬、李佳怿（2015）采用工具变量法和Probit模型进行分析，结果表明医疗保险显著增加了老年人过度使用卫生服务的可能性，这表明存在显著的道德风险。谢明明、王美娇、熊先军（2016）基于2007—2011年"中国城镇居民基本医疗保险评估入户调查"的微观数据，构建了IV Probit模型和Treatment处理效应模型，研究发现当自付费用与家庭收入的比率低于40%

---

① 黄枫，甘犁. 医疗保险中的道德风险研究——基于微观数据的分析 [J]. 金融研究，2012 (5)：193-206.

时，家庭的生活负担较轻，医疗开支的增加主要是由事后道德风险引起的；而当这一比率高于40%时，家庭的生活负担加重，道德风险问题则不再显著①。

李玲、李影、袁嘉（2014）采用双重差分倾向得分匹配估计方法，对微观层面的医院患者样本数据进行了分析，以评估医疗保险报销比例提高对医疗卫生服务需求的影响，研究发现了显著的道德风险现象。姚瑶、刘斌、刘国恩等（2014）通过构建 Heckman 和广义线性模型（GLM），发现公立医院的医疗费用明显高于私立医院，这暗示了公立医院在就诊过程中存在道德风险。谢明明、朱铭来（2016）基于中国 12 个省（市）2003—2012 年的面板数据，建立了面板固定效应模型和面板门槛模型，结果显示，在低收入和中高收入水平时，医疗保险对医疗费用的增长没有显著影响；而在中等收入和高收入水平时，医疗保险显著促进了医疗费用的增长，这表明存在道德风险效应②。袁正、孙月梅、陈祺（2016）利用 1989—2009 年的中国健康和营养调查（CHNS）微观数据，通过 Logit 模型和固定效应模型进行实证分析，发现在中国商业医疗保险市场中存在道德风险，而逆向选择现象并不显著，在控制了收入、健康状况等因素之后，参保人群的医疗支出相对较高。

在探讨事前道德风险的学术研究中：黄枫、甘犁（2012）提出，一般来说，人们不会采取对自己健康有害的行为，谢明明、王美娇、熊先军（2016）发现医疗保险并不会导致事前道德风险，即人们在参保后，其不健康行为的概率并未增加。但是任燕燕、阚兴旺、宋丹丹（2014）发现，尽管基本医疗保险对老年人的吸烟和饮酒行为影响不显著，但参保后老年人参与体育锻炼的概率显著降低，这在一定程度上支持了事前道德风险的存在。田雪丰（2019）同样在老年人群体中发现了事前道德风险的证据，表明他们在参保后更可能选择不健康的生活方式，如增加吸烟和饮酒行为，减少体育锻炼和体重控制。彭晓博和秦雪征（2014）发现，医疗保险会增加吸烟和饮酒等不健康行为。傅虹桥、袁东、雷晓燕（2017）进一步发现，事前道德风险确实存在，但其影响在不同健康状况的群体中表现出明显的异质性，健康较好的个体受到的影响更大，而健康较差的个体几乎不受影响③。封进、王贞、宋弘（2018）利用中国家庭追踪调查（CFPS）数据的研究中发现了道德风险存在的证据：与被强制参加城镇

① 谢明明，王美娇，熊先军. 道德风险还是医疗需求释放？——医疗保险与医疗费用增长 [J]. 保险研究，2016（1）：102-112.

② 谢明明，朱铭来. 医疗保险对医疗费用影响的门槛效应研究 [J]. 江西财经大学学报，2016（4）：57-65.

③ 傅虹桥，袁东，雷晓燕. 健康水平、医疗保险与事前道德风险——来自新农合的经验证据 [J]. 经济学（季刊），2017（2）：599-620.

职工医疗保险的群体相比，自愿参保的人群医疗支出有显著提高。这些研究结果表明，在享受医疗保险保障的情况下，人们的行为选择可能会发生变化，这些变化可能会对医疗服务的利用和医疗费用产生影响。

（二）医疗保险效应评价的研究进展

对保险实施效应进行评价时，既可以宏观分析保险对经济、社会的影响（顾海等，2016；韩文等，2016；徐伟和杜珍珍，2016；刘彤彤等，2018；潘琳等，2019），也可以微观分析保险对参保人的影响。因为本书只分析城职保的家庭微观效应，故以下内容围绕城职保的健康和经济效应展开。

1. 国外的研究动态

在国际卫生经济学研究领域，对医疗保险效果的评估通常集中在三个方面：医疗可及性、医疗效果和医疗负担。这涉及分析医疗保险如何影响居民对医疗服务的需求、对健康结果的贡献，以及对个人或家庭经济压力[1]。

（1）医疗保险对医疗可及性的影响

参保情况主要通过两个关键途径对健康状况产生影响：一是医疗服务利用率，二是个人的健康意识和态度。Hafnereaton（1993）的研究发现，参保人群在医疗服务的使用上明显高于未参保人群，特别是在慢性病患者中这一差异更为显著，而在急性病患者中差异则相对较小[2]。Currie 和 Ggubeer（1996a，1996b）对美国政府的医疗补助计划进行评估，同年 Hanratty（1996）对加拿大的全民医保计划进行了研究，两者的研究结果均表明，医疗保险的参与显著提升了医疗服务的使用率，并有助于改善目标人群的健康状况。Ayanian、Weissman、Schneider 等（2000）发现，长期未参保的个体不太倾向于采取健康行为，他们接受常规体检的次数较少，在癌症筛查、降低心血管疾病风险以及糖尿病管理等方面也缺乏必要的医疗服务[3]。

（2）医疗保险对健康产出的影响

Ayanian、Kohler、Abe 等（1993）在研究中指出，与拥有私人商业保险的患者相比，未参保患者在疾病确诊时往往处于较晚的阶段，并且出院后的存活率也相对较低。Franks、Clancy、Gold（1993）发现，保险状态与死亡率之间存

---

① 周钦，刘国恩. 健康冲击：现行医疗保险制度究竟发挥了什么作用？[J]. 经济评论，2014（6）：78-90.

② Hafnereaton C. Physician Utilization Disparities Between the Uninsured and Insured. Comparisons of the Chronically Ill, Acutely ill, and Well Nonelderly Populations [J]. Journal of American Medical Associate, 1993, 269（6）：787-792.

③ Ayanian J Z, Weissman J S, Schneider E C, et al. Unmet Health Needs of Uninsured Adults in the U-nited States [J]. Journal of American Medical Associate, 2000, 284（16）：2061-2069.

在显著的相关性，医疗保险对降低死亡率的作用可与教育和收入等其他因素相媲美。Wilper、Woolhandler、Lasser 等（2009）在研究中进一步证实了保险状态与死亡率之间的负相关性，即未参保人群的死亡风险高于参保人群。Baker、Sudano、Albert 等（2001）的研究表明，长期缺乏医疗保险的中老年人更容易遇到健康问题，如行动能力下降。

　　然而，并非所有研究都得出一致的结论。Card、Dobkin、Maestas（2008）采用不连续回归分析方法，发现在 65 岁（通常健康保险计划开始的年龄）时死亡率并没有显著变化，这意味着老年健康保险计划对死亡率的影响并不显著。Finkelstein 和 Mcknight（2008）的研究也得出了类似的结论，即在老年健康保险计划实施的前 10 年，其对死亡率并没有产生显著的影响。

　　（3）医疗保险对医疗负担的影响

　　1974—1982 年，美国兰德公司投入了 8000 万美元进行了一项关于健康保险的实验。该实验证实，当个人需要支付一定比例的医疗费用时，可以显著降低医疗服务的使用频率及总医疗费用，即在不损害健康状况的前提下，相较于全额免费获得医疗服务的对照组，那些需要自付 95% 费用的参与者，其人均医疗开支减少了大约 60%。Manning（1987）对兰德健康保险实验的数据进行了分析，得出了医疗保险对医疗服务使用和医疗支出有显著影响的结论，随着共付比例或起付线的降低，享有更高保障水平的参保者会更多地使用医疗服务，相应的医疗费用也会增加。此外，当健康保险的自付比例每增长 10% 时，医疗支出会相应减少 1%~2%。

　　2. 国内的研究动态

　　（1）医疗保险的健康效应

　　①医疗保险对医疗服务利用的影响

　　使用不同的数据、方法，构建不同的模型，大多数学者都发现医疗保险能够促进医疗服务的使用。程令国、张晔（2012）利用 2005 年和 2008 年的中国老年健康影响因素跟踪调查（CLHLS）数据，并通过 PSM-DID 模型、固定效应模型、两阶段模型以及 Heckman 模型进行分析，结果表明新型农村合作医疗（新农合）减少了有病不医的情况，增加了医疗服务的使用，并显著提高了参合者的健康水平。Hou、Van、De Poel、Van Doorslaer 等（2014）使用了 2006 年和 2008 年宁夏与山东两地区的调查数据，采用工具变量法来处理潜在的内生性问题，发现新农合提升了医疗服务的可及性，并且相比于个人医疗账户，社会统筹账户更能增加农民使用门诊服务的可能性。范红丽、刘素春、陈璐（2019）通过建立面板工具变量法，得出商业健康保险能够提高居民医疗服务的使用频率，并有助于改善居民健康水平的结论。

　　Wagstaff、Lindelow、Jun 等（2009）利用 2003 年和 2005 年的中国医疗服务调查纵向数据，通过构建倾向得分匹配双重差分（PSM-DID）模型，发现新型农村合作医疗（新农合）促进了门诊和住院服务的使用，特别是在收入最低的 20% 样本群体中，门诊服务的增加更为显著；而对其他人群来说，住院服务的增加更为明显。Liu 和 Tsegai（2011）使用 2004 年和 2006 年的中国营养与健康调查（CHNS）数据，通过构建倾向得分匹配（PSM）模型，发现新农合显著提升了农村居民的门诊服务使用率，特别是在贫困和西部地区的农村居民中，这一效应更为明显。Cheng、Liu、Zhang（2015）通过构建 PSM-DID 模型，发现新农合显著提高了老年人，特别是低收入老年人群体的医疗服务使用率，还改善了老年人的日常活动能力和认知能力，尽管它并没有改变老年人的自评健康状况或降低死亡率[①]。赵绍阳、臧文斌、尹庆双（2015）以连续参保者的住院报销情况为研究对象，在控制了逆向选择效应后发现，在报销水平较低的情况下（类似于新农合的报销比例），提高保障水平会增加参保居民的住院服务使用率；而在报销水平较高的情况下（类似于城镇居民医疗保险的报销比例），增加保障水平则不会显著提高参保居民的住院服务使用率[②]。

　　然而，一些研究者持有不同观点，他们认为医疗保险对医疗服务的使用影响有限。Zhou、Gao、Xue 等（2009）利用 2006 年和 2008 年宁夏与山东两省的调查数据，通过构建 Heckman 选择模型，观察到在实施供给方政策之后，门诊服务的使用率和单次门诊的费用分别有 94.7% 和 55.9% 的降低。王翌秋、雷晓燕（2011）发现，新型农村合作医疗（新农合）对老年人的就医行为并没有产生显著影响。白重恩、李宏彬、吴斌珍（2012）认为，个体在生病后是否选择就医或住院主要取决于其健康状况，医疗保险在其中并没有发挥显著的促进作用。

　　②医疗保险对健康行为的影响

　　马双和张劼（2011）基于 2004 年和 2006 年的中国营养与健康调查（CHNS）数据，采用极大似然估计法探讨了新型农村合作医疗（新农合）对家庭营养摄入的影响。他们的研究结果显示，新农合显著增加了每日人均热量、蛋白质和脂肪的摄入量，但对碳水化合物的摄入没有明显影响。彭晓博、秦雪征（2014）使用了 2000—2009 年的 CHNS 数据，并以受访者所在县是否实施新农合作为工具变量，通过基准

　　① Cheng L, Liu H, Zhang Y, et al. The Impact of Health Insurance on Health Outcomes and Spending of the Elderly: Evidence from China's New Cooperative Medical Scheme [J]. Health Economics, 2015, 24 (6): 672-691.

　　② 赵绍阳，臧文斌，尹庆双. 医疗保障水平的福利效果 [J]. 经济研究，2015，50 (8): 130-145.

模型、工具变量模型和一阶差分模型分析，在控制了参保行为的内生性之后，发现新农合显著改变了个体的生活方式，增加了吸烟、饮酒、久坐和摄入高热量食物等不健康行为的可能性，并导致了体重超重概率的上升。相反地，谢明明、王美娇、熊先军（2016）使用"地区参保率"作为工具变量来控制内生性后，发现拥有医疗保险的人群吸烟行为显著减少，饮酒也有所降低，同时体育锻炼和年度体检的频率增加，表明人们的健康行为变得更加合理。同样，范红丽、刘素春、陈璐（2019）基于 CHNS 数据，运用面板工具变量法进行分析，发现商业健康保险有助于改善居民的健康行为。

③医疗保险对健康产出的影响

在探讨医疗保险对健康产出效应的研究中，绝大多数研究者都得出了医疗保险对提升健康水平具有积极作用的结论。黄枫、吴纯杰（2009）使用了2002—2005 年的中国老年人健康长寿影响因素调查数据，并以 2005 年人口普查中 359 位老人的保险平均覆盖率作为工具变量来解决潜在的内生性问题。他们的研究结果表明，在控制了个体的人口统计特征、社会经济状况和健康状况后，拥有医疗保险的老年人与无保险的相比，其三年内的死亡概率下降了25.3%。在同一数据集的基础上，黄枫、甘犁（2010）进一步利用 Cox 比例风险模型证实了医疗保险能够降低老年人的死亡风险，并延长其平均生存时间。潘杰、雷晓燕、刘国恩（2013）使用了 2007—2010 年国务院城镇居民基本医疗保险试点评估的入户调查数据，以各城市对参保人群的政府补助比例作为工具变量，通过相关模型发现城镇居民基本医疗保险（城居保）改善了个人的自评健康状况，特别是对低收入群体的影响更为显著。周小菲、薛建礼、陈滔（2019）运用 FAVAR 模型探讨了经济增长和医疗保险对健康水平的影响，结果表明医疗保险确实有助于提升健康水平。刘玮、孟昭群、韩笑（2016）使用了CHNS 微观数据，并运用了二阶段最小二乘模型（2SLS）、分位数回归模型和Probit 模型，发现医疗保险对儿童这一特定群体的健康有促进作用，并且这种作用随着儿童健康水平的提高而递减。唐迪、高向东、方中书（2019）也得出了相似的结论，但他们采用的是倾向得分匹配模型。于大川、吴玉锋、赵小仕（2019）基于 2014 年中国老年健康长寿影响因素追踪调查（CLHLS）数据，采用倾向得分匹配方法，发现社会医疗保险显著提升了老年人的健康水平。赵为民（2020）利用微观入户调查数据发现，新农合大病保险能够改善居民的健康水平，尤其是在农村中上等收入家庭中效果最为明显。乔丽丽（2019）比较了现行医疗保险对健康水平的影响程度，发现适度的保障水平（相当于城镇居民基本医疗保险的水平）对健康水平提升的作用最为显著。高娜娜等（2023）发现，异地就医直接结算能够提升参保居民医疗资源利用、降低医疗费用负担、释放医疗服务需求、改善居民的自评健康。甘晓成等（2024）通过构建渐进双重差分法，分析了省级统筹对城乡居民健康水平的影响，发现政策实施之后城乡居民的健康得以改善。

然而，一些研究者提出了与前述研究不同的发现。罗楚亮（2008）基于2002年的CHIP城镇住户调查数据，观察到公费医疗和大病统筹覆盖对健康指标产生了显著的负面影响，尽管这种覆盖对个人的自评健康没有显著的影响。赵绍阳、臧文斌、傅十和等（2013）使用了国务院2007—2009年关于城镇居民基本医疗保险试点评估的跟踪调查数据，分析了处于医保夹心层人群的健康和医疗服务使用情况。在控制了个人特征、就业状况、保险状态和家庭经济状况之后，他们发现医保夹心层职工的健康状况相对较差，较少利用住院服务；但当他们确实住院时，住院费用及其经济负担会更重，同时在获取医疗保健知识和进行定期体检方面表现出较低的积极性。阳义南、肖建华（2019）认为，医疗保险支出与老年人的主观健康和生理健康之间存在显著的负相关关系，表明医疗保险支出的增加并没有带来老年人健康水平的提升[1]。申宇鹏（2022）发现，省级统筹在显著提高个体医疗服务利用的同时，并未带来健康福利。

另外，有研究提出医疗保险对健康并无显著影响。例如，赵忠、侯振刚（2005）使用中国健康和营养调查（CHNS）数据对中国城镇居民的健康影响因素进行了分析。他们指出，由于可能遗漏了某些变量，估计结果出现偏差。他们发现，医疗保险对健康始终表现为不显著的负相关[2]。Lei和Lin（2009）采用了2000年、2004年和2006年的中国健康与营养调查的纵向数据，通过最小二乘法、Logit模型、个体固定效应模型、工具变量估计以及倾向得分匹配双重差分（PSM-DID）方法进行实证研究，结果表明新型农村合作医疗（新农合）并没有显著提高参合者对常规医疗服务的使用，对健康也没有显著的影响。吴联灿、申曙光（2010）利用中国健康和营养调查（CHNS）数据，考虑到参合与未参合人群之间的差异，通过建立PSM-DID模型评估新农合的实施效果，发现新农合对农民健康有积极影响，但这种影响相对有限。Chen和Jin（2012）基于2006年中国农业普查数据，将健康指标定义为村级的死亡率，并采用PSM-DID方法进行分析，发现新农合对儿童和孕产妇的死亡率没有显著影

---

① 阳义南，肖建华."以医促养"还是"以养促养"：医疗保险与养老金的健康绩效比较 [J]. 保险研究，2019（6）：81-95.

② 赵忠，侯振刚.我国城镇居民的健康需求与 Grossman 模型——来自截面数据的证据 [J]. 经济研究，2005（10）：79-90.

响，但有助于提高六岁儿童的入学率。

（2）医疗保险的经济效应

在探讨医疗保险的经济效应时，多数研究者倾向于采用包括总医疗开支、个人自付的医疗费用以及自付比例在内的一系列指标进行评估，而通过这些指标得出的实证研究结果呈现多样性。

①参保能够有效减轻人们的医疗负担

白重恩、李宏彬、吴斌珍（2012）通过双重差分（DID）方法发现，新型农村合作医疗（新农合）导致家庭在非医疗方面的支出增长了约5.6%，特别是对于那些较难承担医疗费用的家庭，参保后消费的刺激作用更为显著，这证实了参保有助于减少家庭的医疗支出。黄枫、甘犁（2010）构建了两阶段模型和扩展的样本选择模型，发现在上一年度享受医疗保险的老年人，虽然总医疗支出有所增加，但家庭自费的医疗支出却有所减少。刘国恩、蔡春光、李林（2011）基于2005年中国老年健康长寿调查数据库（CLHLS）的22省调查数据，以65岁及以上老年人为研究对象，建立了Heckman样本选择模型以及自付医疗费用的两阶段模型，结果表明医疗保险能够提升就医频率，减轻老年人家庭的医疗经济负担，其中城镇医保和公费医疗的作用更为显著。周钦、刘国恩（2014）也得出了相似的结论，认为现行医疗保险制度更多地惠及了慢性病患者和老年人群。赵绍阳、臧文斌、尹庆双（2015）发现，医保报销比例的提升虽未对总医疗费用产生显著影响，但却显著降低了患者的自费支出。

②参保不能有效减轻人们的医疗负担

Lei和Lin（2009）发现，与未参保者相比，参保者更频繁地使用预防性医疗服务，但这也可能导致供给诱导需求的问题，即医生可能更偏好提供成本较高的医疗服务，这可能引起医疗开支的增长，而患者的自费部分并未因参保而减少。封进、刘芳、陈沁（2010）也得出了相似的结论，即医疗保险并没有显著降低参保者的实际医疗费用。程令国、张晔（2012）利用中国老年健康影响因素跟踪调查（CLHLS）数据，分析了医疗总支出、实际医疗支出、自付比例及大病支出的影响因素，结果表明新农合减少了参保者的自付比例，但并未减少实际医疗支出和大病支出的发生率[①]。类似地，Hou、Van De Poel、Van Doorslaer等（2014）的研究中发现，新农合对住院的平均报销率越高，总医疗支出和自付医疗支出就越多，对总医疗支出的影响大于对自付医疗支出的影响，而新农合对自付比例的影响虽然是负的，但并不显著。臧文斌、刘国恩、

---

① 程令国，张晔."新农合"：经济绩效还是健康绩效？[J]. 经济研究，2012，47（1）：120-133.

徐菲等（2012）使用2007年和2008年国务院城镇居民基本医疗保险试点的入户调查数据，构建了DID模型和固定效应模型，结果仅证实城镇居民基本医疗保险没有导致居民实际医疗费用的增加。胡宏伟、张小燕、赵英丽（2012）基于"中国城乡居家养老服务"2011年的调查数据，采用倾向得分匹配方法，发现社会医疗保险显著增加了老年人对医疗卫生服务的使用，医疗支出也明显增加。于大川、吴玉锋、赵小仕（2019）发现，社会基本医疗保险可以提高老年人的医疗消费，但对于高龄、农村、低收入等处于弱势的老年人群，其作用并不明显①。

③不同险种对医疗负担的影响效果不同

苏春红、李齐云、王大海（2013）使用了2009年的中国健康与营养调查（CHNS）数据，通过分位数回归模型来探讨医疗保险对居民医疗消费的作用。他们发现，不同类型的基本医疗保险对医疗消费的影响各异：新型农村合作医疗（新农合）在一定程度上提高了农村居民的就诊概率并减少了医疗开支；城镇职工医疗保险增加了职工的医疗开支，但对就诊概率没有显著影响；城镇居民医疗保险对医疗消费的影响不显著。王冬妮（2017）认为，新农合并未显著提升居民的健康水平，也未减轻居民的实际医疗负担；而城镇居民基本医疗保险则对居民的健康和健康行为产生了积极影响，并显著降低了居民的医疗保健支出。刘明霞、仇春涓（2014）使用中国健康与养老追踪调查（CHARLS）2011—2012年的基线调查数据，构建了两阶段模型和样本选择模型，发现医疗保险显著增加了老年群体的住院率和住院支出，尤其是城镇职工医疗保险（城职保）提高的比例更为显著。封进、余央央、楼平易（2015）从老年人医疗支出差异的视角出发，提出了城乡老年人医疗需求差异导致医疗费用上涨程度不同的观点。赵为民（2020）的研究证实，新农合大病保险显著增加了居民的医疗支出，且增加程度随着家庭人均收入的提高而增加。

（三）研究动态评述

根据现有文献，医疗保险效应的研究领域已经积累了大量的成果，这些成果对于完善社会医疗保险制度具有重要的现实和指导意义。

1. 研究思路方面。国际卫生经济学术界通常从医疗可及性、医疗效果和医疗负担三个维度来评估医疗保险的实施效果，目的在于理解医疗保险如何影响居民医疗服务需求、健康产出以及所承担的医疗负担。国内构建的医疗保险效

---

① 于大川，吴玉锋，赵小仕. 社会医疗保险对老年人医疗消费与健康的影响——制度效应评估与作用机制分析 [J]. 金融经济学研究，2019，34（1）：149-160.

果评估体系与国际研究领域构建的评估体系相一致。本书进一步提出，在医疗保险实施后，还会对个体的行为选择产生影响，这也应该被纳入医疗保险效果的评估体系中。个体的健康行为改变会影响其健康产出，而健康产出的变化又会反过来影响医疗服务的利用率。因此，本书构建了一个包含两个维度、五项内容的医疗保险效应评价体系：健康效应维度，涵盖了健康行为、健康产出和医疗服务利用率；经济效应维度，包括医疗支出和大病医疗支出。

2. 研究领域方面。当前，国内的研究主要集中在探讨社会基本医疗保险对弱势群体的影响，如 Lei、Lin（2009），程令国、张晔（2012），吴联灿、申曙光（2010），傅虹桥、袁东、雷晓燕（2017）着眼于分析社会医疗保险对农民的影响；黄枫、吴纯杰（2009），刘国恩、蔡春光、李林（2011），黄枫、甘犁（2010），封进、余央央、楼平易（2015），Cheng、Lin、Zhang（2015），刘明霞、仇春涓（2014），于大川、吴玉锋、赵小仕（2019）着眼于分析社会医疗保险对老年人的影响；唐迪、高向东、方中书（2019），刘玮、孟昭群、韩笑（2016）着眼于分析社会医疗保险对儿童的影响；石大千、张卫东（2016）着眼于分析社会医疗保险对流动人口的实施效果，而目前鲜有文献专注于城镇职工医疗保险领域的研究。这引发了一个问题：城镇职工医疗保险在两个维度和五项内容上的评价是否与其他类型的保险效果一致？在对医疗保险效应实现路径的探讨中，许多学者提出了逆向选择和道德风险存在的证据，并常常将这两个问题一并分析。他们根据风险水平与保障水平正相关的理论，构建了 Logit 或 Probit 模型，用索赔次数作为风险水平的度量，用保险金额、险种、等待期、免赔额、保证给付期等作为保障水平的度量，来探讨逆向选择和道德风险效应是否存在（如 Zhang、Wang，2008；臧文斌、刘国恩、徐菲等，2012；朱信凯、彭延军，2009；任燕燕、阚兴旺、宋丹丹，2014；王翌秋、王成，2016；薄海、张跃华等，2015），但很少有学者讨论这些效应的具体大小。然而，在当前医疗保险已基本达到"全覆盖"的情况下，城镇职工医疗保险通过"单位内部强制"筹资，其逆向选择问题自然得到了缓解。此外，对道德风险尤其是事后道德风险的研究大多集中于医疗保险如何促进医疗费用的增长，而没有明确区分需求释放和道德风险。因此，目前很少有学者讨论正常需求释放效应和道德风险效应各自的影响。

3. 实证分析方面。医疗保险效应的分析在方法论上存在一些挑战，尤其是内生性和样本选择的难题。研究者通常采用随机实验、工具变量或双重差分等方法来解决医疗保障领域的内生性问题，同时利用 Heckman 选择模型和两阶段模型来处理医疗消费中的自我选择问题。例如，RAND 健康保险实验通过随机实验的方法来消除由个体选择带来的内生性问题；Lei、Lin（2009）的研究中，将受访者所在地是否实施新农合作为工具变量；潘杰、雷晓燕、刘国恩（2013）的研究中，采用政府补助比例作为工具变量；黄枫、吴纯杰（2009）的研究中，使用保险平均覆盖率作为工具变量来解决内生性问题；吴联灿、申曙光（2010），黄枫、甘犁（2012），傅虹桥、袁东、雷晓燕（2017）的研究中，通过构建差分模型来降低内生性的影响。刘玮、孟昭群、韩笑（2016）的研究中，选择受访者所在地区的投保比例和受访者家庭的边际税率作为工具变量，并通过构建两阶段最小二乘模型来解决内生性问题；黄枫、甘犁（2010）的研究中，构建了两阶段模型和扩展的样本选择模型；姚瑶、刘斌、刘国恩等（2014）的研究中，建立了 Heckman 样本选择模型来处理样本选择问题。本书将参考这些学者的研究方法，采用差分模型来控制内生性问题，并选用 Heckman 模型来处理样本的自选择问题。

4. 实证结果方面。尽管学术界在医疗保险效果评估的某些方面达成了共识，但由于研究中使用的数据集、选择的变量和应用的方法存在差异，导致在更多方面的评估结果出现了分歧。例如，赵绍阳、臧文斌、尹庆双（2015），程令国、张晔（2012）则认为，社会医疗保险能够促进医疗服务的使用，而王翌秋、雷晓燕（2011）发现，新农合对老年人就医行为没有影响。彭晓博、秦雪征（2014）提出，新农合增加了参保人的不健康行为，如吸烟、饮酒、久坐和高热量食物摄入的倾向，而谢明明、王美娇、熊先军（2016）却发现，医疗保险促使人们采取了更健康的行为方式。黄枫、吴纯杰（2009），刘玮、孟昭群、韩笑（2016），潘杰、雷晓燕、刘国恩等（2013）发现，医疗保险有助于提升参保人的健康水平，而赵绍阳、臧文斌、傅十和等（2013），张志坚、苗艳青（2020），罗楚亮（2008）则认为，医疗保险并未改善参保人的健康状态。赵绍阳、臧文斌、尹庆双（2015），白重恩、李宏彬、吴斌珍（2012）的研究表明，医疗保险能够减轻参保人的经济负担，但是封进、刘芳、陈沁（2010），Lei 和 Lin（2009）则指出，医疗保险并没有实质性地减轻参保人的经济压力。鉴于学术界对研究结论存在的差异，后续研究者需要进一步分析产生这些不同结果的原因。

二、方法论：研究框架与技术路线

（一）主要内容

本书的核心贡献在于精心构建了一个全面而深入的二维医疗保险效应评价体系，该体系不仅涵盖了健康效应和经济效应两大关键维度，还进一步细化为

5个具体且相互关联的内容领域：健康行为（如吸烟、喝酒等生活方式的改变）、健康产出（体现为疾病发生率、主观健康评价的改变等）、医疗服务利用率（过去两周是否看过医生，反映参保者获取并有效利用医疗资源的程度）、医疗支出（年度医疗费用总额、自付医疗费用数额等）以及大病医疗支出（针对严重疾病的高额医疗费用负担）。这一多维度的评价体系为全面评估医疗保险的实际效果提供了坚实的框架。

在深入探讨医疗保险效应的作用机制时，本书深刻剖析了多个核心变量之间的复杂关系。具体而言，本书揭示了参保者个人层面的健康意识提升如何影响健康行为，进而改变健康产出；同时，收入水平作为社会经济地位的重要指标，其差异不仅直接影响参保者的医疗服务选择能力和支付能力，还间接调节了医疗保险效应在不同收入群体间的分布。此外，选择性因素，如年龄、性别、职业等，也被纳入分析框架，以更全面地理解它们如何与健康效应相互作用。

在经济效应方面，本书特别强调了正常医疗需求释放以及道德风险对经济效应的作用。本书指出，广泛的覆盖范围能够降低未保险人群的医疗风险，促进医疗资源的合理配置；然而，随着医疗保险的普及，正常医疗需求的释放与潜在的道德风险（如过度医疗、滥用医疗资源）并存，成为影响经济效应的重要因素。通过对这两者的区分与量化分析，本书为评估医疗保险对家庭经济负担的净影响提供了更为精准的视角。

为了验证上述理论框架的适用性和有效性，本书以城镇职工医疗保险为具体案例，依托2010—2020年中国家庭追踪调查（CFPS）这一权威数据，采用了倾向得分匹配双重差分（PSM-DID）模型和Heckman样本选择模型进行实证分析。PSM-DID模型有效解决了样本选择偏误问题和内生性问题，确保了处理效应估计的准确性和可靠性；而Heckman模型则通过控制样本选择偏差，进一步提高了对医疗保险效应估计的精度。

基于实证分析的结果，本书不仅揭示了城镇职工医疗保险在促进参保人健康、减轻经济负担方面的积极作用，还指出了当前制度设计中可能存在的不足之处。据此，本书提出了一系列具有针对性的政策建议，旨在控制医疗费用增长、维持医保基金收支平衡，保证医疗保险政策的可持续性，从而完善医疗保险制度，并最大限度地发挥医疗保险的社会保障功能，促进全民健康福祉的提升。

（二）研究框架

本书的研究框架具体为：

1. 第一章：探索之旅——研究背景与意义深度剖析

本章开篇即引领读者踏入医疗保险领域的广阔天地，首先详尽阐述了在当前社会经济背景下，随着人口老龄化加剧、慢性病负担增加以及医疗成本持续上升，医疗保险作为社会保障体系的重要组成部分，其重要性毋庸置疑。但是医疗保险的实施需要巨额资金的支持，其实际效果是否值得如此巨大的投入？从而引出了本书研究的现实背景，即以城镇职工医疗保险为例，对医疗保险的绩效进行全面、深入的评估，以应对日益复杂的健康挑战。

其次，本章深入探讨了研究的理论意义与实践价值。理论上，通过深入剖析医疗费用增长的内在机理，创新道德风险评估方法，丰富和完善了医疗保险领域的理论体系；实践上，旨在为我国医疗保险制度的改革与发展提供科学依据，助力政策制定者作出更加科学合理的决策，从而有效提升国民健康水平，促进社会和谐稳定。

再次，本章进行了全面的文献综述，回顾了国内外关于医疗保险效应、道德风险与逆向选择、医疗保险评价体系等方面的研究成果，指出了当前研究的不足与未来研究方向。在此基础上，明确了本书的研究内容、构建了一个清晰的框架，即围绕医疗保险效应展开，从理论到实证，再到政策建议，层层递进。

研究方法与技术路线部分，详细介绍了本书将采用的定性与定量相结合的研究方法，包括文献分析法、案例研究法等，确保研究的科学性与严谨性。

最后，本章展望了可能的创新点，如研究视角的深度融合与创新、研究内容的细化与深入、研究方法的创新与实践等，为后续章节的深入展开奠定了坚实基础。

2. 第二章：理解与评估——相关概念与医疗保险效应评价体系

本章聚焦于医疗保险效应评价的相关概念与框架构建。首先，对医疗保险、医疗保险效应、道德风险与逆向选择等核心概念进行了清晰界定，为后续分析提供了统一的语言表述。其次，基于国内外研究成果，创新性地构建了医疗保险效应评价体系，该体系涵盖健康效应与经济效应两大维度，具体细化为五项关键内容：健康行为、健康状况、医疗服务利用、医疗支出和大病医疗支出。每项内容均设定了可量化的评价指标，为后续实证分析提供了明确的指引。

3. 第三章：机制剖析——医疗保险效应的实现路径

本章深入分析了医疗保险产生健康效应和经济效应的机制路径。通过理论推导与案例分析，揭示了医疗保险在促进健康、降低经济风险方面的内在逻辑。同时，详细讨论了实证分析中将采用的模型构建、数据来源及处理方法，阐述了数据收集、处理与分析的技术路径，为后续实证分析提供了技术支撑。

4. 第四章至第五章：实证探索——健康效应与经济效应的验证

通过实际数据，分别验证了城镇职工医疗保险在健康和经济两个方面的具体效应。采用 PSM-DID 模型和样本选择模型，对医疗保险的实施效果进行了全面评估，揭示了其在提升国民健康水平、减轻个人及家庭经济负担方面的积极作用。

5. 第六章：政策启示——提升医疗保险效应的路径

基于前述研究结论，本章提出了一系列旨在提高城镇职工医疗保险效应的政策建议，包括在城镇职工医疗保险中引进健康管理、转变医保支付方式、深化医疗医药医保"三医联动"改革等，为政策制定者提供了有价值的参考。

6. 第七章：结语——总结与展望

本章对全书的研究结论进行了总结，回顾了研究的主要发现与贡献，并对未来研究方向进行了展望。同时，从研究结论中提炼出对政策制定与社会实践的启示，强调了医疗保险制度持续改革与创新的重要性。

（三）研究方法

1. 基础理论研究与实际应用研究深度融合。本书在确立坚实的理论基础方面，结合了保险学中的经济补偿理论、信息经济学中的信息不对称理论、行为经济学中的健康行为理论以及卫生经济学中的医疗经济学理论，融入了医学领域对健康管理与疾病预防的最新理念。通过跨学科的理论交融，本书构建了一个多维度的分析框架。随后，这一框架被应用于实际调查数据，涵盖了不同地区、不同人群的医疗保险使用情况、健康状况及经济负担等多维度信息。这种理论与实际相结合的研究方法，不仅增强了研究的理论深度，也确保了研究成果能够直接指导政策制定与实践操作，促进了理论研究成果向实际应用的转化。

2. 定性与定量分析的精妙平衡。在构建医疗保险效应评价体系时，本书首先采用定性分析方法，通过文献梳理、专家访谈、政策解读和案例研究等手段，系统梳理了医疗保险效应的多重维度和影响因素，为后续的量化分析奠定了逻辑基础。而在具体评估城镇职工医疗保险的健康效应和经济效应时，则充分利用了统计分析、计量经济学模型等定量工具，对相关数据进行挖掘与解析，精确量化了医疗保险对参保人健康状况改善、医疗费用支出减少及经济负担减轻等方面的具体贡献。这种定性与定量相结合的方法论，既保证了研究的全面性和深入性，又增强了结论的精确性和说服力。

3. 文献研究与实地调研的相互补充。本书在文献综述阶段，广泛收集并系统整理了国内外关于医疗保险效应的最新研究成果，不仅涵盖了理论探讨，也包括实证分析与政策评估，为研究提供了丰富的理论背景和实践参考。同时，为了弥补文献研究的局限性，研究者还深入一线，对政府部门、保险公司及相关医疗机构进行了细致的实地调研，通过访谈、问卷调查和观察法等方式，直接获取了医疗保险实施过程中的第一手资料。这种文献研究与实地调研相结合的方式，既保证了研究的学术前沿性，又增强了研究的实践导向性和问题针对性。

4. 横向对比研究与纵向对比研究的综合运用。在纵向对比研究中，本书追溯了医疗保险制度的发展历程，揭示了制度变迁对医疗保险效应的影响机制，为寻找未来研究的突破口提供了历史视角。而在横向对比研究中，则通过国际视野，比较了不同国家和地区在医疗保险实施效应方面的研究方法、政策设计及实施效果，评估了各自的优势与不足。这种横向与纵向对比的综合运用，不仅拓宽了研究的国际视野，也为我国医疗保险制度的优化与完善提供了宝贵的国际经验和借鉴，促进了国内外研究成果的相互交流与融合。

（四）技术路线

本书的技术路线如图1-1所示。

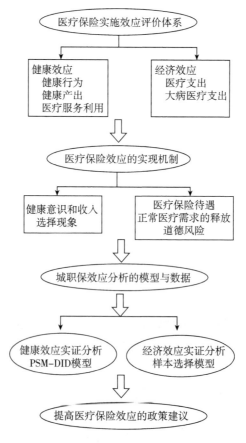

图1-1 本书的技术路线

三、创新探索：新视角下的贡献

本书的创新点主要体现在以下几个方面。

1. 研究视角的深度融合与创新。本书将信息不对称理论这一经济学核心概念，与行为经济学中的健康行为理论及卫生经济学中的医疗服务利用和健康产出指标相结合，构建了一个跨学科的医疗保险效应评价体系。这一创新视角不仅丰富了医疗保险研究的理论工具箱，还深刻揭示了参保者在信息不对称环境下复杂的决策机制及其对医疗保险选择和使用的影响。通过信息不对称理论的应用，研究能够更深入地剖析医疗费用增长的机理，为政策制定者提供更为精准的理论依据。

2. 研究内容的细化与深入。本书对医疗保险效应的评价体系进行了全面而细致的划分，提出了两个维度、五项具体内容的评价体系。健康效应维度的细化，不仅关注了传统的健康行为和健康产出指标，还创新性地将医疗服务利用率纳入考量，全面反映了医疗保险对参保者健康状态的多维度影响。经济效应维度的设立，则直接关联到参保者的经济负担，特别是通过医疗支出和大病医疗支出两个指标，精准刻画了医疗保险在经济层面的作用。这种细化的评价体系，为评估医疗保险的综合效应提供了更为全面和深入的视角。

3. 研究方法的创新与实践。在分析医疗保险效应的实现路径时，本书引入区分医疗支出增加原因的创新思路，即区分正常医疗需求释放与道德风险的影响，并分别进行量化评估。这一方法不仅解决了传统研究医疗支出增长原因不明的问题，还为理解医疗保险市场中的行为激励和约束机制提供了新的视角。同时，本书在控制信息不对称的前提下进行评估，有效减少了评估过程中的干扰因素，提高了研究的科学性和准确性。特别值得一提的是，通过收入分类来区分正常医疗需求释放效应和道德风险效应的方法，与传统的基于风险水平和保险水平正相关性来评估道德风险的方法不同，不仅可以验证道德风险的存在，还可以定量衡量道德风险的大小，因此可以算是对传统道德风险评估方法的革新，也可以为未来相关研究提供新的思路和方法论支持。

总的来说，本书的创新主要体现在理论视角的跨学科融合、评价体系的细化深化以及研究方法的创新实践上，这些创新不仅推动了医疗保险效应评估领域的发展，也为相关政策的制定和优化提供了有力的理论支撑和实践指导。

第二章 理解与评估：概念与评价体系

本章分为两节内容。第一节将对相关术语进行定义，阐释医疗保险及其效应等概念的基本含义；第二节则致力于构建一个综合的医疗保险效应评价体系，该体系从健康和经济两个主要维度进行分析，涵盖了健康行为、健康产出、医疗服务利用率、医疗支出以及大病医疗支出5个具体指标。

第一节 相关概念的界定与解释

本书的核心聚焦于深入评估医疗保险的多维度影响，旨在探索这一社会保障制度在提升民众健康福祉、促进社会公平与经济发展方面所扮演的关键角色。作为现代社会保障体系的重要支柱之一，医疗保险的主要目的是通过风险共担机制减轻参保者在面对疾病风险时的经济负担，确保基本医疗服务的可及性和可负担性。它不仅关乎个体的健康权益保障，也直接影响到社会的稳定与和谐，因此我们希望它能最大限度地发挥其积极影响，但同时我们也认识到，所有制度都可能存在不足，因此我们也不能忽视其可能带来的消极后果。通过对积极和消极影响的比较，我们可以更全面地理解最终对参保者产生的影响。那么，究竟何为医疗保险？何为医疗保险效应？本节内容将对这些核心概念进行明确的定义。

一、医疗保险

医疗保险，也被称作医疗费用保险，是以人的身体为保险标的，在保险合同约定的期限内，如果参保者因疾病或意外事件产生医疗费用，保险公司将提供相应的费用补偿。这种制度本质上是一种风险共担机制，它使处于健康状态的人群与那些处于非健康状态的人群，或者是在健康时期与疾病时期之间，能够共同分担疾病带来的风险，体现了"一方有难，八方支援"的社会互助精神。

根据保险提供的福利水平，医疗保险可分为基本医疗保险和补充医疗保险两种类型。基本医疗保险是为补偿劳动者因疾病风险造成的经济损失而建立的一项社会保险制度①，它确保参保者的基本医疗需求得到满足，因此常被称作社会基本医疗保险。根据本书的目标，在没有特别指明的情况下，本书所指的医疗保险专指社会基本医疗保险。补充医疗保险是相对于基本医疗保险而言的，是由用人单位和个人自愿参加的，旨在提高保险保障水平的一种补充性保险。它与基本医疗保险互为补充，不可替代，共同为职工提供医疗保障，也是多层次医疗保障体系的重要组成部分。补充医疗保险的形式多样，包括企业补充医疗保险、商业医疗保险、社会互助和社区医疗保险等。

当前，中国的社会基本医疗保险体系主要由两大部分组成：城镇职工基本医疗保险和城乡居民基本医疗保险，它们分别保障城镇职工群体和城乡居民的医疗需求。城镇职工基本医疗保险，通常简称为城职保，其运作机制是通过雇主和员工共同按照固定比例定期缴纳保费来形成保险基金。当参保职工因健康问题产生医疗费用时，保险基金将提供相应的经济补偿，目的是缓解他们的经济压力②。城乡居民基本医疗保险，通常简称为城居保，是整合了城镇居民基本医疗保险（以下简称城镇居民医保）和新型农村合作医疗（以下简称新农合）两项制度后，建立的统一城乡居民基本医疗保险（以下简称城乡居民医保）制度。保险基金来源于个人缴纳和政府补贴两部分。

二、医疗保险效应

医疗保险效应，实质上是指医疗保险制度在实施后，经过一系列的社会互动和经济流转所产生的综合性结果。这一结果并非单一面向，而是需要在多维度的视角下进行详尽的解析和评估。具体而言，我们通常从社会和经济两个主要维度来考量医疗保险效应。

在社会效应方面，医疗保险的引入和普及，如同投石入水，必然会在社会的各个层面激起涟漪。这些涟漪不仅涉及参保者的直接受益，更涵盖了诸多间接的、深远的连锁影响。例如，参保者的健康状态在得到医疗保险的保障后，往往能够得到显著的改善，这不仅体现在生理健康上，更有可能影响到他们的心理状态和社会适应能力。此外，医疗保险还可能影响参保者的消费行为，如他们可能会更加倾向于选择高质量的医疗服务和药品。同时，医疗保险也可能改变人们的储蓄习惯，因为参保者对未来医疗支出的担忧减少，可能会减少相应的预防性储蓄。更为广泛地说，医疗保险还可能对人们的宗教信仰、

---

① 郭永松，马伟宁．论医疗保险中的道德风险及对策［J］．中国医学伦理学，2004（2）：40-41.
② 白雪．老龄化背景下城镇职工基本医疗保险基金风险与退休人员筹资模型研究［D］．武汉：华中科技大学，2017.

就业选择，甚至整个社会的收入分配格局产生微妙而深远的影响。

然而，鉴于医疗保险制度的核心目标是提升公众的健康水平，我们在此特别关注医疗保险对参保者健康状况的影响，这一影响通常被称为医疗保险的健康效应。它是医疗保险直接作用于个体和社会的核心体现，不仅关乎每一位参保者个人的身体健康与福祉，更是衡量整个医疗卫生体系效率与公平性的重要标尺。具体而言，医疗保险通过为参保者提供坚实的经济后盾，有效降低了他们在面对疾病风险时的经济和心理负担。这种经济上的支持与保障，如同为参保者撑起了一把保护伞，让他们在遭遇健康挑战时能够无后顾之忧地寻求及时、高质量的医疗救治。这种即时性和有效性的治疗，对于控制病情发展、预防并发症、加速康复进程具有不可替代的作用，从而显著改善了参保者的健康状况，提升了他们的生活质量。

另外，医疗保险的经济效应同样不容忽视，主要体现了其在经济补偿方面的功能。它如同一道坚实的防线，有效抵御了因高昂医疗费用而可能引发的家庭经济危机。通过科学合理的费用分担机制，医疗保险显著降低了参保者在面对疾病时的经济压力，特别是面对重大疾病时的压力，避免了因病致贫、因病返贫现象的发生。这种经济补偿作用，不仅保障了参保者的基本生活需求，更在一定程度上维护了社会的公平正义与和谐稳定。因此，减少参保者实际医疗开支，特别是降低重大疾病支出发生率，成为衡量医疗保险经济效应的重要指标。这一指标的持续优化，不仅体现了医疗保险制度设计的合理性与有效性，也彰显了其在保障民生、促进经济发展方面的积极作用。

总而言之，医疗保险的健康效应与经济效应相辅相成，共同构成了其核心价值体系。它们不仅关乎个体的生命健康与生活质量，更关系到社会的整体福祉与长远发展。

三、道德风险与逆向选择

道德风险，这是一个在保险领域常被提及的概念，尤其是在购买保险后，导致被保险人的预防动机发生不利变化，这种风险分为事前和事后两种形式。一种形式是事前道德风险，这种风险发生在保险购买行为完成之后，由于被保险人获得了保险保障，其防范风险的动机可能会减弱。换句话说，他们可能会因为已经购买了保险，而放松了对潜在风险的警惕和预防，从而导致风险的增加。另一种形式是事后道德风险，这种风险同样是在保险购买后产生，但影响的阶段则更为具体，即在事故发生后。此时，由于被保险人已经得到了保险保障，他们可能会减少在事故发生后采取措施减少损失的动机。在医疗保险中，道德风险表现得尤为明显。保险降低了治疗成本，使个人在疾病预防和健康生活方式选择上的积极性可能降低，这便是事前道德风险的体现；而当事故真正发生时，由于保险降低了医疗服务的实际支付价格，患者可能倾向于选择更昂贵的治疗方案，或者不再那么积极地寻找降低治疗成本的途径，这便是事后道德风险的体现。

而逆向选择，则是另一个在保险领域广泛存在的现象。逆向选择的发生，源自保险市场中的供需双方——保险公司与潜在投保人之间，对于被保险人健康状况信息掌握程度的不对等。那些深知自己健康状况不佳的个体，往往更加迫切地寻求保险的庇护，以减轻未来可能因疾病或意外产生的经济压力。他们利用自己掌握的信息优势，积极投保，以期在风险发生时获得经济赔偿。这种行为模式导致了保险市场中高风险群体的集中，即所谓的"劣币驱逐良币"现象。相反，那些身体健康、风险较低的潜在投保人，由于认为购买保险的成本（保费）相对于自己面临的风险而言过高，或者简单地出于乐观心理，认为自己不太可能遭遇不幸，因此倾向于不投保。这种理性选择，在客观上加剧了保险市场中风险分布的不均衡，使保险公司面临更高的赔付风险，进而可能推高保费，形成恶性循环。

医疗保险的效应，无疑会受到道德风险和逆向选择的双重影响。事后道德风险主要影响的是医疗保险的经济效应。它可能导致医疗费用的不合理增长，使得医疗保险的成本大幅上升，进而影响到整个医疗保险体系的稳定运行。而事前道德风险和逆向选择，则主要影响的是医疗保险的健康效应。尽管这两种风险都发生在疾病发生前，但它们的影响机制和结果却有所不同。事前道德风险可能会因为减少预防投入和选择不健康行为，对参保者的健康产生长期的负面影响，从而增加疾病的发生率。而逆向选择则通过影响参保决策，使健康状况较差的个体更可能参保，从而拉低了参保群体的平均健康水平，间接地增加了疾病的发生率。

因此，对于医疗保险的提供者和管理者来说，如何有效地应对和防范道德风险和逆向选择，是一个亟待解决的问题。这不仅需要他们具备深厚的专业知识和丰富的实践经验，更需要他们具备高度的责任感和使命感，以确保医疗保险的公平性和有效性。

第二节　医疗保险效应评价体系的构建

医疗保险的作用是多方面的，它既有正面效益也存在一些潜在的负面问题。

正面效益包括缓解经济压力、增强家庭风险管理、普及医疗和健康知识、提升医疗服务的使用率以及减轻心理压力等。然而，医疗保险也存在一些消极影响，比如可能鼓励不健康的生活方式、导致医疗资源的浪费和医疗过度等。鉴于保险的基本功能是提供经济补偿，且医疗保险的初衷是解决看病难和看病贵的问题，因此评估医疗保险是否有效减轻了经济负担是评价体系的核心。同时，解决看病难和看病贵的最终目标是提升公众健康水平。鉴于目前我国人民的健康水平已有显著提升，主要健康指标已经达到甚至超过了中等收入国家的水平，因此有必要评估医疗保险在这一成就中所起的作用。基于医疗保险的健康效应和经济效应的重要性，本书构建的评价体系主要围绕这两个维度，而未涉及其他效应的讨论。

一、健康的重要性

健康效应指的是医疗保险对个体健康状况的影响，通常通过监测人们健康水平的变化来直接衡量。然而，健康行为的转变与健康水平及医疗服务的使用之间存在紧密联系，不健康的生活方式可能会导致健康状况恶化，进而增加医疗需求和医疗服务的使用。相应地，健康的生活方式有助于维持良好的身体状况，减少疾病发生，从而降低医疗服务的使用频率。因此，在评估医疗保险的健康效应时，应该从健康行为、健康产出以及医疗服务利用这三个维度进行综合考量。

（一）健康行为

医疗保险对参保者的健康行为是否会产生显著影响，是一个复杂而重要的话题。要深入探讨这一问题，我们首先需要关注参保后个人在健康行为上的一系列变化，这些变化涉及吸烟、饮酒、体育锻炼、日常生活习惯和饮食习惯等多个方面。

在健康行为方面，人们普遍认为吸烟、过量饮酒、缺乏运动、不规律作息以及不健康饮食等不良习惯对健康有着明显的负面影响。这些行为可能增加患心脏病、高血压、糖尿病等慢性疾病的风险，对个体的整体健康水平构成威胁。相反，戒烟、适度饮酒、定期锻炼、规律作息和均衡饮食等健康行为则被广泛认为是维护身体健康、预防疾病的有效途径。

医疗保险的参与可能对参保者的健康行为产生两方面的影响。一方面，由于医疗保险能够报销部分或全部的医疗费用，参保者在就医时面临的经济压力会相对减轻。这种经济上的保障可能会使一些参保者在自制力不足的情况下，倾向于选择更加轻松、不健康的生活方式，因为他们可能认为即使出现健康问题，也能通过医疗保险得到相应的治疗。

另一方面，医疗保险的普及也带来了一个积极的效应，即提高了参保者的健康意识。通过医疗保险的宣传和教育，参保者可能更加了解健康知识，认识到健康行为对预防疾病的重要性。这种健康意识的提升可能会促使参保者更加关注自身的健康状况，选择更加健康的生活方式。

在评估医疗保险对健康行为的具体影响时，我们可以通过观察参保者在吸烟、饮酒等具体行为上的变化来进行衡量。这些行为的变化可能是积极的，如吸烟率下降、饮酒量减少等；也可能是消极的，如因医疗保险的保障而放松了对健康行为的重视。

（二）健康产出

医疗保险对健康产出的影响是一个复杂而多维度的现象，它体现在参保人购买保险后，其健康行为决策和心理状态发生的一系列变化，从而带来的健康状况的转变。这种影响不仅涉及参保人的身体健康，也关联到他们的心理健康和社会福祉。为了全面评估医疗保险对健康产出的影响，我们需要从两个维度进行考量。

在客观层面，医疗保险的影响可以通过参保人的实际疾病发生情况来量化。疾病发生率、患病率、死亡率等统计数据能够直观地反映医疗保险在减少疾病风险、提高健康水平方面的作用。在主观层面，参保人对自身健康状况的自我感知也是评估医疗保险效果的重要指标。这种自我感知反映了参保人的心理健康状况和生活质量，对于分析医疗保险对个体健康的影响具有重要意义。在国际研究中，健康自评已经成为分析医疗效果的常用方法，因为它能够直接反映参保人的主观感受和需求。

医疗保险的最终目标是通过提供保障来提升人们的健康水平。在普及医疗保险知识的过程中，参保人能够获得更多关于健康管理和疾病预防的信息，这有助于他们作出更加明智的健康决策，选择有益健康的生活方式，从而减少疾病的发生，改善健康状况。此外，医疗保险还能够为参保人提供经济上的支持，减轻他们因疾病而产生的经济负担，从而进一步提高他们的生活质量。然而，医疗保险提供的安全感也可能带来一些负面影响。一些参保人可能会因为购买了医疗保险而放松对健康的警惕，减少对健康生活方式的追求，从而增加疾病的风险。此外，医疗保险也可能导致过度医疗和医疗资源的浪费，进一步加剧医疗体系的负担。

因此，在评估医疗保险对健康产出的影响时，我们需要综合考虑客观和主观两个方面的指标。我们可以采用特定时期内的疾病发生率等统计数据来量化医疗保险在减少疾病风险方面的作用；同时，我们也可以通过个人健康自评等主观指标来了解参保人对自身健康状况的感知和满意度。这些指标的结果可能表明医疗保险的影响是正面的，也可能是负面的，因此我们需要进行持续的监测和分析，以便及时调整和完善医疗保险政策，确保其能够更好地服务于人们的健康需求。

（三）医疗服务利用

医疗保险作为社会保障体系的重要组成部分，其对医疗服务利用的影响不容忽视。这一影响在国际研究中，被广泛视为衡量医疗可及性的关键指标。这些研究主要聚焦于参保人在购买医疗保险后，其医疗服务使用行为是否发生显著变化，特别是他们是否更频繁地利用门诊、住院等医疗资源，或者相反，是否会减少对这些资源的依赖。

当参保人选择不健康的生活方式时，他们面临的健康风险会相应增加，生病的风险也随之提高。在没有医疗保险的情况下，许多经济能力有限的个体在面对疾病时，往往选择忍耐或自我治疗，直至病情严重到不得不就医的地步。更糟糕的是，由于担心高昂的医疗费用，他们有时甚至会选择放弃治疗，这无疑大大降低了他们对医疗服务的利用率。然而，医疗保险的引入和普及，特别是其中的共同支付机制，为参保人提供了经济上的支持。这种机制使原本高昂的医疗费用得以分摊，降低了个人承担的经济压力，相当于降低了医疗服务的实际价格。而价格的下降，激发了更多的医疗需求，使原本因经济原因而犹豫的个体也能够勇敢地走进医院，接受必要的治疗。因此，医疗保险的普及使更多的人能够获得医疗服务，医疗服务的使用率也因此得到了提升。

在评估医疗保险对医疗服务利用的影响时，研究人员通常会通过测量某一时期内参保人的医疗服务使用频率来进行。具体来说，他们会关注参保人在购买医疗保险后，是否增加了门诊、住院等医疗服务的利用次数。预计这种测量将清晰地反映出医疗保险对医疗服务利用率的积极影响，进一步验证医疗保险在提高医疗可及性方面的重要作用。

二、经济的考量

医疗保险的经济效应指的是其对参保者经济压力的影响，这在国际研究中是分析医疗负担的一个重要方面。当参保者使用医疗服务并面临医疗费用时，这无疑会增加他们的经济压力。医疗保险的核心功能在于提供经济补偿，医保机构对参保者的医疗费用进行部分报销，从而降低他们实际需要支付的金额，导致医疗价格的扭曲。在这种情况下，患者可能对价格变化不太敏感，增加了道德风险，可能会导致不必要的过度治疗，进而增加总医疗费用。然而，扣除保险报销后，参保者实际承担的费用是否增加或减少，取决于道德风险的严重程度，这也将最终影响大病支出的发生率。因此，在评估医疗保险的经济效应时，需要从医疗支出和大病支出这两个维度进行考量。这有助于全面理解医疗保险如何影响参保者的经济状况，尤其是在面对重大疾病时的经济压力。

（一）医疗支出

当参保者使用医疗服务并决定就医时，医疗保险会分担一部分医疗费用，其对医疗开支的影响可以从以下三个维度进行分析。

1. 医疗保险对总体医疗开支的影响。从总体角度看，医疗保险通过为原本可能放弃治疗的患者提供经济支持，从而增加了医疗开支。从个体角度来看，医疗保险降低了参保者实际支付的医疗费用，部分患者可能会选择更昂贵的治疗方案，甚至可能导致过度医疗，进而增加了医疗开支。

2. 医疗保险对个人自付医疗开支的影响。个人自付的医疗开支是总医疗开支减去医疗保险报销的部分。如果总医疗开支的增长超过了保险报销的额度，个人自付的医疗开支将会增加，这意味着医疗保险可能并没有减轻参保者的财务负担，反而可能增加了他们的经济压力。相反，如果总医疗开支的增长低于保险报销的额度，个人自付的医疗开支将会减少，医疗保险将有效地减轻参保者的财务负担。

3. 医疗保险对自付比例的影响。自付比例是指参保者自付的医疗开支与总医疗开支之间的比例。在没有保险的情况下，患者需要承担全部医疗费用，自付比例为100%。参保后，医疗保险的报销将降低这一比例。在总医疗开支固定的情况下，自付比例的下降幅度取决于医疗保险的报销额度。报销比例越高、覆盖范围越广，参保者需要自付的金额越少，自付比例也越低；反之，报销比例越低、覆盖范围越窄，自付金额越多，自付比例也就越高。

（二）大病支出

本书将自付医疗支出占家庭年收入的比重超过一定比例的医疗支出界定为大病支出[①]。若参保者采取不健康的生活方式，可能会导致健康状况恶化，进而增加患上重大疾病的风险。在这种情况下，就医产生的医疗费用可能非常高

---

① Shi W, Chongsuvivatwong V, Geater A, et al. The Influence of the Rural Health Security Schemes on Health Utilization and Household Impoverishment in Rural China：Data From A Household Survey of Western and Central China ［J］. International Journal for Equity in Health, 2010, 9（1）：7.

昂, 一旦超出年收入的一定比例, 便会构成所谓的大病开支。社会基本医疗保险旨在满足人们的基本医疗和健康需求, 而重大疾病往往是导致患者家庭贫困或返贫的关键因素, 同时也是对患者生命安全构成重大威胁的原因之一。因此, 社会基本医疗保险的设立初衷是覆盖患者的大病医疗支出, 确保患者的高额医疗费用得到保障, 这包括住院治疗费用和门诊大病治疗费用。基于此, 在评估社会基本医疗保险的效果时, 一个关键的考量因素是医疗保险是否真正减轻了患者的大病医疗经济负担, 并有效降低了大病支出的发生率。

第三章　医疗保险效应的实现机制：理论与实证

基于前述对健康效应和经济效应的界定，我们期望医疗保险能够带来正面的健康和经济效果，包括提升参保者的健康水平、减少他们需要自付的医疗费用以及降低大病发生率。接下来，我们将探讨医疗保险如何实现这些效应。实际上，医疗保险的健康效应可能受到参保者健康意识、收入水平以及正向选择或逆向选择行为的影响。而经济效应则可能受到保险覆盖范围、医疗需求的正常释放以及道德风险等因素的作用。本章将深入分析医疗保险效应的实现机制，阐明健康效应和经济效应的具体实现方式。

第一节　实现路径

一、健康效应探索

（一）健康意识和收入能够影响健康行为

医疗保险的健康效应指的是其对健康状况的影响，涵盖了健康行为、医疗服务的使用以及健康产出这三个方面。这种效应受到健康意识、收入水平以及参保人的选择行为这三个主要因素的影响。具体来说，健康意识和收入水平能够对参保人的健康行为产生影响，而选择行为则通过筛选参保人来影响整体的健康水平，进而改变疾病的发生率和医疗服务的使用结果。

健康意识是指个体对自己身体功能和心理状态的认知。本书专注于医疗保险对参保人身体健康水平的影响，因此所指的健康意识特指参保人对自己身体功能的认知。当参保人具备较强的健康意识时，他们更有可能理解并接收健康保健的信息，认识到疾病的后果及其预防措施，愿意积极参与使用医疗服务，维护个人健康，主动选择有益于自身健康的行为，如减少吸烟和饮酒、避免久坐、规律作息、均衡饮食、定期锻炼和体检。即使生病，他们也能以理性的态度对待自己的健康状况。相反，健康意识较弱的参保人可能因为保险报销的存在而减少对医疗费用的担忧，不考虑疾病的后果，可能在自制力不足时选择不健康的生活方式，如吸烟、酗酒、缺乏运动、熬夜、饮食不规律和经常食用垃圾食品，这可能会对医疗保险的健康效应产生负面影响。

另外，医疗保险通过降低参保人实际支付的医疗费用，激励他们更多地利用医疗服务。即便是健康意识不强的参保人，在治疗过程中也可能增加对健康知识的理解，掌握疾病预防的方法，认识到疾病的危害，从而增强预防意识，选择最有利于自己的生活方式，促进身体健康，从而发挥医疗保险的积极健康效应。

同时，医疗保险要求参保人在健康时支付保费，减少其收入，在生病时提供医疗费用报销，增加其收入，这样既平滑了参保人的收入波动，也减轻了他们的心理负担。然而，这种做法可能降低参保人进行预防性投资的动机，增加了事前道德风险，使他们更容易采取不健康的行为。

（二）选择现象通过筛选参保人影响健康水平

尽管医疗保险旨在减轻参保人因疾病带来的经济风险，通过补偿其医疗开支来促进社会稳定和人民生活的安定，但正如所有制度一样，医疗保险同样有其不完美之处。由于疾病的不可预测性，参保者与医疗保险机构之间存在信息不对称的问题，其中参保者对自己的健康状况有更深入的了解，而医疗保险机构则相对缺乏这方面的信息。参保者可能会利用他们所掌握的信息优势，导致逆向选择或正向选择的情况出现，这不仅是一项制度性缺陷，也可能对医疗保险的健康效应产生负面影响。

1. 逆向选择

在医疗保险行业中，逆向选择是指在信息不对称的环境中，参保人基于对自己健康状况的深入了解，利用信息优势进行选择，导致健康状况较差的人更可能选择购买保险，而健康状况较好的人则可能选择不购买的现象。医保机构因此面临优质参保人退出市场，而风险较高的参保人大量加入的局面，其根本原因在于信息的不对称性。

逆向选择的形成依赖于三个条件：首先是信息不对称的存在，其次是参保人的风险类型具有异质性，最后是交易双方拥有自由选择是否交易的权利。

传统保险理论通常假设所有参保者是同质的，即他们的健康状况相同，这样医保机构能够轻松获取参保者的健康状况信息，双方信息对称，所有参保人的保险费率自然相同。然而，在现实中，参保者的风险类型是有差异的，不同的参保人在患病概率、疾病类型、医疗费用等方面存在差异，这些差异与参保者的风险类型紧密相关。医保机构要获取这些风险类型的信息不仅困难，而且成本高昂，即便获取到信息也可能不全面，这导致了信息不对称。在这种情况下，医保机构面临的两种策略都可能导致逆向选择问题：（1）根据所有参保人的平均健康状况设定保险费率，这对健康状况较差的参保人有利，而对健康状况较好的参保人不利，导致健康人群退出市场。随着健康人群的退出，剩余参保人的平均健康水平下降，医保机构承担的风险增加，不得不提高保费。这又会导致健康状况较好的人群退出市场，形成恶性循环，最终只剩下健康状况较差的参保人，限制了该策略的有效性。（2）医保机构提供不同保单，包含激励机制，通过参保者的选择来甄别其风险类型。例如，提供高保额、高保费和低保额、低保费两种保单，理想情况下，健康状况较差的人群会选择前者，而健康状况较好的人群会选择后者。但这种方法也存在效率问题，因为高风险人群也可能选择低保费保单，限制了该机制的效果。逆向选择导致参保人群的整体健康状况恶化，使医疗保险的实际效果不如理论预期。

同时，交易双方能否自由选择交易也是逆向选择发生的关键条件之一。如果像交强险那样，法律规定所有车主必须购买，即使存在信息不对称，车主对车辆和驾驶风险的信息了解得更全面，且风险具有异质性，但由于车主没有选择权，必须依法购买保险，就不会出现高风险车主购买保险、低风险车主退出市场的情况，从而避免了逆向选择的问题。

2. 正向选择

依据逆向选择理论，一些研究者在对特定保险市场（如寿险、长期护理保险等）进行实证分析时，观察到与传统逆向选择理论相反的现象：风险较低的投保人倾向于购买更高金额的保险，而风险较高的投保人则选择较低的保险金额，这被称为"顺向"或"正向"选择。

这种现象的原因在于，逆向选择理论通常假设参保人之间仅存在风险类型的差异，而其他个人信息是相同的。但在实际生活中，除了风险类型，参保人的风险偏好也各不相同。风险偏好体现了个人对风险的态度，通常分为三种类型：风险偏好型，这类人群愿意为了可能的收益承担较高风险；风险厌恶型，这类人群谨慎且倾向于避免风险；风险中立型，这类人群对风险持中立态度，既不特别追求也不刻意回避。经济学中的边际效用递减规律指出，大多数人倾向于风险厌恶，只是程度上存在差异。

在医疗保险领域，如果假设参保人的风险类型和风险偏好都存在差异，那么风险类型可能导致健康状况较差的参保人选择更高保额，因为他们患病的可能性更高；风险偏好也会影响个人对保险金额选择的决策，风险厌恶程度较高的人可能选择更高保额，尽管他们可能并不容易出现风险，而风险厌恶程度较低的人可能选择较低保额，且更可能面临风险。风险类型和风险偏好的不同组合可能导致市场上出现不同的表现形式：可能是逆向选择，也可能是正向选择。

无论是逆向选择还是正向选择，都会影响医疗保险的实际效果：逆向选择可能导致参保人群的整体健康状况下降，增加生病概率和医疗服务的使用，从而增加医疗开支和大病支出的发生率；正向选择则可能提高参保人群的整体健康状况，降低生病概率和医疗服务的使用，减少医疗开支和大病支出的发生率。然而，城镇职工医疗保险通过单位内部的强制参保政策，确保所有符合条件的员工都参与保险，避免了逆向选择和正向选择的问题，仅有一些灵活就业人员仍有可能通过自由选择来决定是否参保。

二、经济效应解析

经济效应指的是医疗保险对参保者经济负担的影响，主要体现在医疗支出和大病支出的发生率上。这一效应受到三个关键因素的影响：医疗保险的待遇水平、正常医疗需求的释放以及道德风险。具体来说，医疗保险的待遇水平直接决定了参保者在医疗费用中的自付比例和自付金额。当正常医疗需求得到释放时，可能会导致医疗支出的增加。而道德风险则可能导致医疗费用的不合理增长，从而对医疗保险的经济效应产生负面影响。

（一）医疗保险待遇直接决定自付比例

医保待遇的确定是由多种规定组成的，包括报销比例、三大目录（药品、诊疗项目、医疗服务设施）的范围、起付线、共付比例、封顶线以及支付标准和支付方式等[①]。医疗保险待遇的给付遵循"以收定支、收支平衡、略有结余"的原则，这意味着医保的待遇水平与资金筹集能力相匹配，简言之，即根据可用资金量来决定保障的范围，这符合基本医疗保险"保基本"和"可持续"方针的要求。在待遇支付过程中，道德风险的出现较为常见，对此，通常采用的解决策略包括设置起付线、共付比例、封顶线，以及规范"三大目录"（基本医疗保险的药品目录、诊疗项目目录和医疗服务设施标准）的使用。这些措施旨在平衡医疗费用的合理支出，防止资源的浪费，并确保医疗保险制度的长期稳定运行。

---

① 封进，刘芳，陈沁. 新型农村合作医疗对县村两级医疗价格的影响 [J]. 经济研究，2010，45（11）：127-140.

表 3-1　武汉市城镇职工基本医疗保险的起付线、报销比例和封顶线

医疗机构	起付线	报销比例		封顶线
社区卫生服务中心	200 元	职工 92%	退休人员 93.6%	
一级医疗机构	400 元	职工 92%	退休人员 93.6%	24 万元
二级医疗机构	600 元	职工 89%	退休人员 91.2%	
三级医疗机构	800 元	职工 86%	退休人员 88.8%	

资料来源：武汉市医疗保障局。

医疗保险的资金被分配到统筹账户和个人账户，每个账户都有明确的支付范围，并独立进行核算，以防止资金的相互占用。统筹账户需要设定起付标准和最高支付限额，其中起付标准一般设定在当地职工年平均工资的 10% 左右，而最高支付限额则控制在年平均工资的 4 倍左右①。费用在起付标准以下的由个人账户支付或个人自费。当费用超过起付标准但不超过最高支付限额时，主要由统筹基金支付，同时参保人需承担一定比例的费用。对于超出最高支付限额的费用，则可以通过商业医疗保险等其他途径来解决。具体的起付标准、最高支付限额以及个人的分担比例，由各统筹地区根据收支平衡的原则来确定，因此不同地区、医疗机构等级和诊疗项目的具体补偿比例可能会有所差异。此外，基本医疗保险的报销还必须遵循基本医疗保险药品目录、诊疗项目目录和医疗服务设施标准的规定。表 3-1 是武汉市城镇职工基本医疗保险的起付线、报销比例和封顶线②。

城镇职工基本医疗保险的待遇并非一成不变。2016 年全国卫生与健康大会提出，要完善与筹资能力相匹配的医保待遇调整机制，明确待遇的确定和调整政策权限、调整依据和决策程序，以减少待遇调整的随意性，并逐步减少不同统筹地区之间的待遇差异。通常情况下，如果其他条件保持不变，医保待遇水平越高，医疗保险的经济效应就越明显，参保人的自费医疗支出和大病支出的发生率也就越低。

（二）正常医疗需求的释放增加医疗支出

在医疗领域，疾病的发生具有不可预测性，意味着实际发病情况与预期结果可能存在差异，这主要表现在以下三个方面：（1）发病时间的不确定性：疾

---

① 巢健茜，蔡瑞雪．健康中国背景下健康管理在社会医疗保险中的应用［J］．山东大学学报（医学版），2019，57（8）：53-60.

② 任燕燕，阚兴旺，宋丹丹．逆向选择和道德风险：基于老年基本医疗保险市场的考察［J］．上海财经大学学报，2014（4）：54-63.

病的发生受多种因素影响，包括个人体质、生活环境、年龄、生活习惯、对疾病的认识以及心理状态等，这些都可能影响疾病的发生，使疾病可能随时出现，难以预先确定发病时间。没有人能够确保自己永远不生病，也无法预知自己何时会生病，疾病的发生时间是不可预测的。（2）发病类型的不确定性：疾病的种类繁多，且不断有新的疾病被发现。在各种因素的作用下，个人可能患有的疾病类型无法提前预知。即使在相同的外部条件下，个人体质和心理状态的差异，也可能导致不同的疾病发生。（3）疾病严重程度的不确定性：在疾病发生前，患者无法预知疾病的性质和严重程度。

疾病发生后，治疗过程是一项高度专业化和技术化的活动，大多数患者需要依赖专业医生进行治疗，以期恢复健康。然而，在治疗过程中也存在不确定性：（1）治疗过程的不确定性：不同疾病和不同个体需要采取不同的治疗方案。即便疾病相同，由于个体差异，如体质、经济条件、对疾病的态度等，也可能选择不同的治疗方式。即使采用相同的治疗方案，在治疗过程中也可能发生意外，导致治疗过程充满不确定性。（2）治疗结果的不确定性：尽管现代医学可以治愈许多常见疾病，但仍有一些疾病无法完全治愈。疾病的诱因复杂多样，相同症状可能由完全不同的病因引起，如高烧可能是由多种感染性疾病或恶性肿瘤引起的。即使在疾病类型、严重程度、患者健康状况和治疗方案相同的情况下，最终的治疗结果也可能不同。

疾病发生和治疗的不确定性与个人主观感受相结合，构成了疾病风险。在现实生活中，大多数人倾向于规避风险。为了转移疾病风险带来的损失，医疗保险应运而生。医疗保险能够释放正常的医疗需求，特别是对于中低收入家庭而言，疾病的治疗往往需要高额医疗费用。在生小病的情况下，有无医疗保险影响不大，因为费用较低，患者可以自行承担；而生大病的情况下，治疗费用高昂。如果不治疗，可能严重威胁生命健康；如果选择治疗，可能导致因病致贫，给家庭带来沉重的经济负担。医疗保险可以在患者患大病时提供医疗费用补偿，使原本无法承担治疗费用的患者得以接受治疗，释放正常医疗需求，增加医疗服务利用，提高健康水平，但同时也可能导致医疗支出的增加。

（三）道德风险引致医疗费用不合理增长

道德风险指的是当委托人与代理人利益不一致时，代理人在追求自身利益的过程中作出了有损委托人利益的行为[①]。产生道德风险的条件通常包括四个方面：（1）委托代理关系的建立：在这种关系中，委托人将决策权委托给代理

---

① 辛琳. 信息不对称理论研究 [J]. 嘉兴学院学报, 2001 (3): 38-42.

人，由代理人代为作出决策和选择。例如，医生为患者提供治疗时，便构成了这种关系①。（2）利益不一致：这是道德风险产生的动机。在理性经济人假设下，每个人都追求自身利益最大化。在委托代理关系中，委托人和代理人的利益可能会发生冲突，如患者希望减少开支，而医生可能倾向于推荐更昂贵的治疗方案，代理人可能会为了自身利益而损害委托人的利益。（3）信息不对称：这是道德风险产生的客观条件。由于信息不对称，委托人无法完全了解代理人的行为是否真正符合自己的最佳利益。例如，患者可能对治疗方案和费用了解不足，而医生则可能利用信息优势作出对自己有利但对患者不利的决策。（4）结果的不确定性和不可预测性：代理人的行为结果可能因多种因素而变得无法预先确定，这使判断代理人行为是否符合委托人利益变得复杂，为代理人的不当行为提供了机会。例如，疾病的治疗结果存在不确定性，即使由同一位医生治疗同一种疾病，结果也可能因人而异。此外，治疗结果的判定也可能因患者和医生的主观感受而异，甚至专业第三方机构也难以作出准确判断。

在医疗领域，道德风险涉及三个主要参与者：医生、患者和医疗保险机构，以及两个市场：医疗服务市场和医疗保险市场。医生与患者之间的互动构成了医疗服务市场，而参保人与医疗保险机构之间的互动构成了医疗保险市场。

1. 患者的道德风险

患者可能利用他们掌握的信息优势，采取可能导致医疗费用不合理增加的机会主义行为，这被称为患者的道德风险。在医疗保险市场中，保险机构将使用医保基金的权利转移给患者，在这个过程中，保险机构扮演委托人角色，而患者则为代理人，双方建立了实际的委托代理关系。然而，双方的利益并不总是一致的：患者在使用医疗保险后，可能倾向于使用更昂贵的药物和治疗方案，甚至可能寻求过度治疗以期快速康复，而保险公司则更关注控制医疗费用的不合理增长。由于信息不对称，保险公司难以准确判断患者是否真的需要过度治疗，而治疗结果的不确定性也可能增加这种行为的发生率。此外，还可能出现患者虚报病情、小病大治或一人参保全家受益的情况，这些行为最终可能导致医疗费用的不合理增加，这种情况属于事后道德风险。另外，如果医疗保险的存在导致参保人忽视自己的健康，减少在疾病预防上的投入，选择了不利于健康的行为，从而增加了生病的可能性，这种情况被称为事前道德风险。

2. 医生的道德风险

医生的道德风险就是医生基于经济利益的驱使，利用其信息优势采取的可

---

① 张春霖. 存在道德风险的委托代理关系：理论分析及其应用中的问题 [J]. 经济研究，1995（8）：3-8.

能导致医疗费用不合理增加的行为。在医疗服务市场中，患者通常将选择治疗计划的权利委托给医生，从而形成了患者作为委托人、医生作为代理人的委托代理关系。尽管双方共同希望疾病得到有效治疗，但他们的利益也存在分歧：患者倾向于减少开支，而医生则可能倾向于增加收入。由于医生在疾病治疗方面的专业性和技术性，他们对治疗方案拥有信息优势，而患者则相对处于信息劣势地位，加之治疗过程本身的不确定性，对于同一种疾病可能存在多种治疗方案，医生为了自身利益最大化，可能会有强烈的动机"诱导"患者选择成本更高的治疗选项[1]，包括不必要的检查和用药，这种行为损害了患者的利益，并可能导致医疗费用的不合理增长。

3. 医患合谋的道德风险

在医疗保险这种第三方付费的模式下，医生和患者的利益有时会出现一致性。双方可能因为共同的利益而形成某种程度的"共谋"，损害作为第三方支付方的医保机构的利益。医院为了增加收益，可能会将医生的薪酬与其工作量和医院收益挂钩，医生为了获得更高的收入，可能会采取"创收"行为，即诱导患者增加医疗消费。患者在使用医疗保险后，由于能够以较低成本获得医疗服务，对价格的敏感度降低，容易产生"过度消费"的心理，倾向于追求更多的医疗服务[2]，这可能导致医疗费用的不合理增长。在这种情况下，医生和患者可能会联合起来对付医保机构，采取一些不当行为，如将自费药品转为医保报销药品，开具不必要的大处方，进行虚假住院，伪造医疗记录和检查报告，过度使用医疗资源等[3]，这些行为最终可能导致医疗费用的急剧上升。而医疗过程和结果的不确定性和不可预测性为这些道德风险行为提供了掩护，使医保机构难以有效判断医生和患者的行为是否合理。

道德风险还会影响医疗保险的实际效果。事前道德风险可能导致参保人选择不健康的生活方式，增加生病的概率，降低健康水平，从而增加医疗服务的使用和医疗支出。事后道德风险则可能导致医疗费用的直接增加，提高大病支出的发生率。为了区分正常医疗需求释放和道德风险对医疗支出增加的影响，可以参考谢明明、王美娇、熊先军（2016）的观点：当患者收入较低，医疗费用超出其支付能力时，患者不太可能产生道德风险，此时医疗费用的增加主要是由于医疗需求的释放；而当患者收入较高，能够自行承担医疗费用

① 弓宪文，王勇，李廷玉. 信息不对称下医患关系博弈分析 [J]. 重庆大学学报（自然科学版），2004（4）：126-129.

② 郑秉文. 信息不对称与医疗保险 [J]. 经济社会体制比较，2002（6）：8-15.

③ 赵曼. 社会医疗保险费用约束机制与道德风险规避 [J]. 财贸经济，2003（2）：54-57.

时，医疗保险对医疗需求释放的贡献有限，此时医疗费用的增加主要归因于道德风险。

第二节　实证模型与数据处理

在第二章中，本书建立了评估医疗保险效应的两个关键维度：健康效应和经济效应。为了准确评估这两方面的效应，本书采用了倾向得分匹配（PSM）方法与双重差分（DID）方法相结合的方式，创建了 PSM-DID 模型来实证分析医疗保险的健康效应，并建立了 Heckman 样本选择模型来实证分析其经济效应。本节内容安排如下：第一部分是模型构建，深入探讨 PSM-DID 模型和Heckman 样本选择模型的运作原理及其构建思路；第二部分是讨论数据的来源，根据研究目标选定相关变量，进行数据处理，并最终展示描述性统计的结果。

一、模型构建

城镇职工医疗保险自 1999 年年初启动，至同年年末已基本实施完成，它与城乡居民医疗保险一同构成了我国全民医疗保障体系的核心部分。该保险制度通过其经济补偿的基本功能，有效缓解了城镇职工面临的"看病难、看病贵"的困境，从整体上提升了城镇职工的健康状况。为了量化城镇职工医疗保险的具体作用，本书依据 Rubin Causal Model（1974），设定参保行为的效应为：

$$Y_i = \begin{cases} Y_{1i}, & if\ D_i = 1 \\ Y_{0i}, & if\ D_i = 0 \end{cases}$$

即

$$Y_i = (1 - D_i)Y_{0i} + D_iY_{1i} = Y_{0i} + (Y_{1i} - Y_{0i})D_i \tag{3-1}$$

式（3-1）中，$Y_{1i}-Y_{0i}$ 为参保行为的处理效应，其中，D_i 为处理变量，表示观察对象是否参加保险项目，$D_i = \begin{cases} 1, & i\ 在实验组，参加保险项目 \\ 0, & i\ 在控制组，未参加保险项目 \end{cases}$，$Y_i$ 为结果变量，是对我们想要考察的健康和经济效应的结果度量，Y_{0i} 为 i 未参加保险项目的结果变量，Y_{1i} 为 i 参加保险项目的结果变量。

我们想要考察处理变量 D_i 对结果变量 Y_i 是否有因果关系，即参保行为是否会对观察对象的健康和经济产生影响，但实际上，任意一位观察对象 i 都只能处于其中一种状态，要么参保，要么不参保，我们无法同时观测到他参保的结果 Y_{1i} 和未参保的结果 Y_{0i} 两个值，也就无法得到处理效应 $Y_{1i} - Y_{0i}$。

如果简单地利用观察数据,将参保人群定义为实验组,未参保人群定义为对照组,以此来衡量参保行为对健康和经济的影响,可能会引起选择性偏差。这种偏差源于参保人群和未参保人群在初始健康状况和经济条件上可能存在的差异。他们可能会基于自身的健康状况、经济状况以及亲友的建议来作出参保决策,而不是通过随机分配的方式。这样的选择过程可能导致基于观察数据得出的分析结果出现偏颇,如错误地得出参保后健康状况变差、就医次数减少等不符合逻辑的结论[1]。用数学语言表述为:

$$E(Y_{1i}|D_i = 1) - E(Y_{0i}|D_i = 0)$$
$$= E(Y_{1i}|D_i = 1) - E(Y_{0i}|D_i = 0) + [E(Y_{0i}|D_i = 1) - E(Y_{0i}|D_i = 1)]$$
$$= E(Y_{1i}|D_i = 1) - E(Y_{0i}|D_i = 1) + [E(Y_{0i}|D_i = 1) - E(Y_{0i}|D_i = 0)]$$
$$= E(Y_{1i} - Y_{0i}|D_i = 1) + [E(Y_{0i}|D_i = 1) - E(Y_{0i}|D_i = 0)]$$

$$(3-2)$$

其中,$E(Y_{1i} - Y_{0i}|D_i = 1)$ 才是参保的平均处理效应,而 $E(Y_{0i}|D_i = 1) - E(Y_{0i}|D_i = 0)$ 则度量了选择偏差的大小。

另外,参保行为对个体的健康和经济状况有影响,但个体的健康状况和经济能力同样会影响其是否选择购买保险。通常,健康状况良好的人购买保险的意愿较低,而健康状况较差的人更可能选择购买保险。经济条件较好的个体有财力购买保险,但由于他们相信自己能够承担医疗费用,对保险的需求可能并不迫切;相反,经济条件较差的个体虽然缴费能力有限,但因为担心无法承担疾病带来的医疗费用,对医疗保险的需求较高。因此,经济能力对参保决策的影响并不明确,这在本书中构成了显著的内生性问题。

为避免选择偏差问题,本书采用了倾向得分匹配(PSM)法。针对内生性问题,本书采用了双重差分(DID)法。结合这两种方法,本书在分析城镇职工医疗保险(城职保)的健康效应时构建了 PSM-DID 模型。此外,由于医疗支出中存在大量零值,这可能是因为样本个体无须就医,或是基于药品价格、就医便利性等因素选择不就医的结果。如果直接进行估计,可能会导致偏差。为解决这一问题,本书采用了 Heckman 样本选择模型来纠正潜在的选择性偏差。

(一)PSM 模型

为减少选择性偏差,理想的实验设计要求在实验开始前,实验组与对照组在关键特征上应保持高度相似。然而,在处理观察数据时,这一条件往往难以满足。尽管如此,我们可以通过寻找与实验组在处理变量之外的其他可观测变

---

① 陈强. 高级计量经济学及 Stata 应用(第二版)[M]. 北京:高等教育出版社,2014.

量上具有相似取值的对照组个体，来构建一个新的对照组。倾向得分匹配（PSM）是一种 Rosenbaum 和 Rubin（1983）提出的方法，它依据倾向得分来进行个体间的匹配。倾向得分的核心作用是衡量个体间在处理条件上的相似性，具体来说，它反映了个体接受处理的概率，通常表示为 $p(X_i) = P(D_i = 1 | X_i)$，这个概率一般通过 logit 模型来估计[1]，从而确保匹配的准确性和可靠性。通过这种方法，我们可以更准确地评估处理效应，减少选择偏差所导致的估计误差。

该方法的理论依据是，对任意的个体 i，均满足可忽略性假定，即个体 i 对处理变量 D_i 的选择，完全取决于 X_i，(Y_{0i}, Y_{1i}) 独立于 D_i：

$$(Y_{0i}, Y_{1i}) \perp D_i | X_i \Rightarrow (Y_{0i}, Y_{1i}) \perp D_i | p(X_i) \tag{3-3}$$

为了能够进行有效匹配，要求对于 X 的每一个取值，在处理组与控制组中均有个体与之对应，也就是满足条件匹配（重叠）假定：对 $\forall X_i$，有 $0 < p(X_i) < 1$。

这种方法是根据匹配后的样本，来计算平均处理效应的，如果将匹配后的重叠区间表示为 Cs，$\{i: D_i = 1\}$ 表示处理组，$\{j: D_j = 0\}$ 表示控制组，那么此时参与者的平均处理效应为 $A\hat{T}T = \dfrac{1}{N_1} \sum_{i \in Cs \cap \{i: D_i = 1\}} (Y_i - \hat{Y}_{0i})$，$N_1$ 表示处理组的有效样本数；未参与者的平均处理效应为 $A\hat{T}U = \dfrac{1}{N_0} \sum_{j \in Cs \cap \{j: D_j = 0\}} (\hat{Y}_{1j} - Y_j)$，$N_0$ 表示控制组的有效样本数；平均处理效应为 $A\hat{T}E = \dfrac{1}{N} \sum_{i \in 上述两个集合的并集} (\hat{Y}_{1i} - \hat{Y}_{0i})$。

在本书的探讨中，影响个体是否选择购买城镇职工医疗保险的决策是由多种因素共同作用的结果，包括但不限于教育水平、年龄、性别、文化背景、观念差异以及社交影响等。在这些影响因素中，一部分可以通过直接观察获得，而另一部分则属于不可观测变量，使倾向得分匹配方法（PSM）的基本假设"可忽略性假定"未能得到满足，因此，不能直接采用 PSM 方法来进行分析。

（二）DID 模型

双重差分（DID）方法是一种计量经济学工具，专门用于评估政策的实施效果。与传统的比较方法不同，DID 模型通过在回归方程中加入两个关键的虚

---

① Rosenbaum P R，Rubin D B. The Central Role of the Propensity Score in Observational Studies for Causal Effects [J]. Biometrika，1983，70（1）：41-55.

拟变量及其交互项，来评估政策实施的效应。这种方法能够更准确地反映政策变化对个体数据的影响，并判断其统计显著性。

在 DID 模型中，我们通常需要至少两期样本数据。第一期时所有样本均未购买保险。第二期有部分样本开始购买保险。我们可以使用 T 表示时间虚拟变量，其中 0 代表第一期，1 代表第二期。个体在购买城职保前后的健康或经济状况的变化为 $\Delta y_i = y_{i1} - y_{i0}$（用下标 i 和 t 分别指代第 i 个样本和第 t 年），因此购买城职保的平均处理效应（ATE）为：

$$\Delta\Delta y = \frac{1}{N_1}\sum\left(\Delta y_i \,|\, D_i = 1\right) - \frac{1}{N_2}\sum\left(\Delta y_i \,|\, D_i = 0\right) \tag{3-4}$$

仍然用虚拟变量 D 来表示是否购买了城职保，1 表示购买，0 表示未购买，则用数学模型表示以后为：

$$y_{it} = \beta_0 + \beta_1 D_i + \beta_2 T + \beta_3(D_i \times T) + \beta_4 X_{it} + \varepsilon_{it} \tag{3-5}$$

其中，D 的系数 β_1 反映了第一期未购买城职保前处理组与控制组之间的差异，即组别差异，T 的系数 β_2 反映了控制组在第一期和第二期之间的差异，即时间差异。由式（3-5）可以看出，DID 法同时控制了分组效应和时间效应，故而在双重差分的算法下，该式等价于个体时点双固定效应模型：

$$y_{it} = \beta_0 + \alpha_i + \upsilon_t + \beta_3(D_i \times T) + \beta_4 X_{it} + \varepsilon_{it} \tag{3-6}$$

对时间差分的结果为：

$$\Delta y_i = \beta_2 + \beta_3 D_i + \Delta\varepsilon_{it} \tag{3-7}$$

再次差分以后，我们可以得到：

$$\Delta\Delta y = \beta_3 + \Delta\Delta\varepsilon_{it} \tag{3-8}$$

即交叉项的系数就是我们需要估计的处理效应。式（3-5）的计算过程汇总到表中，结果见表3-2。

表3-2 双重差分模型（DID）的计算原理

	第一期（$T=0$）	第二期（$T=1$）	difference
处理组（$D=1$）	$\beta_0 + \beta_1$	$\beta_0 + \beta_1 + \beta_2 + \beta_3$	$\beta_2 + \beta_3$
控制组（$D=0$）	β_0	$\beta_0 + \beta_2$	β_2
difference	β_1	$\beta_1 + \beta_3$	β_3（DID）

双重差分法使用了面板数据，因此可以控制那些不随时间变化的不可观测因素。

（三）双重差分倾向得分匹配（PSM-DID）模型

本书的处理变量为是否购买城职保，而它的选择可能是文化差异和观念差异的影响结果，这些变量并不能完全观测到，且不容易随时间发生变化，故而本书选择构建双重差分倾向得分匹配模型。双重差分倾向得分匹配法的成立前提是均值可忽略性假定，即如果没有进行实验，控制组和处理组是相似的，具有相同的时间趋势。

将实验前（所有样本均未购买任何医疗保险）的时期记为 0，将实验后（有部分样本购买了城职保）的时期记为 1。

（1）当 $t=0$ 时，实验未发生，所有样本均未购买医疗保险，此时个体 i 的结果记为 Y_{0i0}；

（2）当 $t=1$ 时，实验已经发生，此时有一部分样本购买了城职保，其中购买了城职保的样本为处理组，个体 i 的结果记为 Y_{1i1}，仍然未购买保险的样本为控制组，个体 i 的结果记为 Y_{0i1}。

均值可忽略性假定要求：

$$E(Y_{0i1} - Y_{0i0}| X_i, \; D_i = 1) = E(Y_{0i1} - Y_{0i0}| X_i, \; D_i = 0) \tag{3-9}$$

$$\Leftrightarrow E(Y_{0i1} - Y_{0i0}| X_i, \; D_i) = E(Y_{0i1} - Y_{0i0}| X_i) \tag{3-10}$$

该条件可以通过 PSM 过程得以实现，按照反事实推断理论，经过匹配的控制组样本可以被当作"如果没有购买城职保"情形下的处理组样本，通过对两期处理前和处理后的数据的差分，得到参保行为的处理效应。

（四）Heckman 样本选择模型

为了修正样本自我选择现象，即因医药费价格、就医便利性等选择不就医产生的零支出给估计带来的选择性偏误，同时不确定"是否发生医疗支出"和"如果发生，支出多少"这两个过程是否相互独立，本书构建 Heckman 样本选择模型来估计医疗保险的经济效应。同时，为了控制处理组样本和控制组样本的共同时间趋势，本书参照程令国、张晔（2012）的做法，采用了差分内差分（DID）的面板结构，设定的样本选择模型为：

$$P(I_i = 1) = P(y_{tid} > 0) = P(\beta_0 + \beta_1 D_i + \beta_2 T + \beta_3 D_i \times T + \beta_4 X_{tid} + \delta_s + \varepsilon_{tid} > 0) \tag{3-11}$$

$$\ln(y_{tid}| I_i = 1) = \beta'_0 + \beta'_1 D_i + \beta'_2 T + \beta'_3 D_i \times T + \beta'_4 X_{tid} + \rho\sigma_2\lambda_i + \delta'_s + \varepsilon'_{tid} \tag{3-12}$$

其中，式（3-11）为选择方程，计算样本发生正医疗支出的概率，式（3-12）为估计方程，估计各因素对医疗支出的影响效果。y_{tid} 表示医疗支出；

虚拟变量 D 仍然表示是否购买了医疗保险，1 表示处理组购买城职保，0 表示控制组未购买城职保；虚拟变量 T 表示时间，0 表示第一期所有样本均未购买任何医疗保险，1 表示第二期有部分样本购买城职保，X_{tid} 为控制变量，δ_s 为省哑变量。ρ 为 ε_1、ε_2 的相关系数，σ_1 为式（3-11）的标准差，σ_2 为式（3-12）的标准差，λ_i 表示计算的逆米尔斯比率，计算公式为：

$$\lambda_i = \frac{\phi\left[(\beta_0 + \beta_1 D_i + \beta_2 T + \beta_3 D_i \times T + \beta_4 X_{tid} + \delta_s)/\sigma_1\right]}{\Phi\left[(\beta_0 + \beta_1 D_i + \beta_2 T + \beta_3 D_i \times T + \beta_4 X_{tid} + \delta_s)/\sigma_1\right]}$$

二、数据收集及处理

（一）数据来源

本书所使用的数据来源于北京大学中国社会科学调查中心（ISSS）执行的"中国家庭追踪调查"（China Family Panel Studies，CFPS）。该研究项目旨在通过跟踪收集个体、家庭和社区三个层面的数据，来捕捉中国在社会、经济、人口、教育和健康领域的发展变化。

CFPS 项目对数据质量的要求极为严格，其研究重点包括中国居民的经济和非经济福利，以及经济活动、教育成果、家庭关系、家庭动态、人口流动和健康等多个研究领域。作为一个全国性的、大规模的、跨学科的社会追踪调查项目，CFPS 涵盖了社区问卷、家庭问卷、成人问卷和少儿问卷四种主要问卷类型，并在此基础上衍生出多种针对不同家庭成员的问卷形式，如长问卷、短问卷、代答问卷和电话问卷等，确保了信息的全面性和可靠性，满足了实证研究的要求。

CFPS 项目在 2008 年和 2009 年分别在北京、上海和广东三地进行了初步的测试调查，并在 2010 年正式启动访问。迄今为止，CFPS 已经完成了 6 期追踪调查，分别对应 2010 年、2012 年、2014 年、2016 年、2018 年和 2020 年的数据，覆盖了全国 25 个省/市/自治区，目标样本规模达到 16000 户家庭，调查对象包括样本家庭中的所有成员。

在 CFPS 的问卷设计中，对医疗保险类型进行了细致的分类，包括公费医疗、城镇职工医疗保险、城镇居民医疗保险（含"一老一小"保险）、新型农村合作医疗保险和补充医疗保险等。然而，由于国内目前实施的主要医疗保险类型为城镇职工基本医疗保险和城乡居民基本医疗保险两类，且 CFPS 的最新数据截至 2020 年，而城乡居民基本医疗保险直到 2016 年才正式实施，因此 2020 年的调查问卷中才首次出现了城乡居民基本医疗保险的选项。这就意味着我们无法获得城乡居民基本医疗保险的权威数据来进行实证分析。基于这一考虑，本书选择城镇职工医疗保险作为研究对象，以评估其对相关效应的影响。

（二）主要变量与数据处理

参考相关研究文献，本书选择了七类变量，每一变量的数据处理过程如下。

1. 参保变量

本书的核心解释变量为是否参保，它描述受访者是否参加了城镇职工医疗保险。为准确分析城镇职工医疗保险的效果，本节将只参加了城镇职工医疗保险的样本赋值为1，而未参加或参加了多种医疗保险的样本赋值为0。

2. 健康行为变量

健康行为指标包括吸烟和喝酒两个变量：吸烟情况在问卷中的相关问题为"过去一个月，您是否吸烟"，本书将回答是的赋值为1，回答否的赋值为0。喝酒情况在问卷中的对应问题是"您是否每周喝酒3次以上"，回答是的赋值为1，回答否的赋值为0。

3. 健康产出变量

健康状况指标主要包括过去两周内是否有身体不适和自评健康两个变量："过去两周内是否有身体不适"这个变量选择"是"的赋值为1，选择"否"的赋值为0。自评健康状况对应的问题是"您认为自己的健康状况如何"，受访者的选择可以是"非常健康""很健康""比较健康""一般"或者"不健康"，本书在数据处理时将这五种取值合并为两类，非常健康、很健康或比较健康的赋值为0，一般或不健康的赋值为1。

4. 医疗服务利用变量

医疗服务利用指标方面主要包括过去两周是否看过医生这个自变量。"过去两周是否看过医生"代表对门诊服务的利用，回答看过的赋值为1，没有看过的赋值为0。

5. 医疗负担变量

医疗负担指标包括总医疗费用、自付医疗费用、自付医疗费用比例、是否为大病医疗4个变量。

"总医疗费用"这个变量在问卷中涉及两个问题："将检查、治疗、住宿、看护等各项费用都算在内，过去12个月，包含已报销和预计可报销的部分，您住院总共花费了多少元？"以及"除住院以外，过去12个月，包含已报销和预计可报销的部分，您在伤病方面总共还花费了多少元？"总医疗费用为这两项花费的总和。"自付医疗费用"由问卷中"不含已经报销或预计能报销的部分，过去12个月，您伤病所产生的总医疗费用中，您自己直接支付了多少元？"得出。"自付医疗费用比例"指标的计算公式是用自付医疗费用除以总医疗费用支出。

是否为大病医疗可以按照当年自付医疗费用占家庭年度收入的比重是否超过一个固定比例来衡量，本书选取的固定比例分别为20%和30%。

由于本书所选择的样本年度跨越较长，不同年份的货币购买力差异较大，故而对费用和支出类数据均需要使用CPI指数进行调整，本书将所有费用类数据统一调整到2010年，以2010年为基期的CPI＝各年CPI/2010年CPI，即经CPI调整后的支出＝调整前的支出/以2010年为基期的CPI。

6. 控制变量

参考傅虹桥、袁东、雷晓燕（2017）的做法，本书选择的控制变量包括个人特征变量和家庭特征变量两方面。

（1）个人特征变量

个人特征变量包括年龄、性别、婚姻状况、教育程度、民族、职业、既往病史、常住地址和省份9个。本书将年龄分为3组：16~40岁、41~59岁、60岁及以上。性别选项中女性的赋值为0，男性的赋值为1。在问卷中，婚姻状况的选择可以是"未婚""在婚""同居""离婚"或者"丧偶"，本书在数据处理时将"婚姻状况"的取值合并为三类：未婚的赋值为0，离婚或者丧偶的赋值为1，在婚或者同居的赋值为2。教育程度的选择可以是"文盲/半文盲""小学""初中""高中/中专/技校/职高""大专""大学本科""硕士"或者"博士"，根据样本的分布情况，本书在数据处理时，将"教育程度"的取值合并为五类：文盲/半文盲的赋值为0，小学的赋值为1，初中的赋值为2，高中/中专/技校/职高的赋值为3，大专及以上的赋值为4。民族选项中汉族的赋值为0，苗族、满族、土家族、回族、壮族等其他少数民族的赋值为1。

工作单位的选择可以是"政府部门/党政机关/人民团体""事业单位""国有企业""私营企业/个体工商户""外商/港澳台商企业""其他类型企业""个人/家庭""民办非企业组织/协会/行会/基金会/村居委会"或者"其他"，本书将政府部门/党政机关/人民团体、事业单位、国有企业三个选项合并为"国家单位"，赋值为2，其他单位的赋值为1，没有工作的赋值为0。

既往病史指标是以问卷中设置的问题"过去六个月里，您是否患过经医生诊断的慢性疾病"为判断标准，回答是的赋值为1，回答否的赋值为0。

常住地址分为城市和农村两类，本书将乡村赋值为0，城市赋值为1。省份变量中北京的赋值为11，天津的赋值为12，河北的赋值为13，山西的赋值为14，内蒙古的赋值为15，辽宁的赋值为21，吉林的赋值为22，黑龙江的赋值为23，上海的赋值为31，江苏的赋值为32，浙江的赋值为33，安徽的赋值为34，福建的赋值为35，江西的赋值为36，山东的赋值为37，河南的赋值为41，湖北的赋值为

42，湖南的赋值为43，广东的赋值为44，广西的赋值为45，海南的赋值为46，重庆的赋值为50，四川的赋值为51，贵州的赋值为52，云南的赋值为53，西藏的赋值为54，陕西的赋值为61，甘肃的赋值为62，青海的赋值为63，宁夏的赋值为64，新疆的赋值为65。

（2）家庭特征变量

家庭特征变量包括家庭人数、家庭人均收入、家庭人均收入排位3个，本书在数据处理时，将家庭人数大于等于8个的统一赋值为8。用家庭总收入除以家庭人数可以得出家庭人均收入，之后可进一步计算家庭人均收入排位，并将家庭划分为三组：低收入组、中等收入组和高收入组，其中将排名结果在1/3到2/3（即中等收入）的家庭赋值为0，家庭人均收入的排名结果在1/3以下（即低收入）的家庭赋值为1，家庭人均收入的排名结果在2/3以上（即高收入）的家庭赋值为2。

各个变量解释及赋值结果的总结见表3-3。

表3-3　变量说明及赋值

变量设置	变量说明	变量赋值
参保变量		
UEB	是否只参加城镇职工医疗保险	是=1，否=0
人口特征		
age	受访者的年龄	
age18_40	年龄介于18岁到40岁	年龄介于18岁到40岁=1，其他=0
age41_59	年龄介于41岁到59岁	年龄介于41岁到59岁=1，其他=0
age60up	年龄为60岁及以上	年龄为60岁及以上=1，其他=0
age2	受访者年龄的平方	
sex	受访者为男性	女性=0，男性=1
marr	受访者的婚姻状况	未婚=0，离婚或丧偶=1，在婚或同居=2
single	未婚	未婚=1，其他=0
married	在婚或同居	在婚或同居=1，其他=0
divorce	离婚或丧偶	离婚或丧偶=1，其他=0
edu	受访者的教育程度	文盲/半文盲=0，小学=1，初中=2，高中/中专/技校/职高=3，大专及以上=4
illite	文盲	文盲/半文盲=1，其他=0
primary	小学	小学=1，其他=0

变量设置	变量说明	变量赋值
junior	初中	初中=1，其他=0
high	高中/中专/技校/职高	高中/中专/技校/职高=1，其他=0
college	大专及以上	大专、大学本科、硕士、博士=1，其他=0
nation	受访者为少数民族	少数民族=1，汉族=0
occ	受访者的工作单位	无工作=0，一般单位=1，国家单位=2
occ_no	无工作	无工作=1，其他=0
occ_or	一般单位	一般单位=1，其他=0
occ_na	国家单位	国家单位=1，其他=0
eversick	既往病史	六个月内被医生诊断患有慢性病=1，无=0
address	常住地址：城镇	城镇=1，乡村=0
province	省份	
家庭特征		
hhsize	家庭人数	
incpc	家庭人均收入	经CPI调整到2010年
income	家庭人均收入排位	家庭人均收入的排名结果在1/3到2/3（中等收入家庭）=0，家庭人均收入的排名结果在1/3以下（低收入家庭）=1，家庭人均收入的排名结果在2/3以上（高收入家庭）=2
income_l	低收入家庭	低收入家庭=1，其他=0
income_m	中等收入家庭	中等收入家庭=1，其他=0
income_h	高收入家庭	高收入家庭=1，其他=0
健康行为		
smoke	是否吸烟	是=1，否=0
alcoholic	是否饮酒	每周喝酒3次以上=1，其他=0
医疗服务利用		
clinic	过去两周是否看过医生（门诊）	是=1，否=0
健康产出		
sick	过去两周内是否有身体不适	是=1，否=0
selfhealth	自评健康状况	非常健康、很健康或比较健康=0，一般或不健康=1
医疗负担		

续表

变量设置	变量说明	变量赋值
topay	总医疗费用	经 CPI 调整到 2010 年
selfpay	自付医疗费用	经 CPI 调整到 2010 年
selfratio	自付医疗比例	=自付医疗费用/总医疗费用
ratio	年医疗费用在当年家庭总收入中的占比	=自付医疗费用/当年家庭总收入
major20	ratio 是否超过了 20%	是 =1，否 =0
major30	ratio 是否超过了 30%	是 =1，否 =0

本书在剔除一些关键变量明显异常以及变量缺失的样本，并将各子数据库合并、删除不匹配的样本以后，2010 年剩余样本 29790 个，2012 年剩余样本 26019 个，2014 年剩余样本 28737 个，2016 年剩余样本 31276 个，2018 年剩余样本 27532 个，2020 年剩余样本 20520 个，总计剩余样本 163874 个。

（三）描述性统计

本书将在前一期没有购买任何医疗保险，而在下一期只购买了城镇职工医疗保险的样本作为处理组，而将两期均未购买任何医疗保险的样本作为控制组。

1. 全样本描述性统计

由于社会医疗保险的覆盖面非常广泛，并且城镇职工医疗保险通常由雇主按月为员工统一缴纳，因此每年选择新加入该保险计划的人数相对较少。如果按照年度进行数据匹配，可能会导致样本量不足。因此，在本书的研究中，选择将第一期收集的所有数据合并，以横截面数据的形式进行混合匹配，此时的样本数量还剩余 8056 个，每一期 4028 个样本，其中处理组有 2212 个样本，控制组有 5844 个样本。这些样本的描述性统计结果见表 3-4。

表 3-4 全样本描述性统计结果

变量	样本量	均值	标准差	最小值	最大值
城职保	8056	0.137	0.344	0	1
年龄	8056	41.464	16.288	16	94
16~40 岁	8056	0.518	0.500	0	1
41~59 岁	8056	0.324	0.468	0	1
60 岁及以上	8056	0.158	0.364	0	1
男性	8056	0.49	0.500	0	1

续表

变量	样本量	均值	标准差	最小值	最大值
婚姻状况	8056	1.462	0.846	0	2
未婚	8056	0.234	0.423	0	1
已婚	8056	0.695	0.460	0	1
其他	8056	0.071	0.257	0	1
教育程度	8056	2.112	1.269	0	4
文盲	8056	0.147	0.354	0	1
小学	8056	0.15	0.357	0	1
初中	8056	0.313	0.464	0	1
高中	8056	0.225	0.418	0	1
大专及以上	8056	0.165	0.371	0	1
少数民族	8056	0.155	0.362	0	1
职业	8056	0.633	0.642	0	2
无业	8056	0.457	0.498	0	1
一般单位	8056	0.454	0.498	0	1
国家单位	8056	0.09	0.286	0	1
城镇	8056	0.713	0.452	0	1
家庭规模	8056	3.657	1.609	1	17
家庭人均收入	8056	21266.046	71547.111	0.667	5660000
收入状况	8056	1.095	0.877	0	2
低收入家庭	8056	0.222	0.416	0	1
中等收入家庭	8056	0.341	0.474	0	1
高收入家庭	8056	0.437	0.496	0	1
吸烟	8056	0.306	0.461	0	1
喝酒	8056	0.156	0.363	0	1
门诊	8056	0.159	0.366	0	1
不适	8056	0.268	0.443	0	1
既往病史	8056	0.108	0.310	0	1
自评健康	8056	0.299	0.458	0	1
总医疗费用	4276	2997.658	12609.609	2	550000
自付医疗费用	4276	1849.899	10260.902	0	510000
自付比例	2775	0.877	0.278	0	1

续表

变量	样本量	均值	标准差	最小值	最大值
药费与收入的比例	2775	1.42	63.450	0	3333.333
大于等于20%	2775	0.089	0.285	0	1
大于等于30%	2775	0.059	0.237	0	1

资料来源：根据 2010—2020 年中国家庭追踪调查（CFPS）数据整理得到。

　　从上面的描述性统计结果可以看出：在所有的受访人群中，购买了城镇职工医疗保险的比例并不高，这是因为具有固定工作的劳动者占比不高；而样本的平均年龄达到了 41.46 岁、41~59 岁的人群占到了 32.4%，与实际情况相吻合，而 60 岁及以上人群占到了 15.8%，可能是灵活就业人员自由选择了参加城职保；受访者中男性占比 49%，这意味着受访者的性别分布较为均衡；少数民族占比 15.5%，受访者主要是汉族人群；婚姻状况数值较大，以已婚人士为主，占比达到了 69.5%；受访者的受教育程度不太高，以初中及以下的文化程度为主，大专及以上学历的只占 16.5%；职业以无业者为主，这是因为问卷中的无业者包括灵活就业人员，并且本书的研究对象是第一期没有任何医疗保险的人群，而有固定工作的员工大多都有公司提供的其他医疗保险；家庭规模大多是 2~5 人，符合实际情况；城镇居民占比 71.3%，比乡村居民多，该比例与险种类型保持一致，城镇职工医疗保险是针对有固定工作的劳动者开设的，而这部分人群主要集中于城镇。

　　受访者中吸烟者占比 30.6%，一周饮酒超过 3 次的人员占比 15.6%，总体情况较为理想；而有 10.8% 的人群在六个月内被医生诊断患有慢性病；自评健康的数值越小，说明自我健康评价越好，因而大家对自身的健康评价较好，均值达到了 0.299，在做了评价的样本中，有 70.1% 的样本都对自己的健康状况评价较高，29.9% 的样本觉得自己身体一般或较差；过去两周中，26.8% 的受访者有感到不适的经历，15.9% 的受访者会选择门诊；过去一年内，4.5% 的受访者因病住过院；因疾病治疗所花费的平均医疗费用为 2997.66 元，其中有 1849.90 元需要受访者自己承担，自付比例达到了 87.7%，自付比例较高，因此我们有必要分析城镇职工医疗保险有没有减轻参保人的医疗负担；另外，在 4276 个发生了医疗费用支出的样本中，年总自付费用占当年家庭总收入的比例均值达到了 142%；大约有 247 位受访者的自付费用超过了当年家庭总收入的 20%，164 位受访者的自付费用超过了当年家庭总收入的 30%，对其正常生活造成了严重的负面影响。

　　从上面的分析可以发现，受访者的整体健康状况良好，那么其中有没有城职保的促进作用？另外，受访者的经济负担仍然很重，既然保险有损失补偿的功能，那么在样本自付费用很高，甚至严重超出其家庭的承受能力时，城镇职工医疗保险有没有及时发挥其应有的功能？上面的数据显示，城职保发挥的功能极其有限，甚至有可能引发我们对城镇职工医疗保险作用的质疑，因此我们有必要进一步通过模型来分析城镇职工医疗保险的效应究竟如何。

2. 分样本描述性统计

表3-5给出了匹配前处理组和控制组样本在两期的描述性统计结果，该表分为三个部分：第一部分是全样本的均值，位于第（1）列；第二部分是跟踪样本在第一期的结果，位于第（2）列到第（4）列，其中第（2）列是第一期处理组的样本均值，第（3）列是第一期控制组的样本均值，第（4）列是第一期处理组与控制组均值的差异性检验结果，表中给出了第（3）-（2）列的 t 统计量结果，显著性水平设置为 0.05；第三部分是跟踪样本在第二期的结果，位于第（5）列到第（7）列，其中第（5）列是第二期处理组的样本均值，第（6）列是第二期控制组的样本均值，第（7）列是第二期处理组与控制组均值的差异性检验结果，表中给出了第（6）-（5）列的 t 统计量结果，显著性水平同样设置为 0.05。

表3-5　前后两期样本的描述性统计结果

变量	（1）	第一期			第二期		
		（2）	（3）	（4）	（5）	（6）	（7）
	全样本	处理组	控制组	t 值	处理组	控制组	t 值
年龄	41.464	42.51	39.69	−4.924***	44.52	41.69	−4.951***
16~40 岁	0.518	0.500	0.555	3.115***	0.468	0.507	2.201**
41~59 岁	0.324	0.319	0.313	−0.367	0.325	0.337	0.771
60 岁及以上	0.158	0.181	0.132	−3.921***	0.207	0.155	−3.907***
男性	0.49	0.514	0.482	−1.867*	0.514	0.481	−1.835*
婚姻状况	1.462	1.479	1.430	−1.628	1.527	1.462	−2.216**
未婚	0.234	0.231	0.251	1.358	0.200	0.230	2.057**
已婚	0.695	0.710	0.681	−1.758*	0.727	0.692	−2.164**
其他	0.071	0.0600	0.0680	0.926	0.0730	0.0780	0.510
教育程度	2.112	2.590	1.892	−16.320***	2.635	1.954	−15.449***
文盲	0.147	0.0670	0.179	9.044***	0.0700	0.174	8.451***
小学	0.15	0.0870	0.172	6.832***	0.0950	0.171	6.089***
初中	0.313	0.309	0.332	1.354	0.288	0.306	1.082

续表

变量	（1）	第一期			第二期		
		（2）	（3）	（4）	（5）	（6）	（7）
	全样本	处理组	控制组	t 值	处理组	控制组	t 值
高中	0.225	0.263	0.211	−3.502***	0.225	0.225	−0.0430
大专及以上	0.165	0.274	0.105	−13.609***	0.322	0.124	−15.020***
少数民族	0.155	0.0920	0.178	6.780***	0.0920	0.178	6.780***
职业	0.633	0.732	0.496	−10.793***	0.951	0.613	−15.281***
无业	0.457	0.422	0.550	7.285***	0.287	0.440	8.988***
一般单位	0.454	0.423	0.405	−1.073	0.476	0.506	1.732*
国家单位	0.09	0.155	0.0460	−11.899***	0.238	0.0530	−17.763***
城镇	0.713	0.830	0.658	−10.832***	0.848	0.672	−11.277***
家庭规模	3.657	3.518	3.727	3.738***	3.488	3.703	3.728***
家庭人均收入	21266.046	30000	15000	−4.254***	31000	20000	−8.245***
收入状况	1.095	1.269	1.002	−8.725***	1.385	1.013	−12.229***
低收入家庭	0.222	0.0890	0.279	13.165***	0.0760	0.271	13.720***
中等收入家庭	0.341	0.321	0.359	2.281**	0.269	0.358	5.316***
高收入家庭	0.437	0.590	0.361	−13.412***	0.655	0.371	−16.698***
吸烟	0.306	0.268	0.318	3.080***	0.285	0.316	1.908*
喝酒	0.156	0.145	0.161	1.236	0.153	0.157	0.361
门诊	0.159	0.173	0.158	−1.148	0.153	0.157	0.361
不适	0.268	0.257	0.272	0.956	0.259	0.272	0.883
既往病史	0.108	0.126	0.0950	−2.876***	0.155	0.0960	−5.262***
自评健康	0.299	0.346	0.318	−1.735*	0.255	0.279	1.502
总医疗费用	2997.658	3598	2696	−1.164	3829	2687	−2.483**
自付医疗费用	1849.899	1741	1972	0.342	1675	1866	0.581
自付比例	0.877	0.827	0.927	5.989***	0.723	0.923	13.585***
药费与收入的比例	1.42	0.210	0.146	−0.757	0.0380	3.334	0.750
大于等于20%	0.089	0.0810	0.111	1.452	0.0370	0.100	4.407***
大于等于30%	0.059	0.0610	0.0710	0.629	0.0230	0.0670	3.681***

注：*、**、*** 分别表示在10%、5%、1%显著性水平下显著。

资料来源：根据2010—2020年中国家庭追踪调查（CFPS）数据整理得到。

　　表3-5的结果表明，处理组与控制组在是否喝酒、过去两周是否门诊、过去两周是否身体不适、自付医疗费用、在当年家庭总收入中的占比这几个指标上前后两期稍有差异，但是差异并不显著；在年龄、性别、教育程度、民族、

职业、常住地址、家庭规模、家庭人均收入、家庭人均收入排位、是否锻炼、是否吸烟、过去四周是否住院、既往病史、自付比例这几个指标上前后两期都有显著差异；而自评健康这个指标仅在前一期有显著差异，在后期没有显著差异；另外，婚姻状况、总医疗费用、年自付总额与年家庭总收入的比例是否超过20%与年家庭总收入的比例是否超过30%这两个指标在前一期没有显著差异，在后一期处理组与控制组差异扩大，结果显著。具体而言：

（1）人口特征和家庭特征方面

处理组年龄大于控制组年龄，说明年龄较大的样本更可能有固定工作，这与现实情况相吻合，年轻人更愿意尝试自由职业，而年龄大的人则追求工作稳定；处理组男性较多，这与中国国情相符，男性一般是家庭的主要劳动力，有固定工作的男性人数多于有固定工作的女性人数；处理组的汉族人数较控制组的多一些。同时，与未婚、离婚、丧偶者相比，已婚人士购买城职保的概率更高，这一特征在第二期时更为明显，很可能是因为已婚人士的家庭责任感更强，工作更为稳定，也更希望给家庭提供一份保障，而离婚、丧偶者参加城职保的概率很低，可能是工作不稳定的缘故；处理组的教育程度显著高于控制组的教育程度，高中及以上学历的处理组样本明显更多，而文盲、小学、初中毕业的控制组样本更多，这是因为教育程度越高，风险意识越强，工作越稳定，也更愿意并有能力接受保险；处理组的职业明显优于控制组的职业，即处理组的职业稳定性强于控制组，参与城职保的稳定性也就更强；处理组中城镇人口更多，家庭人口数量更少一些；处理组的收入更高，经济实力更强，从而更有能力购买保险。

（2）健康效应方面

在两期样本中，处理组的锻炼身体的样本量都显著多于控制组，特别是控制组中从不参与锻炼活动的样本占比更高，而在第二期购买保险以后，两组样本锻炼身体的意愿都有所提高，似乎保险没有发挥明显作用，是社会认知改变导致的结果；第一期处理组的吸烟者显著少于控制组，但是在第二期购买保险以后，两组的差异程度显著下降，处理组的吸烟人数有所增加，控制组的吸烟人数有所减少；同时，第一期处理组的饮酒者略少于控制组，到第二期购买城职保以后，处理组的饮酒者反而增加，控制组饮酒者数量减少，虽然结果并不显著。从上面吸烟和饮酒的统计结果来看，似乎城职保引发了人们不良的生活习惯，增加了吸烟和饮酒的可能性，存在一定的事前道德风险。

与控制组相比，处理组患有慢性病的可能性更高，两组差异显著，有明显的逆向选择问题，在第二期时两组差异进一步扩大；第一期处理组对自身健康的评价结果明显更差，但是第二期时对自身健康的评价却略好于控制组，这可能是因为没有购买城职保的人群对自身健康状况也了解不多，没有严重疾病不去医院体检诊断，所以有些慢性病没有提前发现，导致既往病史不多，但是小病却不断，从而对自身健康状况评价不高，而购买保险后能够及时去医院治疗，慢性病得以控制，身体不适的症状减少，从而对自身健康评价更高。与处理组相比，控制组过去两周内是否有身体不适的概率更高，到第二期，处理组身体不适的概率增加了一点，控制组身体不适的概率不变，虽然控制组的概率仍然高于处理组，但二者差异都不显著。以上结果似乎表明，身体不佳的人更倾向于购买保险，存在逆向选择问题；而购买城职保以后的样本自评健康结果变好，他们在购买保险之前更懂得预防保健，身体不适的可能性较低，存在正向选择现象，而在购买保险之后通过治疗使自评健康结果变好，保险起到了促进参保人健康的积极效果。

第一期处理组门诊的概率高于控制组，第二期两组的门诊概率均有所下降，但是处理组的下降幅度更大，结果都不显著；第一期处理组住院的概率显著高于控制组，但第二期两组的住院概率都有所下降，但处理组的概率仍然显著高于控制组。从这项指标来看，城职保似乎对门诊的影响不明显，但是也减少了人们对医疗服务的利用。

（3）经济效应方面

未购买城职保前，处理组的总医疗支出虽然高于控制组，但是二者的差异不显著，而在购买城职保之后，控制组的医疗支出略有减少，而处理组的医疗支出却有所增加，由 3598 元增加至 3829 元，与控制组的差异变得显著；自付医疗费用的变化方向基本与总医疗支出一致，只是购买保险后处理组的自付医疗支出减少，仍然小于控制组的数据，以上结果均不显著。该结果似乎表明，保险确实能够减轻人们的经济负担，发挥了其应有的效果。

在发生了自付医疗费用的家庭中，购买保险前，处理组和控制组两组样本的年自付医疗费用与家庭人均收入的比值分别为 82.7% 和 92.7%，差异显著，但是在购买保险后，处理组的该比例明显下降，控制组的该比例只是略微下降，差异变得更大。如果分别根据样本的年自付医疗费用与家庭年总收入的比值是否超过 20% 和 30% 来界定大病医疗，本书发现，在发生了自付医疗费用的家庭中，第二期的大病医疗发生概率均有所下降，可能是人们收入提高所导致的结果，但是处理组有医疗保险报销医疗费用，所以其大病医疗的发生概率均显著低于控制组，同样说明医疗保险能够非常有效地减轻人们的看病负担，在解决"看病贵"难题中发挥着非常重要的作用。

第四章 城镇职工医疗保险健康效应的实证分析

通过上一章的描述性统计分析得出了一些初步的结论：一方面，医疗保险可能导致一些人形成不良的生活习惯，如增加吸烟和饮酒的频率；另一方面，身体状况较差的人更倾向于购买保险，他们在购买保险前可能更加注重预防保健，但购买保险后可能会放松警惕，导致健康状况恶化，身体不适的风险增加，同时，他们对医疗服务的使用频率却有所下降。这些发现似乎暗示医疗保险可能对人们的健康产生负面作用。然而，由于购买城镇职工医疗保险（城职保）的人群与未购买的人群在风险意识、健康状况和就医行为等方面存在差异，因此，仅凭描述性统计分析的结果还不足以得出最终结论，需要进一步的实证研究来验证。本章将通过构建 PSM-DID 模型，对城职保的健康效应进行更为深入的实证分析，以期得到更加客观和准确的评价。

本章的内容安排如下：第一节将探讨城职保对健康行为的影响，主要关注吸烟和饮酒这两个指标；第二节将分析城职保对健康产出的影响，选取的指标包括自评健康状况和过去两周内身体不适的情况；第三节将研究城职保对医疗服务利用的影响，主要指标为过去一个月内是否进行了门诊就医。

通过这三个维度的分析，我们将更全面地评估城职保对个体健康的潜在影响，为医疗保险政策的制定和优化提供科学依据。

第一节 健康行为的改变

医疗保险制度的设立，对参保者在医疗消费时提供了一定程度的经济保障。一方面，参保者在就医时能够获得保险报销，减轻了个人医疗支出的负担，这可能使他们感到更安心，减少了因不健康行为而产生的经济顾虑。然而，对于那些自我控制能力较弱的参保者来说，这种经济上的安全感可能使他们更倾向于选择不健康的生活方式[①]。另一方面，医疗保险知识的普及有助于提高参保者的健康意识，使他们更加了解自身的健康状况，并与同龄人的平均水平进行

---

① Ehrlich I, Becker GS. Market Insurance, Self-insurance, and Self-protection [J]. Journal of Political Economy, 1972, 80（4）：164-189.

比较，从而作出更有利于自身健康的选择。

　　为了深入分析城镇职工医疗保险（城职保）对参保者行为选择的影响，本节将通过实证研究来探讨这一问题。参考谢明明、王美娇、熊先军（2016）的研究方法，我们将吸烟和饮酒行为作为健康行为的代表，并采用 Logit 模型来估计参保概率。模型中将考虑人口特征、家庭特征以及健康状况等多个因素。基于估计出的倾向得分，我们将采用卡尺内最近邻匹配法，以倾向得分标准差的四分之一作为卡尺，对样本进行匹配。最后，利用匹配后的样本构建双重差分（DID）模型评估城职保对健康行为的影响。

一、数据匹配

　　在本书中，我们采用了 Logit 模型来估计个体参保的概率。在模型中，我们考虑了包括年龄、性别、民族、婚姻状况、教育水平、职业、常住地址、家庭人口数和既往病史在内的 9 个关键变量。为了进行有效的样本匹配，我们选择了卡尺内最近邻匹配法，其中卡尺设定为倾向得分标准差的四分之一，计算出的卡尺值为 0.05。在匹配过程中，我们为每个处理组样本找到了一个控制组样本，并剔除了那些不在共同取值范围内的 271 个样本。经过这一过程，我们得到了一个包含 7785 个样本的"共同支撑域"，其中处理组样本有 2203 个，控制组样本有 5582 个。为了更直观地展示匹配的效果，图 4-1 展示了匹配后的共同取值范围，图 4-2 则对比了匹配前后的密度函数。具体的匹配结果如表 4-1 所示。

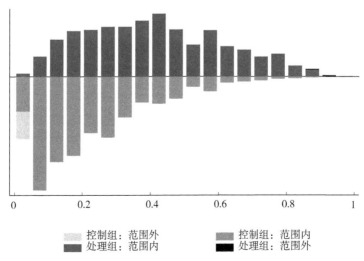

图 4-1　城职保对健康行为影响的 PSM 匹配共同取值范围

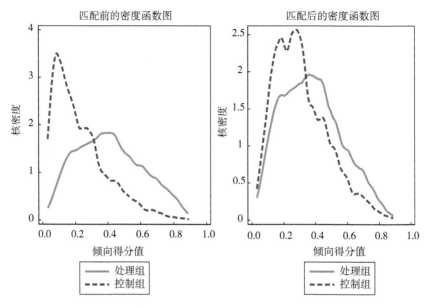

图 4-2 城职保对健康行为影响的 PSM 匹配前后密度函数对比

表 4-1 城职保对健康行为影响的 PSM 匹配检验结果

变量	样本	均值		标准偏误%	标准偏误 绝对值减少%	T 检验	
		处理组	控制组			T 值	P 值
41~59 岁	匹配前	0.322	0.325	−0.70	−525.6	−0.29	0.770
	匹配后	0.321	0.343	−4.60		−1.50	0.133
60 岁及以上	匹配前	0.194	0.144	13.4	87.3	5.53	0.000
	匹配后	0.192	0.199	−1.7		−0.53	0.595
男性	匹配前	0.514	0.481	6.5	9.7	2.62	0.009
	匹配后	0.513	0.483	5.9		1.96	0.050
少数民族	匹配前	0.092	0.178	−25.4	82.1	−9.59	0.000
	匹配后	0.093	0.077	4.50		1.84	0.066
已婚	匹配前	0.718	0.687	7.00	54.4	2.77	0.006
	匹配后	0.717	0.732	−3.20		−1.08	0.281
离婚	匹配前	0.066	0.073	−2.50	−41.0	−1.00	0.316
	匹配后	0.067	0.076	−3.60		−1.17	0.242
小学	匹配前	0.091	0.172	−24.10	97.2	−9.14	0.000
	匹配后	0.091	0.089	0.70		0.26	0.793
初中	匹配前	0.299	0.319	−4.30	9.1	−1.72	0.085
	匹配后	0.300	0.318	−3.90		−1.30	0.192

续表

变量	样本	均值		标准偏误%	标准偏误 绝对值减少%	T检验	
		处理组	控制组			T 值	P 值
高中	匹配前	0.244	0.218	6.20	40.9	2.51	0.012
	匹配后	0.245	0.229	3.70		1.20	0.228
大专及以上	匹配前	0.298	0.115	46.4	98.3	20.25	0.000
	匹配后	0.296	0.292	0.80		0.23	0.817
一般单位	匹配前	0.449	0.455	−1.20	−97.6	−0.48	0.631
	匹配后	0.449	0.462	−2.40		−0.79	0.432
国有单位	匹配前	0.196	0.049	45.90	87.6	21.13	0.000
	匹配后	0.194	0.176	5.70		1.55	0.121
城镇	匹配前	0.839	0.665	41.10	88.8	15.63	0.000
	匹配后	0.838	0.858	−4.6		−1.81	0.053
家庭规模	匹配前	3.503	3.715	−13.40	92.5	−5.28	0.000
	匹配后	3.503	3.512	−1.0		−0.35	0.725
中等收入家庭	匹配前	0.295	0.358	−13.50	89.2	−5.36	0.000
	匹配后	0.296	0.290	1.50		0.50	0.620
高收入家庭	匹配前	0.623	0.366	53.00	98.8	21.27	0.000
	匹配后	0.621	0.624	−0.70		−0.22	0.828
既往病史	匹配前	0.140	0.095	13.90	57.3	5.78	0.000
	匹配后	0.137	0.118	5.90		1.90	0.058

通过表4-1可以看出，在匹配之前，60岁及以上、性别、民族、已婚、小学毕业、高中毕业、大专及以上、国有单位、常住地址、家庭人数、中等收入家庭、高收入家庭、既往病史这几个变量在5%的显著性水平下具有显著差异，而经过卡尺内最近邻匹配，除了41～59岁、离婚和一般单位变量，其他变量的标准偏误均有较大程度的减少，减少幅度在9.1%到98.8%，而且所有变量的标准偏误绝对值都小于10%，T检验的结果除性别以外都在5%水平上不再统计显著，即经过匹配后的样本在其他变量上不再有显著差异，处理组与控制组二者是均衡的，样本均值更为接近。本书认为，经过PSM匹配以后，处理组和控制组的个体特征基本得以消除，匹配结果较为理想，满足双重差分"随机分组"的条件。

二、实证结果

（一）全样本分析

在分析城镇职工医疗保险对健康行为的影响时，使用匹配之后的样本，选择的被解释变量包括吸烟和喝酒两个，解释变量包括处理变量是否参保 UEB、时间变量、二者的交互项和其他协变量，协变量包括年龄、性别、民族、婚姻状况、教育程度、职业、常住地址、家庭规模、家庭人均收入排位、既往病史、省份、年份。

1. 被解释变量：吸烟

被解释变量设置为吸烟时，根据式（3-5）构建的双重差分模型为：

$$smoke_{it} = \beta_0 + \beta_1 treat_i + \beta_2 time + \beta_3 (treat_i \times time) + \beta_4 X_{it} + \varepsilon_{it} \quad (4-1)$$

其中，smoke 为衡量健康行为的被解释变量是否吸烟，是的取值为 1，否的取值为 0。treat 为处理变量，变量值等于 0 表示控制组，两期都未购买城镇职工医疗保险，变量值等于 1 表示处理组，第一期未购买保险，第二期购买了保险。time 是时期变量，等于 0 表示第一期，等于 1 表示第二期。treat×time 为二者的交互效应，只有二者都取 1 时该变量才会取 1，否则都等于 0。X_{it} 为其他控制变量，包括年龄、性别、民族、婚姻状况、教育程度、职业、常住地址、家庭规模、家庭人均收入排位、既往病史、省份、年份。

表 4-2　城职保对吸烟的影响

变量	系数	稳健标准误	t 统计量
交互效应（treat×time）	0.0325	0.0228	1.4237
处理效应（treat）	-0.0657 ***	0.0166	-3.9561
时期（time）	-0.00434	0.016	-0.2713
41~59 岁（age41_59）	0.0423 ***	0.0157	2.7028
60 岁及以上（age60up）	-0.0205	0.0253	-0.8119
性别（sex）	0.523 ***	0.0114	45.9183
民族（nation）	-0.0465 **	0.0214	-2.1759
已婚（married）	0.0703 ***	0.0183	3.8404
离婚或丧偶（divorce）	0.119 ***	0.0313	3.8132
小学（primary）	-0.0332	0.0273	-1.219
初中（junior）	-0.0272	0.0237	-1.1474

续表

变量	系数	稳健标准误	t统计量
高中（high）	−0.0243	0.0258	−0.9432
大专及以上（college）	−0.0858***	0.0282	−3.0416
一般单位（occ_or）	0.0539***	0.0142	3.8053
国有单位（occ_na）	0.0805***	0.0209	3.8588
城镇（address）	−0.00531	0.0167	−0.3176
家庭规模（hhsize）	−0.00322	0.0045	−0.7084
中等收入家庭（income_m）	−0.021	0.021	−0.9991
高收入家庭（1income_h）	−0.00376	0.0204	−0.1844
既往病史（eversick）	0.0381*	0.0227	1.6797
常数项（_cons）	0.0958	0.0624	1.5366
省份	控制		
年份	控制		
样本量	4487		
调整 R^2	0.348		

注：*、**、***分别表示在10%、5%、1%显著性水平下显著。

回归以后的结果见表4-2，常数项为0.0958，表明第一期控制组的吸烟比例为9.58%；处理变量的系数为−0.0657，表明在第一期处理组的吸烟比例比控制组低6.57%，该结果在1%置信水平下非常显著，意味着愿意购买保险的样本本身风险意识较强，平时注重养身，抽烟概率更低；时期变量的系数反映了吸烟的时间趋势，在其他因素不变的前提下，第二期控制组样本的吸烟比例比第一期下降0.434%，结果并不显著。

在构建的PSM-DID模型中，我们关心的主要变量是交互效应，它反映了购买城职保的净处理效应。回归结果显示，购买城职保导致吸烟的概率大概提高了3.25%，医疗保险导致参保者采取了不健康的行为，存在一定程度的事前道德风险问题，但结果并不显著。

除此之外，年龄、性别、民族、婚姻状况、工作单位、既往病史这些变量也对吸烟与否有显著影响。在控制其他因素的条件下，41~59岁样本吸烟概率相比16~40岁者显著提高4.23%，这可能是因为吸烟具有一定刚性，只要开始吸烟就很难戒掉，除非年龄大到医生要求必须戒烟；男性吸烟的概率显著大于女性，这与现实情况相符，吸烟者主体为男性；少数民族吸烟比例较汉族低

4.65%；相比较未婚者，其他样本的吸烟概率都较高，尤其是离婚、丧偶者吸烟的概率比未婚者高11.9%，在1%置信水平下显著，这可能是因为他们比较孤独，因此通过吸烟的方式进行缓解；与无工作人员相比，有固定工作者吸烟的概率更高，其中一般单位职工的吸烟概率增长5.39%，国有企业职工的吸烟比例增长8.05%，结果都在1%显著性水平下显著，可能与工作压力大有关系；有慢性病的样本吸烟概率比无慢性病的高3.81%。

另外，教育程度、常住地址、家庭规模和收入对吸烟概率的影响结果不显著，具体为：学历对吸烟的影响结果并不明朗，相比文盲，小学、初中、高中、大专及以上学历的吸烟概率都有所降低，但是降低的程度没有明显规律；城镇居民的吸烟概率比农村居民低0.531%；家庭规模与吸烟概率显著负相关，人数越多，吸烟的可能性越低，这可能一方面基于成本考虑，另一方面基于家庭成员的健康考虑；收入与吸烟概率反向变动，即收入越高，吸烟概率越低。

2. 被解释变量：喝酒

被解释变量设置为喝酒时，根据式（3-5）设置的双重差分模型为：

$$alcoh_{it} = \beta_0 + \beta_1 treat_i + \beta_2 time + \beta_3 (treat_i \times time) + \beta_4 X_{it} + \varepsilon_{it} \qquad (4-2)$$

其中，alcoh 为衡量健康行为的被解释变量是否每周喝酒次数超过3次，是的取值为1，否的取值为0，其他变量的含义与式（4-1）相同。

表4-3　城职保对喝酒的影响

变量	系数	稳健标准误	t 统计量
交互效应（treat×time）	0.0165	0.0204	0.8097
处理效应（treat）	−0.0325 **	0.0145	−2.2356
时期（time）	−0.00293	0.0143	−0.2046
41~59 岁（age41_59）	0.0265 *	0.0146	1.8116
60 岁及以上（age60up）	0.0480 **	0.0227	2.1191
性别（sex）	0.275 ***	0.0104	26.5093
民族（nation）	0.0252	0.0177	1.4217
已婚（married）	0.0993 ***	0.0144	6.8719
离婚或丧偶（divorce）	0.105 ***	0.0284	3.7047
小学（primary）	0.00821	0.0261	0.3145
初中（junior）	−0.0249	0.0227	−1.0959
高中（high）	−0.0440 *	0.0243	−1.8133

续表

变量	系数	稳健标准误	t 统计量
大专及以上（college）	−0.0829 ***	0.0255	−3.2473
一般单位（occ_or）	0.0490 ***	0.0124	3.9657
国有单位（occ_na）	0.0399 **	0.0188	2.1176
城镇（address）	−0.0166	0.0154	−1.0733
家庭规模（hhsize）	−0.00221	0.0039	−0.565
中等收入家庭（income_m）	0.00158	0.0178	0.0887
高收入家庭（1income_h）	0.0341 *	0.0176	1.9362
既往病史（eversick）	−0.0476 ***	0.0183	−2.6086
常数项（_cons）	0.0313	0.0543	0.5761
省份	控制		
年份	控制		
样本量	4487		
调整 R^2	0.1769		

注：*、**、***分别表示在10%、5%、1%显著性水平下显著。

回归结果见表4-3，常数项为0.0313，表明第一期控制组的喝酒比例为3.13%；处理变量的系数为−0.0325，结果在5%显著性水平下显著，表明在第一期处理组的喝酒比例比控制组显著低3.25%，同样说明愿意购买保险的样本本身风险意识较强，平时注重养生，喝酒概率更低；时期变量的系数反映了喝酒的时间趋势，在控制其他因素不变的前提下，第二期控制组样本的喝酒比例比第一期下降0.293%，变化不大，结果不显著。

我们关心的变量交互效应的系数为0.0165，说明购买城职保对喝酒的影响为正，导致第二期购买城职保的处理组的喝酒概率增长了1.65%，存在一定的事前道德风险，但是结果不显著。

除此之外，对喝酒影响显著的变量还有年龄、性别、婚姻状况、单位性质和既往病史。在控制其他因素的条件下，与对吸烟的影响情况相反，年龄对喝酒的影响为正，也就是说年龄越大，喝酒概率越高，相比较16~40岁的样本，41~59岁样本的喝酒概率显著增长2.65%，60岁及以上的喝酒概率显著增长4.8%，可能原因是年龄较大的人开始喝养生酒，而因为问卷中统计的只是喝酒频率（如每天都喝），而没有统计饮酒量，故而该结果只能表明年龄高者饮酒频率增加；男性喝酒的概率显著大于女性，这与现实情况相符，喝酒者主体为男性；相比较未婚者，其他样本的喝酒概率都有所增加，其中已婚者喝酒的概率增长了 9.93%，在 1% 置信水平下显著，很可能是因为他们会因工作需要进行应酬，故而喝酒概率增加，离婚、丧偶者喝酒的概率增长了 10.5%，可能是心情低落通过喝酒排解的原因，也可能是无配偶限制的原因；有工作者比无工作者的喝酒概率高，尤其是一般单位的职工喝酒概率比无工作者增长了 4.9%，可能是应酬较多的缘故；有慢性病的样本喝酒概率更低，比没有慢性病的概率显著降低了 4.76%，这也符合身体调养常识。

另外，民族、教育程度、常住地址、家庭规模和收入对喝酒概率的影响不显著，具体而言：少数民族比汉族喝酒的概率高 2.52%；学历对喝酒的影响结果也不明朗，相比文盲，小学学历者喝酒的概率有所增加，而初中、高中、大专及以上者的喝酒概率有所下降，且大专及以上的下降程度最大；常住城镇的居民比常住农村的居民的喝酒概率低一些；家庭规模与喝酒概率呈负相关，人数越多，喝酒的可能性越低；收入与喝酒概率呈正相关，相比低收入家庭，中等收入家庭的喝酒概率增长 0.158%，高收入家庭的喝酒概率显著增长 3.41%，可能是因为收入越高，人们越有能力和资本注重养生，每天喝点养生酒。

3. 结果分析

总而言之，在控制其他因素不变的条件下，处理组样本购买城镇职工医疗保险之后确实会增加吸烟和喝酒的概率，其中吸烟比例会增长 3.25%，喝酒比例会增长 1.65%，只是影响结果都不显著，说明参保行为确实会对健康行为产生不利影响，存在一定的事前道德风险，该结论与马双、张劼（2011）和彭晓博、秦雪征（2014）得到的结果相似。

这是因为购买医疗保险后，参保者的行为可能会受到两种相反力量的影响。一方面，由于存在事前道德风险，即在城职保覆盖了不健康行为导致的医疗费用的情况下，参保者可能不会担心治疗费用，从而可能更加放纵自己，选择不健康的生活方式，这可能会增加他们吸烟和饮酒的频率。另一方面，参保者在了解医疗保险的过程中，也会接触到许多关于健康行为与健康结果之间关系的知识。为了减少生病的机会，避免疾病和治疗带来的痛苦，他们可能会选择更加健康的生活方式，从而降低吸烟和饮酒的频率。最终，参保者的行为将取决于这两种力量的相对强度。在某些情况下，他们可能会增加吸烟和饮酒的次数；而在其他情况下，他们可能会减少这些不良行为。然而，在城职保的背景下，事前道德风险的影响似乎超过了健康知识的影响，导致参保者吸烟和饮酒的可能性增加。

这一现象表明，医疗保险的存在可能会在一定程度上改变参保者的行为模式，但具体的影响方向和程度则取决于多种因素，包括个人的风险意识、自我控制能力以及对健康知识的理解和接受程度。因此，在设计和实施医疗保险政策时，需要综合考虑这些因素，以实现最佳的健康促进效果。

（二）稳健性检验

在上面全样本分析过程中，本书发现购买城镇职工医疗保险以后确实会对健康行为产生负面影响，增加吸烟喝酒的概率，存在一定的事前道德风险。为了考察该结论是否稳健，本书将模型替换为 DID 模型进行稳健性检验，结果如表 4-4 所示。

表 4-4　健康行为的稳健性检验结果

变量	吸烟		喝酒	
	系数	稳健标准误	系数	稳健标准误
交互效应（treat×time）	0.0198	0.0186	0.00883	0.0165
处理效应（treat）	−0.0568***	0.014	−0.0239*	0.0123
时期（time）	0.00501	0.0109	−0.00203	0.0096
41～59 岁（age41_59）	0.0326***	0.0114	0.0366***	0.0105
60 岁及以上（age60up）	4.29E-05	0.0167	0.0369**	0.0151
性别（sex）	0.517***	0.0086	0.270***	0.0078
民族（nation）	−0.0250*	0.0132	0.0137	0.0112
已婚（married）	0.0821***	0.0128	0.0947***	0.0105
离婚或丧偶（divorce）	0.102***	0.0206	0.104***	0.0182
小学（primary）	−0.00404	0.0158	−0.00633	0.0145
初中（junior）	−0.0290**	0.0145	−0.0112	0.0134
高中（high）	−0.0228	0.0164	−0.0348**	0.0147
大专及以上（college）	−0.102***	0.0186	−0.0710***	0.0163
一般单位（occ_or）	0.0608***	0.01	0.0363***	0.0089
国有单位（occ_na）	0.0624***	0.016	0.0377**	0.0147
城镇（address）	0.0113	0.0104	−0.00678	0.0093
家庭规模（hhsize）	−0.00266	0.003	0.00436*	0.0026
中等收入家庭（income_m）	−0.00909	0.0118	0.00653	0.0102
高收入家庭（1income_h）	−0.01	0.0124	0.0386***	0.0109
既往病史（eversick）	−0.00762	0.0148	−0.0479***	0.012

续表

变量	吸烟		喝酒	
	系数	稳健标准误	系数	稳健标准误
常数项（_cons）	0.0929**	0.0451	−0.025	0.0393
省份	控制		控制	
年份	控制		控制	
样本量	8056		8056	
调整 R²	0.3461		0.1742	

注：*、**、*** 分别表示在 10%、5%、1% 显著性水平下显著。

表 4-4 的结果显示，稳健性检验的结果与 PSM-DID 模型的实证结果相似，证明本书得出的结果是稳健的。具体而言，在控制其他因素不变的条件下，处理组样本购买城镇职工医疗保险之后确实会增加吸烟和喝酒的概率，其中吸烟比例会增长 1.98%，喝酒比例会增长 0.883%，只是影响结果都不显著，说明参保行为确实会对健康行为产生不利影响，存在一定的事前道德风险。

（三）样本的异质性分析

接下来本书将样本按性别、年龄、婚姻状况、教育程度、收入分类分析参保处理变量对健康行为的效应。

1. 分性别回归

表 4-5　分性别样本下城职保对健康行为的影响

变量	男性		女性	
	（1）	（2）	（3）	（4）
	吸烟	喝酒	吸烟	喝酒
交互效应	0.0477	0.0294	0.0139	0.00152
（treat×time）	[0.0415]	[0.0375]	[0.0166]	[0.0133]
处理变量	−0.0730**	−0.0553**	−0.0476***	−0.00386
（treat）	[0.0299]	[0.0265]	[0.0125]	[0.0098]
时期	−0.00282	0.000925	−0.00586	−0.00573
（time）	[0.0274]	[0.0257]	[0.0139]	[0.0092]
41~59 岁	0.0620**	0.0456*	0.0215	−0.00026
（age41_59）	[0.0276]	[0.0267]	[0.0136]	[0.0092]
60 岁及以上	−0.054	0.0813*	0.00632	−0.00519
（age60up）	[0.0466]	[0.0431]	[0.0215]	[0.0152]

续表

变量	男性		女性	
	（1）	（2）	（3）	（4）
	吸烟	喝酒	吸烟	喝酒
民族	−0.0609	0.0724**	−0.0212	−0.0221*
（nation）	[0.0402]	[0.0332]	[0.0146]	[0.0123]
已婚	0.137***	0.185***	−0.0239	−0.0321***
（married）	[0.0315]	[0.0256]	[0.0148]	[0.0104]
离婚或丧偶	0.166***	0.170***	0.0229	−0.00025
（divorce）	[0.0640]	[0.0659]	[0.0300]	[0.0218]
小学	−0.0759	−0.00786	−0.0144	−0.0152
（primary）	[0.0517]	[0.0519]	[0.0235]	[0.0152]
初中	−0.0541	−0.0797*	−0.0196	0.00911
（junior）	[0.0477]	[0.0474]	[0.0194]	[0.0160]
高中	−0.0515	−0.0834*	−0.00977	−0.0209
（high）	[0.0499]	[0.0494]	[0.0209]	[0.0153]
大专及以上	−0.169***	−0.174***	−0.00722	−0.0307*
（college）	[0.0541]	[0.0511]	[0.0222]	[0.0162]
一般单位	0.0994***	0.0799***	−0.0168	−0.00183
（occ_or）	[0.0269]	[0.0245]	[0.0113]	[0.0078]
国有单位	0.132***	0.0296	−0.00689	0.00696
（occ_na）	[0.0396]	[0.0368]	[0.0168]	[0.0137]
城镇	−0.0147	−0.0167	0.0104	−0.00888
（address）	[0.0293]	[0.0263]	[0.0121]	[0.0122]
家庭规模	−0.00565	−0.00649	−0.00153	0.000214
（hhsize）	[0.0078]	[0.0070]	[0.0041]	[0.0025]
中等收入家庭	−0.0213	−0.00116	−0.0131	0.0154**
（income_m）	[0.0370]	[0.0336]	[0.0185]	[0.0075]
高收入家庭	0.02	0.0578*	−0.0261	0.0251***
（income_h）	[0.0376]	[0.0346]	[0.0175]	[0.0080]
既往病史	0.0103	−0.0712*	0.0575***	−0.00969
（eversick）	[0.0411]	[0.0382]	[0.0218]	[0.0111]
常数项	0.548***	0.298***	0.214***	0.116**
（_cons）	[0.1068]	[0.0973]	[0.0620]	[0.0492]

续表

变量	男性		女性	
	（1）	（2）	（3）	（4）
	吸烟	喝酒	吸烟	喝酒
省份	控制	控制	控制	控制
年份	控制	控制	控制	控制
样本量	2280	2280	2207	2207
调整 R^2	0.0803	0.0912	0.0709	0.0091

注：中括号内是稳健标准误；*、**、*** 分别表示在 10%、5%、1% 显著性水平下显著。

在表 4-5 中，模型（1）和模型（2）的样本数据仅为男性，而模型（3）和模型（4）的样本数据为女性，另外模型（1）和模型（3）的被解释变量为吸烟，模型（2）和模型（4）的被解释变量为喝酒。经过 PSM-DID 回归之后可以发现，购买城镇职工医疗保险之后，各样本吸烟和喝酒的概率都有所增加，只是结果都不显著，总体而言，参保之后的受访对象还是倾向于选择不健康的生活方式，城职保对健康行为的效应为负。但是不同性别样本之间的差异还是很明显，男性的道德风险效应明显大于女性，故而男性的吸烟喝酒概率比女性的增加很多；同时相比男性，女性为了后代身体健康或照顾家人，没有太多时间或精力进行应酬，也会尽量控制自己的喝酒次数。

2. 分年龄回归

表 4-6　分年龄样本下城职保对健康行为的影响

变量	16~40 岁		41~59 岁		60 岁及以上	
	（1）	（2）	（3）	（4）	（5）	（6）
	吸烟	喝酒	吸烟	喝酒	吸烟	喝酒
交互效应	0.0382	0.00326	0.0337	0.0506	0.00112	−0.0424
（treat×time）	[0.0317]	[0.0256]	[0.0385]	[0.0384]	[0.0612]	[0.0562]
处理变量	−0.0385*	−0.0364**	−0.0833***	−0.0475*	−0.0508	0.0535
（treat）	[0.0231]	[0.0183]	[0.0287]	[0.0275]	[0.0461]	[0.0428]
时期	−0.00088	0.00566	0.0118	−0.0252	−0.0314	0.032
（time）	[0.0216]	[0.0185]	[0.0266]	[0.0262]	[0.0459]	[0.0403]
性别	0.471***	0.205***	0.622***	0.346***	0.437***	0.347***
（sex）	[0.0159]	[0.0136]	[0.0206]	[0.0201]	[0.0347]	[0.0334]
民族	−0.0658***	0.00999	0.0545	0.00543	−0.0383	0.354**
（nation）	[0.0223]	[0.0178]	[0.0943]	[0.0845]	[0.1669]	[0.1560]

续表

变量	16~40 岁		41~59 岁		60 岁及以上	
	（1）	（2）	（3）	（4）	（5）	（6）
	吸烟	喝酒	吸烟	喝酒	吸烟	喝酒
已婚	0.0769 ***	0.0757 ***	− 0.215	0.00781	0.079	0.342 ***
（married）	[0.0195]	[0.0151]	[0.1652]	[0.1559]	[0.2514]	[0.0518]
离婚或丧偶	0.269 ***	0.193 **	− 0.188	− 0.0166	0.113	0.356 ***
（divorce）	[0.0691]	[0.0775]	[0.1678]	[0.1591]	[0.2553]	[0.0597]
小学	0.0503	0.115 **	− 0.0255	0.0305	− 0.0124	− 0.0336
（primary）	[0.0503]	[0.0473]	[0.0438]	[0.0451]	[0.0426]	[0.0361]
初中	0.0858 **	0.0752 **	− 0.00883	0.0111	0.0247	− 0.032
（junior）	[0.0369]	[0.0324]	[0.0345]	[0.0360]	[0.0400]	[0.0386]
高中	0.107 ***	0.0584 *	− 0.0013	− 0.00935	− 0.129 **	− 0.130 **
（high）	[0.0381]	[0.0327]	[0.0378]	[0.0381]	[0.0600]	[0.0596]
大专及以上	0.0166	0.0126	− 0.0441	− 0.0477	− 0.0812	− 0.176 **
（college）	[0.0378]	[0.0311]	[0.0687]	[0.0649]	[0.1013]	[0.0875]
一般单位	0.0864 ***	0.0639 ***	− 0.00964	0.0186	− 0.00412	0.109 *
（occ_or）	[0.0203]	[0.0154]	[0.0213]	[0.0208]	[0.0677]	[0.0620]
国有单位	0.0534 *	0.0498 **	0.0905 **	0.0169	− 0.00279	− 0.0913
（occ_na）	[0.0287]	[0.0219]	[0.0353]	[0.0366]	[0.0798]	[0.0685]
城镇	− 0.0106	− 0.0102	− 0.00307	− 0.0624 **	0.0206	0.00515
（address）	[0.0231]	[0.0190]	[0.0299]	[0.0318]	[0.0432]	[0.0408]
家庭规模	− 0.0229 ***	− 0.00158	− 0.00093	− 0.0161 **	0.0356 ***	0.0149
（hhsize）	[0.0063]	[0.0051]	[0.0085]	[0.0079]	[0.0108]	[0.0095]
中等收入家庭	− 0.04	0.00167	0.00564	− 0.00309	− 0.0321	− 0.019
（income_m）	[0.0291]	[0.0233]	[0.0335]	[0.0295]	[0.0616]	[0.0584]
高收入家庭	0.00431	0.0248	− 0.00536	0.0402	− 0.0445	0.0694
（income_h）	[0.0283]	[0.0229]	[0.0338]	[0.0304]	[0.0579]	[0.0554]
既往病史	− 0.00449	− 0.0567	0.0607 *	− 0.0162	0.0261	− 0.0726 **
（eversick）	[0.0509]	[0.0355]	[0.0338]	[0.0295]	[0.0364]	[0.0339]
常数项	0.0328	− 0.0424	0.413 **	0.299	− 0.0738	− 0.444 ***
（_cons）	[0.0785]	[0.0638]	[0.1907]	[0.1911]	[0.2820]	[0.1183]
省份	控制	控制	控制	控制	控制	控制
年份	控制	控制	控制	控制	控制	控制
样本量	2305	2305	1541	1541	641	641
调整 R²	0.3286	0.1469	0.4359	0.1966	0.3012	0.2537

注：中括号内是稳健标准误；*、**、*** 分别表示在10%、5%、1%显著性水平下显著。

本书依据数据情况将年龄分为 3 组：16~40 岁、41~59 岁和 60 岁及以上，在表4-6中，模型（1）和模型（2）对应的为16~40岁样本，模型（3）和模型（4）对应的为41~59岁样本，模型（5）和模型（6）对应的为60岁及以上样本，另外模型（1）、模型（3）和模型（5）的被解释变量为吸烟，模型（2）、模型（4）、模型（6）的被解释变量为喝酒。回归结果表明：除了模型（6），即60岁及以上样本中参保对喝酒概率的影响为负，其他模型的交互效应均为正，也就是说购买城职保以后样本基本都会增加吸烟和喝酒的概率，只是增加效果不显著，仍然以道德风险效应高于健康知识效应为主。60岁及以上样本喝酒概率下降的主要原因可能是退休后交际次数减少。

3. 分婚姻状况回归

表4-7 分婚姻状况样本下城职保对健康行为的影响

变量	未婚		已婚		离婚或丧偶	
	（1）	（2）	（3）	（4）	（5）	（6）
	吸烟	喝酒	吸烟	喝酒	吸烟	喝酒
交互效应	−0.0521	0.00953	0.0502*	0.0326	0.00934	0.154*
（treat×time）	[0.0501]	[0.0345]	[0.0260]	[0.0248]	[0.1051]	[0.0915]
处理变量	0.02	−0.0313	−0.0817***	−0.0386**	−0.0456	0.133**
（treat）	[0.0352]	[0.0248]	[0.0191]	[0.0176]	[0.0748]	[0.0665]
时期	0.0209	−0.00748	−0.0173	−0.00315	0.0327	0.0572
（time）	[0.0343]	[0.0247]	[0.0183]	[0.0174]	[0.0709]	[0.0634]
41~59岁	0.237	0.185	0.0362**	0.0184	−0.156	−0.291***
（age41_59）	[0.1637]	[0.1690]	[0.0165]	[0.0157]	[0.1048]	[0.1112]
60岁及以上	−0.217	−0.0767	−0.0720***	0.0324	0.00136	−0.208
（age60up）	[0.1925]	[0.0597]	[0.0274]	[0.0250]	[0.1348]	[0.1355]
性别	0.328***	0.0791***	0.581***	0.331***	0.591***	0.315***
（sex）	[0.0247]	[0.0175]	[0.0132]	[0.0126]	[0.0748]	[0.0663]
民族	−0.0357	0.0165	−0.0218	0.0238	0.049	0.239
（nation）	[0.0336]	[0.0236]	[0.0296]	[0.0279]	[0.3472]	[0.3203]
小学	0.438**	−0.0667*	−0.0586**	0.00847	−0.064	−0.0965
（primary）	[0.1890]	[0.0376]	[0.0285]	[0.0282]	[0.1158]	[0.0875]
初中	0.217***	0.0127	−0.0541**	−0.0229	0.252**	0.0475
（junior）	[0.0476]	[0.0316]	[0.0247]	[0.0244]	[0.0984]	[0.0808]
高中	0.123***	0.0571**	−0.0342	−0.0601**	0.271**	0.156
（high）	[0.0299]	[0.0222]	[0.0274]	[0.0262]	[0.1201]	[0.1018]

续表

变量	未婚		已婚		离婚或丧偶	
	（1）吸烟	（2）喝酒	（3）吸烟	（4）喝酒	（5）吸烟	（6）喝酒
大专及以上（college）	—	—	−0.0787**	−0.106***	0.0643	−0.282**
			[0.0314]	[0.0290]	[0.1294]	[0.1268]
一般单位（occ_or）	0.184***	0.0545**	−0.0226	0.0344**	−0.0377	−0.0819
	[0.0313]	[0.0216]	[0.0163]	[0.0157]	[0.0761]	[0.0785]
国有单位（occ_na）	0.162***	0.0192	0.0176	0.0192	−0.0405	0.0627
	[0.0449]	[0.0291]	[0.0240]	[0.0235]	[0.1244]	[0.1238]
城镇（address）	0.0207	−0.019	−0.00529	−0.00854	−0.162	−0.0129
	[0.0388]	[0.0241]	[0.0191]	[0.0189]	[0.1025]	[0.1092]
家庭规模（hhsize）	−0.0452***	−0.0154**	0.00475	−0.00221	0.0314	0.0189
	[0.0105]	[0.0070]	[0.0051]	[0.0048]	[0.0201]	[0.0181]
中等收入家庭（income_m）	−0.0664	−0.0271	0.00365	0.00693	−0.178*	0.0395
	[0.0529]	[0.0325]	[0.0233]	[0.0211]	[0.1045]	[0.0741]
高收入家庭（income_h）	−0.0209	0.0276	0.0163	0.0328	−0.172*	0.00984
	[0.0504]	[0.0330]	[0.0230]	[0.0210]	[0.1012]	[0.0710]
既往病史（eversick）	−0.0777	0.0167	0.0545**	−0.0577***	0.0721	0.0179
	[0.0724]	[0.0605]	[0.0247]	[0.0210]	[0.0717]	[0.0579]
常数项（_cons）	0.299**	0.161*	0.079	0.104	0.189	−0.0298
	[0.1193]	[0.0905]	[0.0665]	[0.0640]	[0.3141]	[0.2400]
省份	控制	控制	控制	控制	控制	控制
年份	控制	控制	控制	控制	控制	控制
N	969	969	3298	3298	220	220
adj. R-sq	0.2918	0.0387	0.3971	0.2114	0.4012	0.3221

注：中括号内是稳健标准误；*、**、***分别表示在10%、5%、1%显著性水平下显著。

本书将婚姻状况分为三类：未婚、已婚和离婚或丧偶，在表4-7中，模型（1）和模型（2）对应的为未婚样本，模型（3）和模型（4）对应的为已婚样本，模型（5）和模型（6）对应的为离婚或丧偶样本，另外，模型（1）、模型（3）和模型（5）的被解释变量为吸烟，模型（2）、模型（4）、模型（6）的被解释变量为喝酒。回归结果表明：未婚样本在购买城职保之后吸烟概率降低、喝酒概率增加；已婚、离婚或丧偶样本在购买城职保之后吸烟和喝酒概率都会增加，结果不显著，参保行为对健康行为产生不利影响，仍然存在事前道德风险。而模型结果差异的可能原因是未婚者一般年龄相对较小，刚刚进入工作岗位需要调整生活习惯，故而吸烟概率下降，但是因工作需要应酬，喝酒概率增加；已婚者一方面工作应酬需要喝酒，也需要吸烟缓解工作压力，因此吸烟喝酒概率都有所增加；离婚或丧偶者缺少家人的督促，为了疏解心中的郁气，多会选择与朋友交流感情，增加吸烟喝酒概率，故而两个比例都会增加。

4. 分教育程度回归

表4-8 分教育程度样本下城职保对健康行为的影响

变量	被解释变量：吸烟				
	（1） 文盲	（2） 小学	（3） 初中	（4） 高中	（5） 大专及以上
交互效应	0.142*	0.0995	−0.00015	−0.0101	0.0226
（treat×time）	[0.0826]	[0.0768]	[0.0400]	[0.0446]	[0.0471]
处理变量	−0.170***	−0.139**	−0.029	−0.0301	−0.0525
（treat）	[0.0589]	[0.0562]	[0.0289]	[0.0314]	[0.0355]
时期	−0.100*	−0.0875*	0.0148	0.0394	−0.00801
（time）	[0.0554]	[0.0517]	[0.0270]	[0.0293]	[0.0364]
41~59岁	0.0344	0.0455	0.0381	0.00413	0.181***
（age41_59）	[0.0780]	[0.0541]	[0.0235]	[0.0298]	[0.0667]
60岁及以上	0.0973	−0.0424	−0.0282	−0.198***	0.0103
（age60up）	[0.1044]	[0.0712]	[0.0398]	[0.0620]	[0.1166]
性别	0.507***	0.514***	0.597***	0.533***	0.381***
（sex）	[0.0520]	[0.0459]	[0.0199]	[0.0229]	[0.0255]
民族	−0.115	0.0677	−0.0514	−0.107***	0.052
（nation）	[0.2603]	[0.1167]	[0.0403]	[0.0401]	[0.0390]
已婚	−0.00788	−0.276*	−0.0194	0.0986***	0.0853***
（married）	[0.0677]	[0.1549]	[0.0487]	[0.0341]	[0.0266]
离婚或丧偶	—	−0.305*	0.0885	0.165***	−0.0327
（divorce）		[0.1764]	[0.0617]	[0.0578]	[0.1791]
一般单位	0.156**	−0.0456	−0.0516**	0.117***	0.117***
（occ_or）	[0.0686]	[0.0545]	[0.0230]	[0.0271]	[0.0320]
国有单位	0.115	0.196**	0.028	0.100**	0.0815**
（occ_na）	[0.0937]	[0.0791]	[0.0380]	[0.0421]	[0.0388]

变量	被解释变量：吸烟				
	（1） 文盲	（2） 小学	（3） 初中	（4） 高中	（5） 大专及以上
城镇	0.0525	−0.0243	0.00468	−0.0421	0.0151
（address）	[0.0486]	[0.0550]	[0.0286]	[0.0448]	[0.0330]
家庭规模	0.0232*	0.0186	0.00319	−0.0179**	−0.00917
（hhsize）	[0.0137]	[0.0182]	[0.0082]	[0.0089]	[0.0099]
中等收入家庭	0.0647	0.0121	−0.0219	−0.0594	−0.0007
（income_m）	[0.0741]	[0.0729]	[0.0331]	[0.0420]	[0.0463]
高收入家庭	−0.0372	0.0471	0.00332	−0.0461	0.0784*
（income_h）	[0.0718]	[0.0734]	[0.0339]	[0.0400]	[0.0434]
既往病史	0.0423	0.116**	0.0183	−0.0416	0.0337
（eversick）	[0.0567]	[0.0579]	[0.0341]	[0.0499]	[0.0689]
常数项	0.232	0.119	0.0882	0.0333	0.115
（_cons）	[0.1964]	[0.2624]	[0.1015]	[0.1023]	[0.1123]
省份	控制	控制	控制	控制	控制
年份	控制	控制	控制	控制	控制
样本量	377	441	1541	1174	954
调整 R^2	0.3886	0.3459	0.399	0.3847	0.2708
变量	被解释变量：喝酒				
	（6） 文盲	（7） 小学	（8） 初中	（9） 高中	（10） 大专及以上
交互效应	−0.0297	0.031	−0.0109	0.0730*	0.031
（treat×time）	[0.0768]	[0.0710]	[0.0388]	[0.0401]	[0.0345]
处理变量	0.00812	−0.130**	0.0145	−0.0624**	−0.0329
（treat）	[0.0561]	[0.0545]	[0.0272]	[0.0263]	[0.0280]
时期	0.0346	0.0025	0.00559	−0.0123	−0.0263
（time）	[0.0534]	[0.0507]	[0.0252]	[0.0261]	[0.0275]
41~59 岁	0.0621	−0.0438	0.0108	0.0129	0.103*
（age41_59）	[0.0721]	[0.0504]	[0.0235]	[0.0262]	[0.0588]
60 岁及以上	0.119	−0.0441	0.0495	0.00358	0.108
（age60up）	[0.0916]	[0.0663]	[0.0378]	[0.0545]	[0.0985]

续表

变量	被解释变量：喝酒				
	（6） 文盲	（7） 小学	（8） 初中	（9） 高中	（10） 大专及以上
性别	0.405***	0.422***	0.308***	0.272***	0.117***
（sex）	[0.0453]	[0.0405]	[0.0200]	[0.0209]	[0.0184]
民族	0.324	0.0592	0.0735**	0.0191	−0.00201
（nation）	[0.2458]	[0.1132]	[0.0372]	[0.0308]	[0.0253]
已婚	0.0124	0.374***	0.238***	0.0855***	0.0227
（married）	[0.0566]	[0.1044]	[0.0338]	[0.0308]	[0.0184]
离婚或丧偶	—	0.311**	0.196***	0.251***	−0.0828
（divorce）		[0.1214]	[0.0516]	[0.0642]	[0.0666]
一般单位	−0.00723	−0.0547	0.0781***	0.0527**	0.00544
（occ_or）	[0.0642]	[0.0537]	[0.0214]	[0.0221]	[0.0269]
国有单位	−0.216***	−0.288***	0.0617	0.0447	−0.0164
（occ_na）	[0.0808]	[0.0919]	[0.0378]	[0.0390]	[0.0287]
城镇	0.00336	−0.101*	−0.0205	0.0056	0.0298
（address）	[0.0461]	[0.0530]	[0.0299]	[0.0358]	[0.0208]
家庭规模	0.0230*	−0.0197	−0.0116	−0.00136	0.005
（hhsize）	[0.0124]	[0.0163]	[0.0076]	[0.0075]	[0.0069]
中等收入家庭	0.130**	−0.0261	−0.04	−0.0236	0.00851
（income_m）	[0.0625]	[0.0663]	[0.0294]	[0.0354]	[0.0338]
高收入家庭	0.126**	0.0704	0.0232	−0.00192	0.0312
（income_h）	[0.0596]	[0.0667]	[0.0315]	[0.0351]	[0.0305]
既往病史	−0.0516	−0.0564	−0.0394	−0.0195	−0.00627
（eversick）	[0.0474]	[0.0444]	[0.0312]	[0.0448]	[0.0521]
常数项	−0.0947	0.164	−0.217**	0.00671	0.0798
（_cons）	[0.1824]	[0.1930]	[0.1093]	[0.0958]	[0.0795]
省份	控制	控制	控制	控制	控制
年份	控制	控制	控制	控制	控制
样本量	377	441	1541	1174	954
调整 R^2	0.2656	0.3004	0.1887	0.166	0.0667

注：中括号内是稳健标准误；*、**、***分别表示在10%、5%、1%显著性水平下显著。

本书将教育程度分为五类：文盲、小学毕业、初中毕业、高中毕业、大专及以上毕业，在表4-8中，模型（1）和模型（6）对应的为文盲样本，模型（2）和模型（7）对应的为小学毕业样本，模型（3）和模型（8）对应的为初中毕业样本，模型（4）和模型（9）对应的为高中毕业样本，模型（5）和模型（10）对应的为大专及以上毕业样本；另外模型（1）至模型（5）的被解释变量为吸烟，模型（6）至模型（10）的被解释变量为喝酒。回归结果表明：没有接受过教育的样本购买城职保之后吸烟概率显著增加；高中毕业样本的参保行为会使其喝酒概率增长7.3%，在10%置信水平下显著，而其他学历样本在购买城职保后喝酒概率会增加，没有接受过教育的样本喝酒概率增加较多，其他学历样本的增加较少，结果也不显著。

除个别结果，总体而言，参保城职保还是会增加吸烟喝酒的概率，诱发人们的不健康行为，只是不健康行为的程度在不同层次学历样本中存在明显的差异。按照前文的解释，如果将喝酒理解为每天都喝一些养生酒，那么学历越高，参保城职保对健康行为的影响越有利，因为购买使用医疗保险的同时能够获得相关的健康知识和自己的身体状况信息，理解少抽烟少喝酒的重要性，而高学历人群的自制力较强，本身吸烟次数就不多，所以吸烟概率变化不大，但是喝养生酒的概率会增加。而如果将酒界定为日常所喝的白酒、啤酒、红酒，那么该结果的出现可能是因为高管人员多为学历较高的人群，他们因工作需要必须频繁应酬，喝酒次数必然增加，但是他们同样能够获得养生的相关知识信息，注重保健，故而会减少吸烟次数或控制吸烟次数的增加。而学历低的人喝酒并非工作需要，可能只是朋友间交流感情所致，故而在购买医疗保险、了解健康方面的知识之后会有意识地减少喝酒次数。最终道德风险导致的多吸烟喝酒与健康知识导致的少吸烟喝酒两种力量相互冲击，产生了最后的结果。

5. 分收入回归

表4-9　分收入样本下城职保对健康行为的影响

变量	低收入家庭		中等收入家庭		高收入家庭	
	（1） 吸烟	（2） 喝酒	（3） 吸烟	（4） 喝酒	（5） 吸烟	（6） 喝酒
交互效应	0.192**	0.137**	0.0151	-0.0228	0.0115	0.0209
（treat×time）	[0.0783]	[0.0669]	[0.0420]	[0.0358]	[0.0297]	[0.0276]
处理变量	-0.113**	-0.116***	-0.0522*	-0.00351	-0.0602***	-0.0381*
（treat）	[0.0537]	[0.0434]	[0.0299]	[0.0245]	[0.0220]	[0.0204]
时期	-0.0606	-0.0455	0.0257	0.0389*	-0.0134	-0.0214
（time）	[0.0500]	[0.0436]	[0.0280]	[0.0236]	[0.0210]	[0.0197]

续表

变量	低收入家庭		中等收入家庭		高收入家庭	
	（1）	（2）	（3）	（4）	（5）	（6）
	吸烟	喝酒	吸烟	喝酒	吸烟	喝酒
41~59 岁	−0.00788	0.0375	0.0712 ***	−0.0176	0.0372 *	0.0523 **
（age41_59）	［0.0472］	［0.0450］	［0.0260］	［0.0231］	［0.0223］	［0.0219］
60 岁及以上	0.0155	0.129	−0.0168	−0.0707 *	−0.013	0.0990 ***
（age60up）	［0.0892］	［0.0821］	［0.0473］	［0.0394］	［0.0344］	［0.0322］
性别	0.543 ***	0.271 ***	0.515 ***	0.268 ***	0.522 ***	0.280 ***
（sex）	［0.0384］	［0.0333］	［0.0206］	［0.0179］	［0.0152］	［0.0144］
民族	−0.115	0.0971	0.0302	0.0492	−0.0770 ***	−0.00055
（nation）	［0.0744］	［0.0811］	［0.0422］	［0.0321］	［0.0268］	［0.0218］
已婚	0.0639	0.0612	0.113 ***	0.194 ***	0.0628 ***	0.0519 ***
（married）	［0.0644］	［0.0544］	［0.0355］	［0.0259］	［0.0230］	［0.0189］
离婚或丧偶	0.257 **	0.0201	0.152 **	0.238 ***	0.0935 **	0.0597
（divorce）	［0.1059］	［0.0736］	［0.0699］	［0.0566］	［0.0367］	［0.0370］
小学	0.0194	0.0688	−0.0979 *	−0.0896 *	−0.00065	0.0252
（primary）	［0.0815］	［0.0739］	［0.0539］	［0.0489］	［0.0345］	［0.0348］
初中	0.0977	0.0558	−0.0905 *	−0.140 ***	0.00114	0.00519
（junior）	［0.0820］	［0.0720］	［0.0491］	［0.0444］	［0.0277］	［0.0293］
高中	0.113	0.0416	−0.0900 *	−0.130 ***	0.00382	−0.0281
（high）	［0.0864］	［0.0751］	［0.0537］	［0.0475］	［0.0306］	［0.0314］
大专及以上	−0.0262	0.0266	−0.140 **	−0.133 ***	−0.0569 *	−0.0813 **
（college）	［0.0978］	［0.0819］	［0.0586］	［0.0507］	［0.0338］	［0.0331］
一般单位	−0.0214	0.101 **	0.02	0.00144	0.0928 ***	0.0726 ***
（occ_or）	［0.0480］	［0.0400］	［0.0237］	［0.0200］	［0.0196］	［0.0178］
国有单位	−0.0281	0.0122	0.0167	−0.00384	0.141 ***	0.0679 **
（occ_na）	［0.0676］	［0.0573］	［0.0353］	［0.0295］	［0.0289］	［0.0274］
城镇	−0.0846 *	0.00679	−0.00904	−0.0508 *	0.0117	−0.00183
（address）	［0.0460］	［0.0379］	［0.0322］	［0.0290］	［0.0224］	［0.0217］
家庭规模	0.00967	−0.00644	0.00268	−0.00106	−0.00728	−0.00112
（hhsize）	［0.0111］	［0.0096］	［0.0084］	［0.0073］	［0.0062］	［0.0055］
既往病史	0.0266	−0.104 **	0.0333	−0.0752 **	0.0317	−0.0299
（eversick）	［0.0712］	［0.0509］	［0.0433］	［0.0319］	［0.0292］	［0.0263］

续表

变量	低收入家庭		中等收入家庭		高收入家庭	
	(1) 吸烟	(2) 喝酒	(3) 吸烟	(4) 喝酒	(5) 吸烟	(6) 喝酒
常数项 (_cons)	0.184 [0.1255]	-0.104 [0.1112]	-0.103 [0.1471]	0.174 [0.1374]	0.0789 [0.0729]	0.0326 [0.0663]
省份	控制	控制	控制	控制	控制	控制
年份	控制	控制	控制	控制	控制	控制
样本量	460	460	1479	1479	2548	2548
调整 R^2	0.3766	0.1528	0.3226	0.1841	0.3723	0.1828

注：中括号内是稳健标准误；*、**、*** 分别表示在 10%、5%、1% 显著性水平下显著。

本书将家庭人均收入排序，前 33.33% 的家庭归为低收入家庭，中间 33.33% 的家庭归为中等收入家庭，排位最高的三分之一家庭归为高收入家庭。在表 4-9 中，模型（1）和模型（2）对应的为低收入家庭样本，模型（3）和模型（4）对应的为中等收入家庭样本，模型（5）和模型（6）对应的为高收入家庭样本；另外，模型（1）、模型（3）、模型（5）的被解释变量为吸烟，模型（2）、模型（4）、模型（6）的被解释变量为喝酒。回归结果表明：所有收入等级的样本在购买城职保之后吸烟概率均有所增加，低收入样本显著增长了 19.2%，中等收入样本增长了 1.51%，高等收入样本增长了 1.15%；另外，低收入家庭和高收入家庭的喝酒概率也有所增加，特别是低收入家庭的喝酒比例在购买城职保之后增长了 13.7%，在 5% 置信水平下显著，而中等收入家庭的喝酒比例反而降低了 2.28%。总体而言，购买保险的实验组仍然倾向于选择不健康的生活方式，增加吸烟和喝酒概率。

对这一结果的解释如下：城职保是单位内部强制参保的医疗保险，投保该险种意味着此人大概率有固定工作，有应酬需要，因此各收入等级的样本吸烟喝酒通常都应该会增加，但是应酬活动在高收入家庭中更为频繁，中等收入家庭样本多为普通的打工族，应酬活动相对较少，喝酒次数自然会减少，但是独处时间增多，工作压力增加会增加吸烟次数。

以上分样本回归的结果表明：城职保导致大多数样本的吸烟和喝酒概率都会增加，即总体上参保人会选择不利的健康行为，存在事前道德风险，与全样本分析的结果一致。

第二节 健康产出的追踪

在购买医疗保险之前，由于医疗费用较高，个人和家庭成员往往会更加重视健康，避免或减少那些可能对健康产生负面影响的行为，如吸烟、饮酒或不规律的生活习惯，以维护良好的身体状况。然而，一旦购买了医疗保险，由于部分医疗费用将由医保机构报销，个人需要自付的金额减少，这可能会减少他们对健康问题的担忧。在这种情况下，一些人可能会放松对健康的关注，选择不健康的生活方式，这可能会导致身体健康状况恶化，甚至小病变成大病，最终导致健康状况不佳。

本节旨在探讨城镇职工医疗保险对健康产出的影响，即分析参保者在购买医疗保险后，其健康状况是否会发生显著变化，并评估医疗保险对客观健康指标和主观健康指标的影响。在研究方法上，本节参考了 Lei 和 Lin（2009）的研究，选择了包括客观健康指标"过去两周内是否有身体不适"和主观健康指标"自评健康"在内的健康产出变量。为了更准确地估计参保概率，我们采用了Probit 模型，同时考虑了人口特征、家庭特征和健康行为等多个因素。基于估计出的倾向得分，我们采用了卡尺内最近邻匹配法，卡尺设定为倾向得分标准差的四分之一。最后，利用匹配后的样本构建了双重差分（DID）模型，以评估医疗保险对健康产出的影响。

一、数据匹配

在本书的第三章中，经过数据处理后剩余 8056 个样本。在本部分中，为了估计个体参保的倾向性，我们采用了 Probit 模型。结果变量包括客观健康指标"过去两周内是否感到身体不适"和主观健康指标"自评健康"。在拟合参保概率时，我们考虑了年龄、性别、民族、婚姻状况、教育水平、职业、家庭规模、收入水平、居住地址、吸烟习惯、饮酒习惯和既往病史 12 个变量。

在进行样本匹配时，我们选择了广泛使用的卡尺内最近邻匹配法，其中卡尺被设定为倾向得分标准差的四分之一，具体计算结果为 0.05。这一匹配过程为每个处理组样本匹配了一个控制组样本。在匹配过程中，我们排除了那些不在共同取值范围内的 305 个样本。最终，我们得到了一个包含 7751 个样本的"共同支撑域"，其中处理组样本为 2206 个，控制组样本为 5545 个。

为了更直观地展示匹配的效果，图 4-3 展示了匹配后的共同取值范围，图4-4 对比了匹配前后的密度函数。表 4-10 展示了匹配结果。

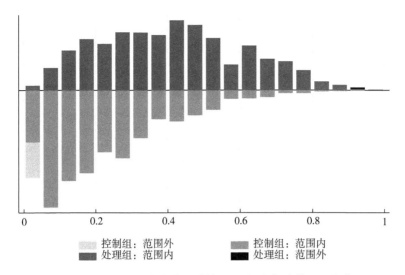

图 4-3 城职保对健康产出影响的 PSM 倾向得分共同取值范围

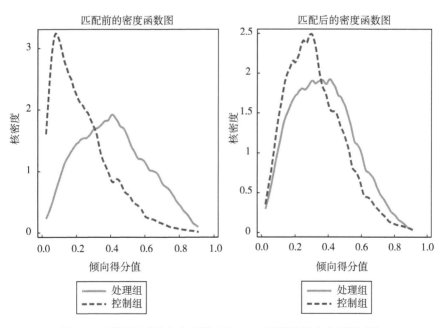

图 4-4 城职保对健康产出影响的 PSM 匹配前后密度函数对比

表 4-10　城职保对健康产出影响的 PSM 匹配检验结果

变量	样本	均值		标准偏误%	标准偏误 绝对值减少%	T 检验	
		处理组	控制组			T 值	P 值
41~59 岁	匹配前	0.322	0.325	-0.70	-351.9	-0.29	0.770
	匹配后	0.321	0.337	-3.30		-1.09	0.276
60 岁及以上	匹配前	0.194	0.144	13.40	90.1	5.53	0.000
	匹配后	0.193	0.198	-1.30		-0.42	0.676
男性	匹配前	0.514	0.481	6.50	57.0	2.62	0.009
	匹配后	0.514	0.499	2.80		0.93	0.351
少数民族	匹配前	0.092	0.178	-25.40	88.9	-9.59	0.000
	匹配后	0.092	0.083	2.80		1.12	0.264
已婚	匹配前	0.718	0.687	7.00	75.8	2.77	0.006
	匹配后	0.718	0.725	-1.70		-0.57	0.568
离婚或丧偶	匹配前	0.066	0.073	-2.50	43.7	-1.00	0.316
	匹配后	0.067	0.063	1.40		0.49	0.625
小学	匹配前	0.091	0.172	-24.10	96.1	-9.14	0.000
	匹配后	0.091	0.094	-0.90		-0.36	0.716
初中	匹配前	0.299	0.319	-4.30	16.0	-1.72	0.085
	匹配后	0.300	0.316	-3.60		-1.21	0.228
高中	匹配前	0.244	0.218	6.20	70.5	2.51	0.012
	匹配后	0.245	0.237	1.80		0.60	0.550
大专及以上	匹配前	0.298	0.115	46.40	96.8	20.25	0.000
	匹配后	0.296	0.290	1.50		0.43	0.667
一般单位	匹配前	0.449	0.456	-1.20	-256.8	-0.48	0.631
	匹配后	0.450	0.471	-4.30		-1.42	0.156
国有单位	匹配前	0.196	0.049	45.90	80.5	21.13	0.000
	匹配后	0.195	0.166	8.90		2.47	0.014
城镇	匹配前	0.839	0.665	41.10	93.7	15.63	0.000
	匹配后	0.839	0.850	-2.60		-1.00	0.319
家庭规模	匹配前	3.503	3.715	-13.40	94.4	-5.28	0.000
	匹配后	3.503	3.491	0.70		0.26	0.792
中等收入家庭	匹配前	0.295	0.358	-13.50	79.9	-5.36	0.000
	匹配后	0.296	0.283	2.70		0.93	0.353
高收入家庭	匹配前	0.623	0.366	53.00	92.6	21.27	0.000
	匹配后	0.621	0.641	-3.90		-1.31	0.190

变量	样本	均值		标准偏误%	标准偏误绝对值减少%	T检验	
		处理组	控制组			T值	P值
吸烟	匹配前	0.276	0.317	-8.90	89.9	-3.53	0.000
	匹配后	0.277	0.272	0.90		0.30	0.761
喝酒	匹配前	0.149	0.159	-2.80	-28.5	-1.13	0.259
	匹配后	0.149	0.136	3.60		1.25	0.212
既往病史	匹配前	0.140	0.095	13.90	99.0	5.78	0.000
	匹配后	0.138	0.138	0.10		0.04	0.965

通过表4-10可以看出，在匹配之前，60岁及以上、性别、民族、已婚、小学毕业、高中毕业、大专及以上、国有单位、常住地址、家庭规模、中等收入家庭、高收入家庭、吸烟、既往病史这几个变量在5%的显著性水平下具有显著差异，而经过卡尺内最近邻匹配，除了41~59岁、一般单位、喝酒变量，其他变量的标准偏误均有较大程度的减少，减少幅度在16%到99%，而且所有变量的标准偏误都小于10%，T检验结果除国有单位以外都在5%水平上不再统计显著，即经过匹配后的样本在所有变量上不再有显著差异，处理组与控制组二者是均衡的，样本均值更为接近。本书认为，经过PSM匹配以后，处理组和控制组的个体特征得以消除，匹配结果很理想，满足双重差分"随机分组"的条件。

二、实证结果

(一) 全样本分析

1. 被解释变量：过去两周内是否有身体不适

被解释变量设置为过去两周内是否有身体不适时，根据式（3-5）构建的双重差分模型为：

$$sick_{it} = \beta_0 + \beta_1 treat_i + \beta_2 time + \beta_3(treat_i \times time) + \beta_4 X_{it} + \varepsilon_{it} \quad (4-3)$$

其中，$sick$为衡量健康产出的被解释变量过去两周内是否有身体不适，是的取值为1，否的取值为0。$treat$为处理变量，变量值等于0表示控制组，两期都未购买城镇职工医疗保险，变量值等于1表示处理组，第一期未购买保险，第二期购买了城职保。$time$是时期变量，等于0表示第一期，等于1表示第二期。$treat \times time$是二者的交互效应，只有二者都取1时该变量才会取1，否则都等于0。X_{it}为其他控制变量，包括年龄、性别、民族、婚姻状况、教育程

度、职业、常住地址、家庭规模、家庭人均收入排位、吸烟、喝酒、既往病史、
省份、年份。

表 4-11 城职保对过去两周内是否有身体不适的影响

变量	系数	稳健标准误	t 统计量
交互效应（treat×time）	0.00778	0.027	0.288
处理效应（treat）	-0.0155	0.0196	-0.7909
时期（time）	-0.0137	0.0193	-0.7127
41~59 岁（age41_59）	0.0753 ***	0.0182	4.1504
60 岁及以上（age60up）	0.126 ***	0.029	4.3323
性别（sex）	-0.0734 ***	0.0171	-4.2834
民族（nation）	-0.0314	0.0231	-1.3629
已婚（married）	-0.0152	0.0202	-0.7511
离婚或丧偶（divorce）	0.0546	0.0389	1.4039
小学（primary）	0.00466	0.0351	0.133
初中（junior）	-0.0267	0.031	-0.8592
高中（high）	-0.0168	0.0326	-0.5151
大专及以上（college）	0.0293	0.0352	0.8336
一般企业（occ_or）	-0.0284 *	0.0173	-1.6468
国有企业（occ_na）	-0.00737	0.0255	-0.2896
城镇（address）	-0.0447 **	0.0199	-2.2467
家庭规模（hhsize）	-0.0118 **	0.0052	-2.2728
中等收入家庭（income_m）	-0.0321	0.0255	-1.261
高收入家庭（1income_h）	-0.0695 ***	0.0251	-2.7719
吸烟（smoke）	0.0509 ***	0.0192	2.6492
喝酒（alcoh）	-0.0495 **	0.0215	-2.3043
既往病史（eversick）	0.293 ***	0.0272	10.7777
常数项（_cons）	0.478 ***	0.0733	6.5249
省份	控制		
年份	控制		
样本量	3929		
调整 R^2	0.0915		

注：*、**、*** 分别表示在 10%、5%、1% 显著性水平下显著。

　　回归以后的结果见表 4-11，常数项为 0.478，表明第一期控制组在两周内身体不适的比例为 47.8%，在 1% 置信水平下显著；处理变量的系数为 -0.0155，表明第一期处理组在两周内身体不适的比例比控制组低 1.55%，意味着愿意购买保险的样本本身风险意识较强，厌恶风险，平常还注重身体保健，从而导致自身生病的概率较低；时期变量的系数反映了身体不适的时间趋势，在其他因素不变的前提下，第二期控制组样本的身体不适比例比第一期下降 1.37%，结果并不显著，表明样本健康状况普遍好转。

　　在构建的 PSM-DID 模型中，我们关心的主要变量是交互效应，它反映了购买城职保的净处理效应。回归结果显示，购买城职保导致身体不适的概率提高了 0.778%，结果并不显著。这可能是因为问卷中统计的是过去两周内是否出现身体不适的情形，时间周期较短，生病的随机性比较大，所以结果可能无法准确地反映真实的健康状况，需要结合自评健康的结果来分析城职保的效果。

　　除此之外，年龄、性别、常住地址、家庭规模、高收入家庭、吸烟、喝酒、既往病史也对过去两周内是否有身体不适都有显著影响。在控制其他因素的条件下，年龄越大，生病概率越高，这与常识一致，因为年龄越大身体越差；男性比女性生病概率低 7.34%，也与日常经验一致；城镇居民的生病概率比农村居民低 4.47%，可能是城镇居民更经常检查身体，能够及时发现问题，尽早治疗，因此出现身体不适的概率较低；家庭规模与生病受伤概率呈显著负相关，人数越多，生病的可能性越低，这可能一方面基于成本考虑，生病会带来较大的经济压力，故而每个人都有较强的健康意识，尽量减少生病受伤的可能性，另一方面则是家庭成员之间可以相互照料，对健康知识的了解更多，生病的可能性下降；收入越高，生病的概率越低，这可能是因为高收入者没有经济压力，能够保证充足的营养，自身注重保健，有家庭医生监督，还可以雇用保姆和医护人员照顾家人，生病的概率自然降低；吸烟样本的生病概率显著增加，说明吸烟有害健康；喝酒样本的生病概率显著下降，是因为问卷中统计的是有没有每周喝 3 次以上的酒，说明受访者要么是喝养生酒，要么身为管理层应酬较多，有更强的经济实力管理自身健康，所以更为健康一些；有既往病史的人员生病概率会增长 29.3%，这是因为慢性病复发率较高，同时身体较差导致的结果。

　　另外，民族、婚姻状况、教育程度、工作单位对身体不适概率的影响结果不显著，具体为：在控制其他因素的条件下，少数民族的生病概率比汉族低一些；已婚者比未婚者生病概率低 1.52%，可能是因为已婚者有配偶关心照料，也更懂得照顾自己，所以生病的可能性降低，而离婚或丧偶者的生病受伤会高一些，是因为他们无人照料，没有良好的生活习惯，无法保证规律的饮食，使得生病增加；学历对身体不适的概率影响结果不明朗，与文盲相比，小学毕业样本的概率略有上升，初中毕业样本的概率降低2.67%，高中学历样本的概率降低1.68%，而大专及以上学历样本的概率增长2.93%；有正式工作的样本生病概率低于无工作样本，可能是因为他们更能实现财务自由，在发现身体有不适症状时能够得以及时治疗，所以健康状况较好。

总而言之，在控制其他因素不变的条件下，购买城镇职工医疗保险并不会对健康产生明显影响，过去两周内是否有身体不适的比例只稍微增加0.778%，影响结果不显著，说明参保行为对客观健康产出不会产生明显的影响。

2. 被解释变量：自评健康

被解释变量设置为自评健康时，根据式（3-5）设置的双重差分模型为：

$$selfhealth_{it} = \beta_0 + \beta_1 treat_i + \beta_2 time + \beta_3 (treat_i \times time) + \beta_4 X_{it} + \varepsilon_{it} \quad (4-4)$$

其中，$selfhealth$ 为衡量健康产出的被解释变量自评健康，中等、差或很差的取值为1，很好或好的取值为0，其他变量的含义与式（4-3）相同。

表4-12　城职保对自评健康的影响

变量	系数	稳健标准误	t 统计量
交互效应（treat×time）	−0.0483 *	0.0259	−1.8667
处理效应（treat）	0.0449 **	0.0187	2.3978
时期（time）	0.00139	0.0177	0.0781
41~59 岁（age41_59）	0.116 ***	0.0183	6.3241
60 岁及以上（age60up）	0.171 ***	0.0291	5.8951
性别（sex）	−0.0391 **	0.0163	−2.402
民族（nation）	−0.0396 **	0.0183	−2.1669
已婚（married）	0.0515 ***	0.0171	3.0035
离婚或丧偶（divorce）	0.0784 **	0.0345	2.2724
小学（primary）	−0.0698 **	0.035	−1.9953
初中（junior）	−0.123 ***	0.0311	−3.9455
高中（high）	−0.126 ***	0.0331	−3.7964
大专及以上（college）	−0.170 ***	0.0343	−4.9618
一般单位（occ_or）	−0.0350 **	0.0167	−2.0986

续表

变量	系数	稳健标准误	t统计量
国有企业（occ_na）	−0.0243	0.0245	−0.9931
城镇（address）	0.0197	0.0183	1.0792
家庭规模（hhsize）	0.00392	0.0049	0.7919
中等收入家庭（income_m）	−0.00345	0.0241	−0.1431
高收入家庭（1income_h）	−0.0164	0.0236	−0.6925
吸烟（smoke）	−0.00683	0.0186	−0.3663
喝酒（alcoh）	−0.0126	0.0218	−0.5809
既往病史（eversick）	0.199***	0.0252	7.9096
身体不适（sick）	0.230***	0.0167	13.7227
常数项（_cons）	0.263***	0.061	4.3178
省份	控制		
年份	控制		
样本量	3929		
调整 R^2	0.2369		

注：*、**、*** 分别表示在 10%、5%、1% 显著性水平下显著。

回归结果见表4-12，常数项为0.263，表明第一期控制组健康自评结果不佳的比例为26.3%，在1%置信水平下显著；处理变量的系数为0.0449，在5%置信水平下显著，表明在第一期处理组的自评健康一般或不健康的比例比控制组高4.49%，说明城镇职工医疗保险存在明显的逆向选择问题，健康状况较差的更愿意购买医疗保险；时期变量的系数反映了自评健康的时间趋势，在控制其他因素不变的前提下，第二期控制组样本的自评健康为一般或不健康的比例比第一期增长0.139%，结果不显著。

我们关心的变量交互效应的系数为−0.0483，说明购买城职保对自评健康产生了积极影响，导致第二期购买城职保的处理组自评健康为一般或不健康的比例下降了4.83%，在10%置信水平下显著，医疗保险可以使人们在发现健康问题时及时治疗，发挥了促进健康的积极作用。

除此之外，对自评健康结果影响显著的变量还有年龄、性别、民族、婚姻状况、教育程度、工作单位、既往病史和身体状况。在控制其他因素的条件下，年龄与自评健康呈正相关，而由于自评健康变量的赋值为1时表示自评健康结果为一般或不健康，故而实际上年龄对自评健康产生了不利影响，也就是说年龄越大，对健康的自我评价结果越差，这是因为年龄变大身体器官老化、健康状况越差，从而导致自我评价结果同样变差，所以相比较 16~40 岁的样本，41~59 岁样本的自评结果为差的比例显著增长 11.6%，60 岁及以上的自评结果为差的比例增长 17.1%，这两个结果都在 1% 置信水平下显著。男性自评结果为一般或不健康的比例比女性显著低 3.91%。少数民族自评健康为差的比例比汉族低 3.96%，也就是说，少数民族的健康状况好很多。相比未婚者，已婚者的自评健康为差的比例高 5.15%，离婚或丧偶者的自评健康为差的比例高 7.84%，可能是因为已婚、离婚或丧偶者年龄比未婚者大，身体变差，且离婚或丧偶者没有配偶的照料，身体进一步变差，所以对健康的自评结果也以差为主。学历较高时，工作以脑力劳动为主，工作强度小，对身体的损害较小，身体不适时更愿意去医院就诊，使疾病能够很快得以治疗，所以身体不适的情况减少，对健康的自我评价也会更好，因此学历越高，自评结果为差的比例越低，大专及以上学历者自评结果为差的比例比无学历者低 17%。与无工作人员相比，有固定工作单位的职工自评健康结果更好，他们有城职保兜底，疾病能得以及时治疗，不会发展到更为严重的程度，自评健康结果更好，而无工作人员以退休人员为主，年龄较大，身体状况最差。有慢性病的样本自评健康结果会更差一些，最近身体不适的人对自己的健康评价也会更差，这都与实际情况相一致。

另外，常住地址、家庭规模、收入、健康行为对自评健康的影响不显著，具体而言：常住城镇的居民比常住农村的居民健康状况更差，可能是因为城镇人员对医疗的依赖性较强，身体出现小毛病也去就医，从而对自己的健康状况认知较准确，而农村人员很多时候无大病重病不就医，所以身体的一些小问题不能及时发现，对自己的健康状况认知不够准确，从而产生身体状况较好的错觉，导致农村人员自评健康结果比城镇人员更好。家庭人数越多，对健康的自我评价越差，可能是因为家庭成员越多，经济压力越大，只有大病重病时才敢去就医，而发生大病重病的概率不高，所以平时的小毛病就比较多，自我评价结果不好。收入与自评健康呈负相关，相比低收入家庭，中等收入家庭自评健康结果为差的比例降低程度不高，高收入家庭自评健康结果为差的比例降低 1.64%，说明收入较高时，人们才有能力和资本注重养生，不只是简单地解决温饱问题，有充足的财力摄入各种营养品、能保证营养均衡；在身体稍有不适时可以及时就医，避免小病拖成大病；同时收入较高的人群从事体力劳动的概率降低，身体不会过度劳累而积劳成疾，而中等收入家庭已有充分的资金满足这些条件，改善健康水平，高等收入家庭的日常保健工作更到位，从而使得健康水平的改善效果更强。吸烟喝酒者对自己的健康评价更好，这是因为在评价身体健康状况时，完全相同的身体状况，不同风险态度人群的评价结果也不相同：乐观者对健康的评价结果较好，而悲观者的评价结果更差。吸烟喝酒的选择在一定程度上可以代表人的风险态度，相对一般厌恶风险的人群，吸烟喝酒者对风险的态度更为乐观，在面对身体不适的小毛病时，不吸烟喝酒者会觉得自己身体不好，容易生病，而吸烟喝酒者心态更好，认为这没什么大不了的，自己的身体状况还不错，小毛病是正常现象，所以最终吸烟喝酒者对健康状况的评价结果更好一些。

总而言之，在控制其他因素不变的条件下，处理组样本购买城镇职工医疗保险之后会对自评健康产生积极影响，导致自评结果为差的比例降低4.83%，在10%置信水平下显著，说明参保行为对主观健康产出能够产生明显的积极影响。另外，显著影响自评健康结果的因素还有年龄、性别、民族、婚姻状况、教育程度、工作单位、既往病史和身体状况。

3. 结果分析

在控制其他因素不变的条件下，处理组样本购买城镇职工医疗保险之后对客观健康产出基本没有影响，只会使两周内身体不适的比例略微增长0.778%，结果不显著，这一结论支持了罗楚亮（2008）的研究；而自评健康为一般或不健康的比例降低2.55%，健康自我评价结果变好，结果在10%置信水平下显著，这一结果与潘杰、雷晓燕、刘国恩（2013）以及于大川、吴玉锋、赵小仕（2019）等学者的发现是类似的。总体而言，道德风险效应小于健康认知的效应，最终参保行为对健康产出产生了有利影响。

这种现象可能是由于两种相互对立的因素共同作用的结果。一方面，当个人购买了医疗保险后，由于有了保险作为医疗费用的保障，减轻了他们的经济负担，这可能会导致他们对健康保健的重视程度降低，减少锻炼，选择不健康的生活方式，从而增加了生病或受伤的风险，这是所谓的道德风险效应。另一方面，生病或受伤会带来身体上的痛苦和治疗过程中的时间与精力消耗，为了避免这种身心上的痛苦，参保者可能会采取措施减少生病和受伤的可能性，如增加锻炼，注重健康，采取科学的生活方式，养成良好的生活习惯，最终降低生病的风险，这是健康认知的作用。在这两种力量的相互作用下，参保者购买城镇职工医疗保险后的健康状况可能会有所变化，具体是变好还是变差，取决于道德风险和健康认知两种力量的相对大小。根据实证研究的结果，健康认知的作用似乎大于道德风险效应。此外，参保者自评健康结果还受到生病概率、患病类型和个人风险态度的影响。在某些情况下，即使生病的概率增加，但如果病情较轻，参保者可能会因为得到了及时的医疗保障而感到自己的健康状况有所改善。

（二）稳健性检验

在上面全样本分析过程中，本书发现购买城镇职工医疗保险以后会稍微增加过去两周内是否有身体不适的概率，但自评健康结果会明显改善，即总体而言城职保会对健康产出产生积极影响。为了考察该结论的稳健性，本书将模型替换为 DID 模型进行稳健性检验，结果如表 4-13 所示。

表 4-13 健康产出的稳健性检验结果

变量	身体不适		自评健康	
	系数	稳健标准误	系数	稳健标准误
交互效应（treat×time）	−0.00866	0.0211	−0.0532***	0.0199
处理效应（treat）	−0.00398	0.0157	0.0428***	0.0149
时期（time）	−0.00681	0.0122	0.0125	0.011
41~59 岁（age41_59）	0.0872***	0.0127	0.142***	0.0125
60 岁及以上（age60up）	0.109***	0.0189	0.199***	0.0186
性别（sex）	−0.0834***	0.0119	−0.0378***	0.011
民族（nation）	−0.0278*	0.0143	−0.0414***	0.0119
已婚（married）	−0.00167	0.0135	0.0462***	0.0116
离婚或丧偶（divorce）	0.0341	0.0236	0.0945***	0.0215
小学（primary）	−0.0637***	0.0192	−0.0195	0.0185
初中（junior）	−0.0799***	0.018	−0.0773***	0.017
高中（high）	−0.0868***	0.0193	−0.0803***	0.0184
大专及以上（college）	−0.0385*	0.0222	−0.115***	0.0201
一般单位（occ_or）	0.00711	0.0115	−0.0357***	0.0108
国有企业（occ_na）	−0.00521	0.0184	−0.0371**	0.0175
城镇（address）	−0.0174	0.0117	0.0199*	0.0107
家庭规模（hhsize）	−0.0111***	0.0033	−0.00084	0.0031
中等收入家庭（income_m）	−0.0392***	0.0136	−0.0303**	0.0126
高收入家庭（1income_h）	−0.0444***	0.0144	−0.0372***	0.0133
吸烟（smoke）	0.0532***	0.0127	0.00459	0.0119
喝酒（alcoh）	−0.0522***	0.014	−0.0245*	0.0137

续表

变量	身体不适		自评健康	
	系数	稳健标准误	系数	稳健标准误
既往病史（eversick）	0.297***	0.0179	0.190***	0.0166
身体不适（sick）	—	—	0.258***	0.0115
常数项（_cons）	0.399***	0.0479	0.251***	0.0388
省份	控制		控制	
年份	控制		控制	
样本量	8056		8056	
调整 R^2	0.0988		0.2761	

注：*、**、***分别表示在10%、5%、1%显著性水平下显著。

如表4-13所示，稳健性检验的结果与PSM-DID模型的实证结果相似，证明本书得出的结果是稳健的。具体而言，在控制其他因素不变的条件下，购买城镇职工医疗保险并不会对客观健康结果产生明显影响，过去两周内是否有身体不适的比例只稍微降低0.866%，影响结果不显著，说明参保行为对客观健康产出不会有明显的影响；但是处理组样本购买城镇职工医疗保险之后会对自评健康产生积极影响，导致自评结果为差的比例降低5.32%，在1%置信水平下显著，说明参保行为对主观健康产出能够产生明显的积极影响。

（三）样本的异质性分析

接下来本书将样本按性别、年龄和收入分类分析参保处理变量对健康产出的效应。

1. 分性别回归

表4-14 分性别样本下城职保对健康产出的影响

变量	男性		女性	
	（1）身体不适	（2）自评健康	（3）身体不适	（4）自评健康
交互效应（treat×time）	0.0456 [0.0376]	−0.043 [0.0369]	−0.02 [0.0387]	−0.0566 [0.0363]
处理变量（treat）	−0.0508* [0.0279]	0.0319 [0.0272]	0.0162 [0.0279]	0.0579** [0.0264]

续表

变量	男性		女性	
	（1）	（2）	（3）	（4）
	身体不适	自评健康	身体不适	自评健康
时期	−0.0417	0.00711	0.0107	−0.00472
（time）	［0.0280］	［0.0256］	［0.0268］	［0.0246］
41~59 岁	0.0363	0.125***	0.115***	0.119***
（age41_59）	［0.0249］	［0.0258］	［0.0270］	［0.0272］
60 岁及以上	0.0979**	0.125***	0.151***	0.237***
（age60up）	［0.0405］	［0.0397］	［0.0431］	［0.0432］
民族	−0.00606	−0.043	−0.0385	−0.0336
（nation）	［0.0347］	［0.0290］	［0.0326］	［0.0249］
已婚	−0.0071	0.0311	−0.018	0.0790***
（married）	［0.0287］	［0.0252］	［0.0291］	［0.0242］
离婚或丧偶	0.105	0.069	0.0218	0.0859**
（divorce）	［0.0650］	［0.0571］	［0.0497］	［0.0437］
小学	−0.0416	−0.0427	0.0602	−0.0523
（primary）	［0.0525］	［0.0548］	［0.0492］	［0.0477］
初中	−0.0533	−0.0577	−0.00053	−0.152***
（junior）	［0.0488］	［0.0507］	［0.0411］	［0.0407］
高中	−0.0388	−0.0658	0.0143	−0.142***
（high）	［0.0504］	［0.0526］	［0.0441］	［0.0442］
大专及以上	0.00315	−0.126**	0.0508	−0.157***
（college）	［0.0550］	［0.0541］	［0.0477］	［0.0468］
一般单位	−0.0418	−0.0421	−0.0141	−0.0305
（occ_or）	［0.0263］	［0.0258］	［0.0236］	［0.0222］
国有单位	−0.0830**	−0.0659*	0.0706*	0.00886
（occ_na）	［0.0356］	［0.0366］	［0.0371］	［0.0350］
城镇	−0.035	0.0182	−0.0620**	0.0256
（address）	［0.0265］	［0.0259］	［0.0304］	［0.0263］
家庭规模	−0.0141**	0.00365	−0.00729	0.00302
（hhsize）	［0.0071］	［0.0071］	［0.0078］	［0.0070］
中等收入家庭	−0.0126	−0.0206	−0.0427	0.00742
（income_m）	［0.0380］	［0.0379］	［0.0346］	［0.0321］

续表

变量	男性		女性	
	（1） 身体不适	（2） 自评健康	（3） 身体不适	（4） 自评健康
高收入家庭	−0.0543	−0.0592	−0.0806**	0.0114
（income_h）	[0.0377]	[0.0377]	[0.0336]	[0.0307]
吸烟	0.0505**	−0.0141	0.112	0.0357
（smoke）	[0.0204]	[0.0202]	[0.0774]	[0.0698]
喝酒	−0.0381*	−0.00896	−0.104	0.00886
（alcoh）	[0.0231]	[0.0233]	[0.0820]	[0.0745]
既往病史	0.298***	0.247***	0.288***	0.153***
（eversick）	[0.0427]	[0.0407]	[0.0360]	[0.0323]
身体不适	—	0.228***	—	0.234***
（sick）		[0.0257]		[0.0222]
常数项	0.461***	0.208**	0.415***	0.231***
（_cons）	[0.1055]	[0.0917]	[0.1034]	[0.0839]
省份	控制	控制	控制	控制
年份	控制	控制	控制	控制
样本量	1834	1834	2095	2095
调整 R^2	0.0782	0.1962	0.0934	0.2633

注：中括号内是稳健标准误；*、**、***分别表示在10%、5%、1%显著性水平下显著。

表4-14中，模型（1）和模型（2）的样本数据为男性，而模型（3）和模型（4）的样本数据为女性，另外模型（1）和模型（3）的被解释变量为客观健康指标：过去两周内是否有身体不适，模型（2）和模型（4）的被解释变量为主观健康指标：自评健康。经过PSM-DID回归之后可以发现，购买城镇职工医疗保险之后，因为过去两周是否出现身体不适的随机性较大，所以不同性别过去两周身体不适的概率变动方向并不明朗，男性的概率增加，女性的概率下降；总的来说，只有男性身体不适的概率稍微有所增加，其他健康产出指标结果都变好，只是结果都不显著，即参保之后的受访对象基本都更加健康，城职保对健康产出的效应为正。并且不同性别样本之间的差异很明显，在购买城职保之后，女性身体变好的程度更大，客观健康指标和主观健康指标都比男性表现要好，可能是因为女性更为细心，日常防范工作更为到位，生病的可能性更低，一旦发现不适症状随时就诊，病症会很快减轻乃至痊愈，所以女性的健康

状况表现更好。男性虽然身体不适的概率增加，但是与其他同龄人相比的情况下，他们仍然可能认为自己健康状况良好。

2. 分年龄回归

表4-15 分年龄样本下城职保对健康产出的影响

变量	16~40 岁		41~59 岁		60 岁及以上	
	（1）	（2）	（3）	（4）	（5）	（6）
	身体不适	自评健康	身体不适	自评健康	身体不适	自评健康
交互效应	0.00197	−0.0308	0.0122	−0.0571	−0.0206	−0.0939
（treat×time）	［0.0362］	［0.0312］	［0.0474］	［0.0489］	［0.0782］	［0.0770］
处理变量	−0.0183	0.0444*	−0.00033	0.0431	−0.0276	0.0628
（treat）	［0.0262］	［0.0229］	［0.0344］	［0.0365］	［0.0605］	［0.0581］
时期	−0.0288	0.00994	0.00543	−0.0172	−0.0208	0.00152
（time）	［0.0247］	［0.0205］	［0.0341］	［0.0347］	［0.0616］	［0.0583］
性别	−0.0567**	−0.019	−0.0977***	−0.0339	−0.0881*	−0.08
（sex）	［0.0220］	［0.0186］	［0.0340］	［0.0359］	［0.0522］	［0.0535］
民族	−0.0311	−0.0145	0.0312	−0.118**	−0.188*	−0.187
（nation）	［0.0252］	［0.0193］	［0.0896］	［0.0584］	［0.1132］	［0.1146］
已婚	−0.00521	0.0439**	0.000747	0.042	0.0924	−0.119
（married）	［0.0219］	［0.0181］	［0.1509］	［0.1344］	［0.1923］	［0.2067］
离婚或丧偶	0.0369	0.06	0.0545	0.0263	0.204	−0.0733
（divorce）	［0.0839］	［0.0687］	［0.1585］	［0.1419］	［0.1994］	［0.2126］
小学	0.0345	−0.0525	0.0831	−0.0776	−0.0246	−0.106**
（primary）	［0.1199］	［0.1477］	［0.0584］	［0.0586］	［0.0523］	［0.0498］
初中	0.0528	−0.175	−0.00606	−0.0888*	0.033	−0.188***
（junior）	［0.1138］	［0.1408］	［0.0468］	［0.0464］	［0.0570］	［0.0538］
高中	0.0807	−0.193	−0.0249	−0.0554	0.0696	−0.156*
（high）	［0.1147］	［0.1414］	［0.0499］	［0.0512］	［0.0762］	［0.0833］
大专及以上	0.112	−0.222	−0.00047	−0.223***	0.106	−0.15
（college）	［0.1139］	［0.1408］	［0.0817］	［0.0807］	［0.1084］	［0.0974］
一般单位	0.0164	0.0211	−0.0394	−0.0707**	−0.215***	−0.124*
（occ_or）	［0.0234］	［0.0208］	［0.0288］	［0.0297］	［0.0706］	［0.0726］
国有单位	0.0835**	0.0158	−0.0377	−0.064	−0.232**	−0.0263
（occ_na）	［0.0340］	［0.0296］	［0.0415］	［0.0459］	［0.0967］	［0.1459］

续表

变量	16～40 岁		41～59 岁		60 岁及以上	
	（1）	（2）	（3）	（4）	（5）	（6）
	身体不适	自评健康	身体不适	自评健康	身体不适	自评健康
城镇	−0.0349	0.0333	−0.00958	0.0243	−0.113 *	−0.107 *
（address）	[0.0264]	[0.0223]	[0.0389]	[0.0377]	[0.0606]	[0.0563]
家庭规模	−0.0130 *	0.00811	−0.0143	−0.00585	0.00385	0.0209
（hhsize）	[0.0070]	[0.0060]	[0.0102]	[0.0106]	[0.0137]	[0.0133]
中等收入家庭	0.0188	0.0281	−0.0835 *	−0.0800 *	−0.0674	0.122 *
（income_m）	[0.0324]	[0.0314]	[0.0451]	[0.0443]	[0.0762]	[0.0712]
高收入家庭	0.014	0.0026	−0.146 ***	−0.0779 *	−0.124 *	0.0942
（income_h）	[0.0322]	[0.0298]	[0.0453]	[0.0456]	[0.0738]	[0.0692]
吸烟	0.0741 ***	−0.0197	0.000462	0.0238	0.0905 *	−0.0426
（smoke）	[0.0269]	[0.0223]	[0.0337]	[0.0368]	[0.0549]	[0.0557]
喝酒	−0.047	−0.0488 *	−0.035	0.0623 *	−0.0193	−0.0963
（alcoh）	[0.0351]	[0.0292]	[0.0325]	[0.0351]	[0.0606]	[0.0594]
既往病史	0.181 ***	0.182 ***	0.340 ***	0.229 ***	0.283 ***	0.0870 *
（eversick）	[0.0540]	[0.0496]	[0.0418]	[0.0409]	[0.0511]	[0.0473]
身体不适	—	0.152 ***	—	0.308 ***	—	0.277 ***
（sick）		[0.0229]		[0.0302]		[0.0416]
常数项	0.369 ***	0.273 *	0.478 **	0.376 **	0.372	0.590 **
（_cons）	[0.1364]	[0.1482]	[0.1965]	[0.1722]	[0.2548]	[0.2545]
省份	控制	控制	控制	控制	控制	控制
年份	控制	控制	控制	控制	控制	控制
样本量	2018	2018	1335	1335	576	576

注：中括号内是稳健标准误；*、**、*** 分别表示在 10%、5%、1% 显著性水平下显著。

本书依据数据情况将年龄分为 3 组：16～40 岁、41～59 岁和 60 岁及以上，在表 4-15 中，模型（1）和模型（2）对应的为 16～40 岁样本，模型（3）和模型（4）对应的为 41～59 岁样本，模型（5）和模型（6）对应的为 60 岁及以上样本，另外模型（1）、模型（3）和模型（5）的被解释变量为客观健康指标：过去两周内是否有身体不适，模型（2）、模型（4）、模型（6）的被解释变量为主观健康指标：自评健康。回归结果表明：不同年龄组身体不适的概率变动方向不明朗：60 岁及以上身体不适的概率下降，另两个年龄组身体不适的概率有所上升，所有年龄组的自评健康结果都会变好，也就是说医疗保险对健康产出的影响是正向的。如前文所述，客观健康指标的变动方向不明朗，这很可能是因为该指标的随机性强，单一指标不能准确描述城职保的效果；而主观健康指标变好，可能是因为医疗保险在减轻参保人经济负担后，能够释放参保人的就医需求，使其身体不适时能够及时就医，健康状况转好。

3. 分收入回归

表 4-16　分收入样本下城职保对健康产出的影响

变量	低收入家庭		中等收入家庭		高收入家庭	
	（1）	（2）	（3）	（4）	（5）	（6）
	身体不适	自评健康	身体不适	自评健康	身体不适	自评健康
交互效应	−0.0806	0.0594	0.0262	−0.0769	0.0147	−0.0437
（treat×time）	［0.0986］	［0.0928］	［0.0478］	［0.0472］	［0.0353］	［0.0334］
处理变量	0.00592	0.0331	−0.0306	0.0913***	−0.0095	0.0139
（treat）	［0.0668］	［0.0603］	［0.0335］	［0.0329］	［0.0266］	［0.0251］
时期	0.00584	−0.0352	0.00249	0.0291	−0.0194	−0.0123
（time）	［0.0637］	［0.0587］	［0.0338］	［0.0310］	［0.0254］	［0.0236］
41~59岁	0.302***	0.245***	0.110***	0.0913***	−0.0017	0.107***
（age41_59）	［0.0625］	［0.0656］	［0.0293］	［0.0303］	［0.0258］	［0.0257］
60岁及以上	0.458***	0.248**	0.126**	0.165***	0.0532	0.163***
（age60up）	［0.0987］	［0.0976］	［0.0518］	［0.0530］	［0.0391］	［0.0389］
性别	−0.0494	0.0986	−0.0942***	−0.0128	−0.0693***	−0.0756***
（sex）	［0.0631］	［0.0602］	［0.0319］	［0.0307］	［0.0221］	［0.0210］
民族	0.0262	−0.0279	−0.0382	−0.00533	−0.0342	−0.0677***
（nation）	［0.0840］	［0.0596］	［0.0419］	［0.0351］	［0.0306］	［0.0234］
已婚	−0.0636	0.0372	−0.0512	0.126***	0.0216	0.0212
（married）	［0.0731］	［0.0610］	［0.0372］	［0.0328］	［0.0269］	［0.0222］
离婚或丧偶	0.0495	0.0439	0.0417	0.187***	0.0689	0.0448
（divorce）	［0.1262］	［0.1053］	［0.0698］	［0.0641］	［0.0513］	［0.0457］
小学	0.163	−0.0939	−0.0227	−0.0477	−0.0172	−0.0596
（primary）	［0.1071］	［0.1018］	［0.0653］	［0.0595］	［0.0465］	［0.0481］
初中	0.172	−0.072	−0.0514	−0.129**	−0.0402	−0.106**
（junior）	［0.1081］	［0.0985］	［0.0568］	［0.0535］	［0.0408］	［0.0430］
高中	0.217*	−0.0774	−0.0208	−0.061	−0.0521	−0.159***
（high）	［0.1169］	［0.1088］	［0.0606］	［0.0577］	［0.0421］	［0.0446］

续表

变量	低收入家庭		中等收入家庭		高收入家庭	
	（1）	（2）	（3）	（4）	（5）	（6）
	身体不适	自评健康	身体不适	自评健康	身体不适	自评健康
大专及以上	0.199	-0.107	0.0211	-0.0857	-0.00962	-0.195***
（college）	[0.1312]	[0.1139]	[0.0673]	[0.0629]	[0.0455]	[0.0455]
一般单位	0.0824	-0.0178	-0.0904***	-0.00426	-0.0104	-0.0638***
（occ_or）	[0.0587]	[0.0563]	[0.0299]	[0.0280]	[0.0234]	[0.0231]
国有单位	0.191**	0.106	-0.118***	-0.0479	0.0194	-0.0478
（occ_na）	[0.0914]	[0.0882]	[0.0398]	[0.0407]	[0.0359]	[0.0349]
城镇	-0.0791	0.0486	-0.0840**	-0.0301	-0.0216	0.0398
（address）	[0.0582]	[0.0520]	[0.0375]	[0.0353]	[0.0274]	[0.0245]
家庭规模	0.00611	-0.00376	-0.00724	-0.0107	-0.0196***	0.0121*
（hhsize）	[0.0153]	[0.0142]	[0.0092]	[0.0087]	[0.0073]	[0.0069]
吸烟	-0.0296	-0.105	0.107***	0.00237	0.0324	0.0106
（smoke）	[0.0710]	[0.0658]	[0.0335]	[0.0326]	[0.0251]	[0.0242]
喝酒	-0.181**	-0.127	-0.0667*	-0.00408	-0.0302	-0.0104
（alcoh）	[0.0858]	[0.0947]	[0.0372]	[0.0394]	[0.0283]	[0.0276]
既往病史	0.287***	0.175**	0.357***	0.177***	0.261***	0.200***
（eversick）	[0.0723]	[0.0696]	[0.0482]	[0.0453]	[0.0373]	[0.0344]
身体不适	—	0.216***		0.294***		0.198***
（sick）		[0.0515]		[0.0304]		[0.0219]
常数项	0.201	0.17	0.373**	0.114	0.464***	0.325***
（_cons）	[0.2492]	[0.1805]	[0.1662]	[0.0938]	[0.0872]	[0.0772]
省份	控制	控制	控制	控制	控制	控制
年份	控制	控制	控制	控制	控制	控制
样本量	395	395	1283	1283	2251	2251

注：中括号内是稳健标准误；*、**、***分别表示在10%、5%、1%显著性水平下显著。

本书将家庭人均收入排序，前33.33%的家庭归为低收入家庭，中间33.33%的家庭归为中等收入家庭，排位最高的三分之一家庭归为高收入家庭。在表4-16中，模型（1）和模型（2）对应的为低收入家庭样本，模型（3）和模型（4）对应的为中等收入家庭样本，模型（5）和模型（6）对应的为高收入家庭样本；另外模型（1）、模型（3）、模型（5）的被解释变量为客观健康指标：过去两周内是否有身体不适，模型（2）、模型（4）、模型（6）的被解释变量为主观健康指标：自评健康。回归结果表明：购买城职保之后，低收入家庭样本的身体不适概率降低，健康自我评价变好；中等收入和高收入家庭样本的身体不适概率增加，健康自我评价变好。总体上看，医疗保险对健康产出产生了积极影响，能够促进参保人健康。

而医疗保险对不同等级收入群体的影响不同，可以做如下解释：对于低收入家庭来说，虽然医疗保险可以缓解因疾病带来的经济压力，但是医疗保险有起付线、封顶线和共保条款，他们在生病或受伤时自己也要承担一部分医疗费用，不会因医疗保险获得额外利益，反而会增加经济负担，而通过医疗保险吸收健康知识和保健方法之后，为了减轻经济压力，他们会利用获取的健康知识加强保健，减少生病的可能性，自评健康结果也就更好。而对于中等收入和高收入家庭来说，经济压力很小，在医疗保险负担大部分医疗费用以后，完全能够承受因生病或受伤需要自付的医疗费用，没有资金压力的鞭策，保健的激励作用不大，此时道德风险发挥主要作用，他们更愿意放纵自己，提前消费自己的健康，导致生病或受伤的可能性增加，但是因为他们有足够的财力购买各种营养品，聘请保姆和家庭医生照顾家人，能够随时了解自己的健康状况，在身体不适时及时治疗，故而身体只是出现小毛病，还能够及早发现及早治疗，使得他们的身体状况优于同龄人的平均水平，对自身的健康评价较好。

以上分样本回归的结果表明：城职保对两周内是否身体不适无显著影响，而对自评健康有积极影响，即总体上城职保对健康产出起到促进作用，这很可能是医疗保险能够释放医疗需求，提高医疗服务利用率的结果，与全样本分析的结果一致。

第三节　医疗服务利用的调整

当参保者采取不健康的生活方式，导致生病或受伤时，理论上他们为了尽快康复，减少身心的痛苦，应该会选择寻求医疗服务，这可能会增加他们对医疗服务的使用。然而，在没有医疗保险的情况下，低收入群体可能由于经济能力有限，无法承担某些疾病的治疗费用，或者为了节约开支而选择忽视轻微的疾病，对于重大疾病则听之任之；相反，医疗保险可以覆盖大部分治疗费用，大多数家庭都能够负担得起医疗费用，因此合理的医疗需求得到满足，就医次数可能会相应增加。基于此，本节将探讨城镇职工医疗保险对医疗服务利用率的影响，即分析参保者在购买医疗保险后，是否会明显增加就医频率。

本节的研究方法参考了姚瑶、刘斌、刘国恩等（2014）以及高月霞

（2014）的研究，选取过去两周内是否进行了门诊就医作为衡量医疗服务使用情况的指标，并采用 Logit 模型来估计参保概率。模型中考虑了人口特征、家庭特征、风险态度以及健康状况等多个变量。基于这些变量的取值，我们使用倾向得分匹配法，卡尺设定为倾向得分标准差的四分之一，进行样本匹配。匹配完成后，利用这些样本构建双重差分（DID）模型，以评估医疗保险对医疗服务使用频率的具体影响。

一、数据匹配

在本节的研究中，为了估计个体参保的倾向性，我们继续采用 Logit 模型。在模型中，我们纳入年龄、性别、民族、婚姻状况、教育水平、职业、常住地址、家庭规模、吸烟习惯、饮酒习惯、既往病史以及身体不适 12 个变量。为了进行有效的样本匹配，我们选择了广泛使用的卡尺内最近邻匹配法，卡尺值设定为倾向得分标准差的四分之一，具体计算结果为 0.05。这一匹配过程为每个处理组样本匹配了一个控制组样本。在匹配过程中，我们排除了那些不在共同取值范围内的 303 个样本。最终，我们得到了一个包含 7753 个样本的 "共同支撑域"，其中处理组样本有 2210 个，控制组样本有 5543 个。图 4-5 展示了匹配后的共同取值范围，图 4-6 对比了匹配前后的密度函数。具体的匹配结果如表4-17 所示。

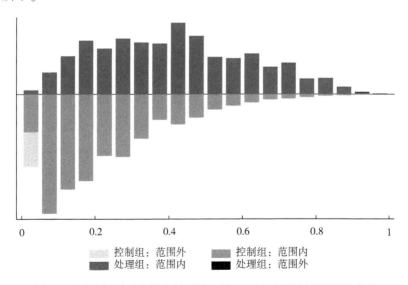

图 4-5　城职保对医疗服务利用影响的 PSM 倾向得分共同取值范围

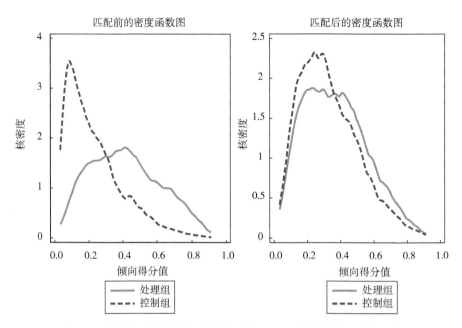

图 4-6 城职保对医疗服务利用影响的 PSM 匹配前后密度函数对比

表 4-17 城职保对医疗服务利用影响的 PSM 匹配检验结果

变量	样本	均值		标准偏误%	标准偏误绝对值减少%	T 检验	
		处理组	控制组			T 值	P 值
41~59 岁	匹配前	0.322	0.325	-0.7	-324.6	-0.29	0.770
	匹配后	0.322	0.336	-3.1		-1.02	0.306
60 岁及以上	匹配前	0.194	0.144	13.4	78.4	5.53	0.000
	匹配后	0.194	0.183	2.9		0.92	0.356
男性	匹配前	0.514	0.481	6.5	73.7	2.62	0.009
	匹配后	0.514	0.505	1.7		0.57	0.568
少数民族	匹配前	0.092	0.178	-25.4	75.3	-9.59	0.000
	匹配后	0.092	0.071	6.3		2.58	0.010
已婚	匹配前	0.718	0.687	7.0	87.2	2.77	0.006
	匹配后	0.718	0.722	-0.9		-0.30	0.763
离婚或丧偶	匹配前	0.067	0.073	-2.5	100.0	-1.00	0.316
	匹配后	0.067	0.067	0.0		0.00	1.000
小学	匹配前	0.091	0.172	-24.1	86.0	-9.14	0.000
	匹配后	0.091	0.080	3.4		1.35	0.178

变量	样本	均值		标准偏误%	标准偏误绝对值减少%	T检验	
		处理组	控制组			T值	P值
初中	匹配前	0.299	0.319	-4.3	-70.0	-1.72	0.085
	匹配后	0.299	0.333	-7.3		-2.43	0.015
高中	匹配前	0.244	0.218	6.2	53.2	2.51	0.012
	匹配后	0.244	0.232	2.9		0.95	0.341
大专及以上	匹配前	0.298	0.115	46.4	98.5	20.25	0.000
	匹配后	0.297	0.295	0.7		0.20	0.843
一般单位	匹配前	0.449	0.455	-1.2	-1074.5	-0.48	0.631
	匹配后	0.450	0.520	-14.1		-4.68	0.000
国有单位	匹配前	0.196	0.049	45.9	79.0	21.13	0.000
	匹配后	0.195	0.165	9.6		2.66	0.008
城镇	匹配前	0.839	0.665	41.1	86.7	15.63	0.000
	匹配后	0.839	0.862	-5.5		-2.15	0.031
家庭规模	匹配前	3.503	3.715	-13.4	93.4	-5.28	0.000
	匹配后	3.503	3.489	0.9		0.32	0.751
中等收入家庭	匹配前	0.295	0.358	-13.5	92.8	-5.36	0.000
	匹配后	0.295	0.300	-1.0		-0.33	0.742
高收入家庭	匹配前	0.623	0.366	53.0	99.8	21.27	0.000
	匹配后	0.622	0.623	-0.1		-0.03	0.975
吸烟	匹配前	0.276	0.317	-8.9	69.8	-3.53	0.000
	匹配后	0.276	0.264	2.7		0.91	0.361
喝酒	匹配前	0.149	0.159	-2.8	11.6	-1.13	0.259
	匹配后	0.149	0.140	2.5		0.86	0.392
既往病史	匹配前	0.140	0.095	13.9	74.7	5.78	0.000
	匹配后	0.140	0.129	3.50		1.10	0.270
身体不适	匹配前	0.258	0.272	-3.3	15.1	-1.30	0.193
	匹配后	0.258	0.270	-2.8		-0.92	0.357

由表4-17可以看出，在匹配之前，60岁及以上、性别、民族、已婚、小学毕业、高中毕业、大专及以上、国有单位、常住地址、家庭人数、中等收入家庭、高收入家庭、吸烟、既往病史这些变量在5%的显著性水平下具有显著差异，而经过卡尺内最近邻匹配，除41~59岁、初中毕业、一般单位这三个变量，其他变量的标准偏误均有较大程度的减少，减少幅度范围为11.6%~100%，最终除一般单

位以外，其他变量的标准偏误绝对值都小于10%，大多数变量的T检验结果都在5%水平上不再统计显著，即经过匹配后的样本在其他变量上不再有显著差异，处理组与控制组二者是均衡的，样本均值更为接近。本书认为，经过PSM匹配以后，处理组和控制组的个体特征基本得以消除，匹配结果很理想，满足双重差分"随机分组"的条件。

二、实证结果

（一）全样本分析

在分析城镇职工医疗保险对医疗服务利用的影响时，使用经过PSM匹配之后的样本进行回归，受样本容量的限制，本节选择的被解释变量为过去两周是否看过医生，解释变量包括处理变量是否参保UEB、时间变量、二者的交互项和其他协变量，协变量包括年龄、性别、民族、婚姻状况、教育程度、职业、常住地址、家庭规模、家庭人均收入排位、吸烟、喝酒、既往病史、过去两周内是否有身体不适、省份、年份。

被解释变量设置为过去两周是否门诊时，根据式（3-5）构建的双重差分模型为：

$$clinic_{it} = \beta_0 + \beta_1 treat_i + \beta_2 time + \beta_3(treat_i \times time) + \beta_4 X_{it} + \varepsilon_{it} \qquad (4-5)$$

其中，$clinic$ 为衡量医疗服务利用的被解释变量过去两周是否门诊，是的取值为1，否的取值为0。$treat$ 为处理变量，变量值等于0表示控制组，两期都未购买城镇职工医疗保险，变量值等于1表示处理组，第一期未购买保险，第二期购买了保险。$time$ 是时期变量，等于0表示第一期，等于1表示第二期。$treat \times time$ 是二者的交互效应，只有二者都取1时该变量才会取1，否则都等于0。X_{it} 为其他控制变量，包括年龄、性别、民族、婚姻状况、教育程度、职业、常住地址、家庭规模、家庭人均收入排位、吸烟、喝酒、既往病史、过去两周内是否有身体不适、省份、年份。

表4-18 城职保对门诊的影响

变量	系数	稳健标准误	t统计量
交互效应（treat×time）	0.0283*	0.0157	1.7966
处理效应（treat）	0.0298**	0.0116	2.5746
时期（time）	0.0188*	0.0112	1.6777
41~59岁（age41_59）	0.0318***	0.0101	3.1478

续表

变量	系数	稳健标准误	t 统计量
60 岁及以上（age60up）	0.0498 ***	0.0174	2.8645
性别（sex）	0.00677	0.0098	0.6909
民族（nation）	−0.00225	0.0135	−0.1659
已婚（married）	0.0117	0.0108	1.0792
离婚或丧偶（divorce）	−0.0101	0.025	−0.403
小学（primary）	0.00579	0.0217	0.2665
初中（junior）	0.0122	0.0194	0.6313
高中及以上（high）	0.00843	0.0194	0.434
大专及以上（college）	−0.00214	0.0211	−0.1014
一般单位（occ_or）	−0.0333 ***	0.0096	−3.4544
国有单位（occ_na）	0.00296	0.0153	0.1941
城镇（address）	−0.0157	0.012	−1.3059
家庭规模（hhsize）	−0.00387	0.0031	−1.2618
中等收入家庭（income_m）	0.0148	0.0155	0.9503
高收入家庭（1income_h）	0.0165	0.0154	1.0739
吸烟（smoke）	0.00205	0.0112	0.1836
喝酒（alcoh）	−0.00945	0.0119	−0.7937
既往病史（eversick）	0.163 ***	0.0222	7.3533
身体不适（sick）	0.532 ***	0.0175	30.4116
常数项（_cons）	0.0723 *	0.0417	1.7365
省份	控制		
年份	控制		
样本量	3752		
调整 R^2	0.5281		

注：*、**、*** 分别表示在 10%、5%、1%显著性水平下显著。

回归以后的结果见表 4-18，常数项为 0.0723，表明第一期控制组的门诊比例为 7.23%；处理变量的系数为 0.0298，表明在第一期处理组的门诊比例比控制组高 2.98%，意味着愿意购买保险的样本本身门诊次数较多，对医疗服务的利用较高，存在逆向选择问题，该结果在 5%置信水平下显著；时期变量的系数反映了门诊的时间趋势，结果显示：在其他因素不变的前提下，第二期控制组样本的门诊比例比第一期上升 1.88%，反映了样本随着年龄增加身体变差，门诊次数增加，该结果在 10% 置信水平下显著。

在构建的 PSM-DID 模型中，我们关心的主要变量是交互效应，它反映了购买城职保的净处理效应。回归结果显示，本书得出的结论与程令国、张晔 (2012)，以及范红丽、刘素春、陈璐（2019）的结论相似：购买城职保导致门诊的概率大概增长了 2.83%，结果在 10% 置信水平下显著，说明医疗保险能够增加医疗服务利用率。出现这一现象的原因可以归结为两种相互竞争的因素共同作用的结果：一方面，参保者在购买了医疗保险之后，可以报销门诊时产生的医疗费用，这使得那些原本认为病情不严重、不愿意就医的患者，因为不需要自己支付费用而选择接受治疗，从而增加了他们就医的概率或次数。这表明医疗保险确实能够激发一部分潜在的医疗需求。另一方面，医疗保险在门诊报销方面设置了起付线和封顶线，这意味着当患者的病情较轻、治疗费用较低时，他们仍然需要自己承担大部分甚至全部的医疗费用。此外，医疗保险可能引发道德风险，导致医疗费用的大幅上涨，有时甚至超过保险报销的比例，使得患者在门诊就医时实际支付的费用反而增加。在这种情况下，医疗保险对患者就医的激励作用减弱，患者可能更倾向于选择自我恢复或到药店自行购买药品进行治疗，而不是去医院门诊。事实上，城职保设有个人账户，参保人门诊时的自付费用可以直接从个人账户余额中划扣，在个人账户余额充足的情况下不会形成事实上的费用支付，参保人对道德风险导致的费用增加反应不敏感，因此医疗需求释放的因素起到主导作用，最终表现为城职保能够增加门诊次数。

除此之外，年龄、一般企业、既往病史和过去两周内是否有身体不适对是否门诊有显著影响。在控制其他因素的条件下，相比 16~40 岁样本，41~59 岁门诊概率增长 3.18%，60 岁及以上的门诊概率增长 4.98%，以上结果在 1% 置信水平下显著，这意味着年龄越大，门诊次数越多，这结果符合实际，原因是年龄越大，身体越差，生病的概率越高，故而门诊次数增加；相对无工作者，一般企业职工门诊概率降低 3.33%，可能是因为这部分人群工作繁忙，身体出现小问题时更愿意到药店买些对症的药品，而不特意请假去医院就诊，所以门诊概率下降；有既往病史、生病或受伤的人员门诊概率更高，这符合现实情况，有既往病史者门诊概率会显著增长 16.3%，相比无身体不适症状者，身体不适者门诊的概率要高 53.2%，这与现实认知一致。

其他变量对门诊的影响结果并不显著，其中男性的门诊概率比女性要高一点，二者差异很小；少数民族的门诊概率相对汉族更低；相对未婚者，已婚者的门诊概率稍有增加、离婚或丧偶者的门诊概率稍有下降，可能是年龄较大的人对医院怀有畏惧心理，不是严重的疾病不愿意去医院就诊，宁愿在药房开对症的药品，但是已婚人士有家人的干预，在身体不适时家人会督促并陪伴其到医院就诊，期望得以尽早康复；学历越高，门诊概率越低，这可能是因为学历越高，越注重日常保健，从而减少了生病或受伤的可能性；相比无工作者，国有企业职工门诊概率有所增加，这可能是因为这部分人员工作压力在适度范围内，能够及时关注自己的身体变化，有任何异常都会及时去医院就诊，也可能因为他们的亚健康情况更严重，需要更多的门诊；城镇人员比农村人员的门诊概率低，也可能是城镇人员注重日常保健，而农村人员体力劳动较多的结果；家庭人数越多，门诊概率越低，可能是因为经济压力较大，没有大毛病就不进行治疗；收入越高，门诊概率越高，说明没有经济压力的人员更相信专业人员的判断，在身体不适时随时就医，以保证身体时刻处于一个良好的状态；吸烟者的门诊概率相对比不吸烟者高，这是因为吸烟指标衡量了人们对风险的态度，吸烟者相对偏好风险，对风险的结果预期更为乐观，更喜欢参与一些比较危险、对身体有害的行为或活动，导致生病或受伤的可能性增加，因此门诊概率较高；喝酒者的门诊概率较低，可能是因为这部分群体注重日常保健，平常喝更多养生酒，这样生病概率降低，门诊次数减少。

总而言之，在控制其他因素不变的条件下，处理组样本购买城镇职工医疗保险之后会增加医疗服务利用，导致门诊比例提高 2.83%，在 10% 置信水平下显著，说明参保行为会增加医疗服务利用。而其他影响医疗服务利用的因素还有年龄、一般单位、既往病史和过去两周内是否有身体不适。

（二）稳健性检验

在上面全样本分析过程中，我们发现购买城镇职工医疗保险会增加医疗服务利用，导致门诊概率增加。为了保证以上结果的可靠性，本书重新使用 DID 模型检验城职保对医疗服务利用的影响，结果如表 4-19 所示。

表 4-19　门诊服务利用的稳健性检验

变量	系数	稳健标准误	t 统计量
交互效应（treat×time）	0.0266**	0.0128	2.0846
处理效应（treat）	0.0219**	0.0097	2.2612
时期（time）	0.00928	0.0075	1.2452
41~59 岁（age41_59）	0.0334***	0.0077	4.3568

续表

变量	系数	稳健标准误	t 统计量
60 岁及以上（age60up）	0.0424***	0.0118	3.5858
性别（sex）	−0.00106	0.0072	−0.1465
民族（nation）	−0.00826	0.0084	−0.9844
已婚（married）	0.0104	0.0079	1.3062
离婚或丧偶（divorce）	0.00247	0.015	0.1653
小学（primary）	−0.0019	0.0121	−0.1567
初中（junior）	0.00462	0.0116	0.3992
高中及以上（high）	−0.00445	0.0121	−0.3679
大专及以上（college）	−0.0188	0.0138	−1.3645
一般单位（occ_or）	−0.0349***	0.007	−4.9864
国有单位（occ_na）	−0.0135	0.0111	−1.2136
城镇（address）	−0.0199***	0.0072	−2.7505
家庭规模（hhsize）	−0.00104	0.002	−0.5235
中等收入家庭（income_m）	0.00879	0.0085	1.0326
高收入家庭（1income_h）	0.0168*	0.0089	1.8899
吸烟（smoke）	−0.00313	0.0078	−0.4023
喝酒（alcoh）	−0.0223***	0.0083	−2.6887
既往病史（eversick）	0.171***	0.0145	11.8276
身体不适（sick）	0.525***	0.011	47.5472
常数项（_cons）	−0.00732	0.0287	−0.255
省份	控制		
年份	控制		
样本量	8056		
调整 R^2	0.5058		

注：*、**、***分别表示在 10%、5%、1%显著性水平下显著。

如表 4-19 所示，稳健性检验的结果与 PSM-DID 模型的实证结果相似，证明本书得出的结果是稳健的。具体而言，在控制其他因素不变的条件下，处理组样本购买城镇职工医疗保险之后会增加医疗服务利用，导致门诊比例提高 2.66%，在 5%置信水平下显著，说明参保行为会增加医疗服务利用。

（三）样本的异质性分析

接下来本书将样本按性别、年龄、婚姻状况、教育程度、收入分类分析参保处理变量对门诊的效应。

1. 分性别回归

表 4-20　分性别样本下城职保对门诊的影响

变量	（1） 男性	（2） 女性
交互效应	0.00421	0.0553**
（treat×time）	[0.0209]	[0.0232]
处理变量	0.00451	0.0493***
（treat）	[0.0154]	[0.0171]
时期	0.0135	0.0225
（time）	[0.0153]	[0.0159]
41~59 岁	0.0254*	0.0412***
（age41_59）	[0.0134]	[0.0151]
60 岁及以上	0.0155	0.0740***
（age60up）	[0.0231]	[0.0265]
民族	0.00951	−0.0147
（nation）	[0.0199]	[0.0187]
已婚	0.0258*	−0.00679
（married）	[0.0147]	[0.0159]
离婚或丧偶	0.0171	−0.0325
（divorce）	[0.0400]	[0.0319]
小学	−0.0276	0.0263
（primary）	[0.0318]	[0.0311]
初中	−0.0218	0.0322
（junior）	[0.0297]	[0.0260]
高中	−0.0261	0.0319
（high）	[0.0289]	[0.0273]
大专及以上	−0.0433	0.0262
（college）	[0.0327]	[0.0289]
一般单位	−0.0370***	−0.0333**
（occ_or）	[0.0137]	[0.0136]

续表

变量	（1） 男性	（2） 女性
国有单位	−0.0281	0.0223
（occ_na）	[0.0217]	[0.0216]
城镇	−0.0268*	−0.00758
（address）	[0.0154]	[0.0186]
家庭规模	1.62E−05	−0.00829*
（hhsize）	[0.0040]	[0.0047]
中等收入家庭	0.022	0.00909
（income_m）	[0.0196]	[0.0230]
高收入家庭	0.0126	0.0192
（income_h）	[0.0197]	[0.0225]
吸烟	0.007	−0.075
（smoke）	[0.0112]	[0.0467]
喝酒	−0.00763	−0.0725
（alcoh）	[0.0121]	[0.0494]
既往病史	0.220***	0.124***
（eversick）	[0.0309]	[0.0313]
身体不适	0.533***	0.532***
（sick）	[0.0278]	[0.0225]
常数项	−0.0438	−0.0749
（_cons）	[0.0655]	[0.0535]
省份	控制	控制
年份	控制	控制
样本量	1710	2042
调整 R^2	0.5743	0.4999

注：中括号内是稳健标准误；*、**、*** 分别表示在 10%、5%、1% 显著性水平下显著。

在表 4-20 中，两个模型的被解释变量都是门诊，模型（1）的样本数据为男性，模型（2）的样本数据为女性。经过 PSM-DID 回归之后可以发现，购买城镇职工医疗保险之后，男性的门诊概率增长 0.421%，结果不显著，而女性的门诊概率增长 5.53%，结果在 5% 置信水平下显著，说明参保行为可以提高门诊概率。这可能是因为购买保险之后的门诊费用可以使用个人账户余额支付，无须动用自己的资金，参保人看病没有经济压力，所以无论大病小病找专业人员诊断治疗会更安心，因此门诊概率在购买城职保后会有所增加，这一结果在女性群体中表现得更为明显，一方面是因为女性生病概率较男性高，另一方面是因为女性更会精打细算。

2. 分年龄回归

表4-21　分年龄样本下城职保对门诊的影响

变量	（1）16~40 岁	（2）41~59 岁	（3）60 岁及以上
交互效应	0.0266	0.0559*	0.00637
（treat×time）	[0.0191]	[0.0295]	[0.0502]
处理变量	0.0141	0.0558**	0.0462
（treat）	[0.0134]	[0.0220]	[0.0451]
时期	0.0143	0.031	0.0378
（time）	[0.0127]	[0.0209]	[0.0410]
性别	−0.00546	0.031	−0.00298
（sex）	[0.0114]	[0.0201]	[0.0316]
民族	−0.00276	0.0619	−0.00298
（nation）	[0.0140]	[0.0446]	[0.0865]
已婚	0.0127	−0.0838*	−0.139*
（married）	[0.0110]	[0.0457]	[0.0838]
离婚或丧偶	−0.0241	−0.101*	−0.180**
（divorce）	[0.0433]	[0.0577]	[0.0884]
小学	−0.00581	−0.022	0.039
（primary）	[0.0287]	[0.0333]	[0.0331]
初中	0.028	−0.00148	0.0256
（junior）	[0.0202]	[0.0260]	[0.0385]
高中	0.0212	−0.0108	0.0479
（high）	[0.0212]	[0.0271]	[0.0372]
大专及以上	0.016	0.00142	−0.0509
（college）	[0.0207]	[0.0431]	[0.0828]
一般单位	−0.0234**	−0.0245	−0.0327
（occ_or）	[0.0117]	[0.0173]	[0.0396]

续表

变量	(1)	(2)	(3)
	16~40 岁	41~59 岁	60 岁及以上
国有单位	0.0334	0.00393	-0.0174
(occ_na)	[0.0204]	[0.0270]	[0.0556]
城镇	-0.0338**	-0.0171	0.0391
(address)	[0.0146]	[0.0239]	[0.0400]
家庭规模	-0.00872**	-0.0011	0.00599
(hhsize)	[0.0036]	[0.0064]	[0.0074]
中等收入家庭	-0.00356	0.0193	0.0594
(income_m)	[0.0174]	[0.0296]	[0.0536]
高收入家庭	0.00226	0.0238	0.0584
(income_h)	[0.0175]	[0.0300]	[0.0522]
吸烟	0.00212	-0.00898	0.025
(smoke)	[0.0145]	[0.0196]	[0.0399]
喝酒	0.0061	-0.00376	-0.0708
(alcoh)	[0.0167]	[0.0176]	[0.0457]
既往病史	0.118***	0.152***	0.114***
(eversick)	[0.0393]	[0.0367]	[0.0433]
身体不适	0.401***	0.612***	0.701***
(sick)	[0.0267]	[0.0284]	[0.0375]
常数项	-0.00643	0.0727	-0.0952
(_cons)	[0.0450]	[0.0872]	[0.1378]
省份	控制	控制	控制
年份	控制	控制	控制
样本量	1976	1253	523
调整 R^2	0.3839	0.5701	0.6174

注：中括号内是稳健标准误；*** 表示在1%显著性水平下显著。

本书将年龄分为三组：16~40 岁、41~59 岁和 60 岁及以上，在表 4-21 中，模型（1）对应的为 16~40 岁样本，模型（2）对应的为 41~59 岁样本，模型（3）对应的为 60 岁及以上样本，被解释变量为过去两周内是否门诊。回归结果表明：16~40 岁和 60 岁及以上样本参保后门诊概率稍微有所增加，结果不显著，而 41~59 岁样本的交互效应显著为正，参保后门诊概率增加，也就是说购买城职保以后参保人都会增加门诊的概率，只是参保与否对门诊概率的影响结果与年龄相关，对41~59岁样本的影响最大。小于40岁的年轻人身体底子较好，生病的可能性比较低，门诊次数较少，购买医疗保险之后也不会有太大变化；而41~59岁样本作为家庭的主要经济支柱，平时积累的亚健康问题不容忽视，在没有医疗保险的情况下担心医疗费用问题不敢就医，而在参保之后再无经济压力，可以有效释放医疗需求，增加门诊次数；而60岁及以上的老年人则是因为年龄大身体变差，要么平常就经常就医，此时有无医保对生病概率没有显著影响，要么平常非大病不愿意进医院，此时有无医保对就诊意愿没有显著影响，导致最终门诊概率只略微增加一点。

3. 分婚姻状况回归

表4-22　分婚姻状况样本下城职保对门诊的影响

变量	（1）未婚	（2）已婚	（3）离婚或丧偶
交互效应	0.0315	0.0331*	0.1
（treat×time）	[0.0304]	[0.0183]	[0.0922]
处理变量	0.0135	0.0315**	0.225***
（treat）	[0.0211]	[0.0137]	[0.0811]
时期	0.0119	0.0215	0.0843
（time）	[0.0186]	[0.0135]	[0.0717]
41~59岁	0.151*	0.0203*	-0.073
（age41_59）	[0.0817]	[0.0105]	[0.0715]
60岁及以上	-0.374**	0.0471**	-0.0453
（age60up）	[0.1877]	[0.0185]	[0.0807]
性别	-0.0264	0.0135	0.245***
（sex）	[0.0165]	[0.0118]	[0.0748]
民族	0.026	-0.00868	-0.189
（nation）	[0.0226]	[0.0195]	[0.1265]
小学	-0.359*	0.00531	0.0309
（primary）	[0.1872]	[0.0225]	[0.0949]
初中	-0.319*	0.0201	0.0483
（junior）	[0.1824]	[0.0202]	[0.0848]
高中	-0.324*	0.0178	0.0613
（high）	[0.1816]	[0.0204]	[0.0956]

续表

变量	（1） 未婚	（2） 已婚	（3） 离婚或丧偶
大专及以上	−0.309*	−0.00304	0.0489
（college）	[0.1820]	[0.0232]	[0.0993]
一般单位	−0.0057	−0.0311***	−0.0879
（occ_or）	[0.0186]	[0.0116]	[0.0741]
国有单位	0.0529	0.000308	−0.0609
（occ_na）	[0.0353]	[0.0169]	[0.1099]
城镇	−0.00997	−0.0232*	0.182
（address）	[0.0212]	[0.0140]	[0.1106]
家庭规模	−0.00494	−0.00534	0.0165
（hhsize）	[0.0057]	[0.0036]	[0.0202]
中等收入家庭	0.0244	0.00837	−0.0302
（income_m）	[0.0362]	[0.0171]	[0.0928]
高收入家庭	0.00251	0.0107	−0.0161
（income_h）	[0.0358]	[0.0169]	[0.0825]
吸烟	0.00103	0.00385	−0.143
（smoke）	[0.0217]	[0.0125]	[0.0886]
喝酒	−0.0207	0.00171	−0.141*
（alcoh）	[0.0297]	[0.0129]	[0.0782]
既往病史	0.200***	0.133***	0.245***
（eversick）	[0.0718]	[0.0247]	[0.0883]
身体不适	0.347***	0.583***	0.509***
（sick）	[0.0382]	[0.0205]	[0.0663]
常数项	0.352*	−0.0765	−0.483***
（_cons）	[0.1940]	[0.0505]	[0.1686]
省份	控制	控制	控制
年份	控制	控制	控制
样本量	841	2713	198
调整 R^2	0.3438	0.5662	0.5394

注：中括号内是稳健标准误；*、**、*** 分别表示在10%、5%、1%显著性水平下显著。

本书将婚姻状况分为三类：未婚、已婚和离婚或丧偶，在表4-22中，模型（1）对应的为未婚样本，模型（2）对应的为已婚样本，模型（3）对应的为离婚或丧偶样本，被解释变量为过去两周是否门诊。回归结果表明：购买城镇职工医疗保险之后，所有样本的门诊概率增加，只有已婚人士的结果显著。不同样本之间差异的可能解释为：已婚人士一般年龄较大，生病或受伤的可能性增加，在身体不适时被配偶要求及时就医治疗，门诊次数显著增加；未婚人士以年轻人为主，没有太多的收入，经济压力较大，在没有城职保的情况下，门诊时需要支付医药费，从而加重经济负担，而在购买医疗保险之后能够由城职保负责费用结算，自己一般不需要额外支付费用，能够有效释放医疗需求，从而增加门诊次数；离婚或丧偶样本的年龄相对较大，身体素质不如年轻时候，生病的可能性增加，门诊次数自然增加。

4. 分教育程度回归

表 4-23　分教育程度样本下城职保对门诊的影响

变量	（1）文盲	（2）小学毕业	（3）初中毕业	（4）高中	（5）大专及以上
交互效应	0.0199	0.0321	0.0382	0.0135	0.0734**
（treat×time）	[0.0664]	[0.0594]	[0.0299]	[0.0270]	[0.0313]
处理变量	0.0965*	0.0187	0.0268	−0.00203	0.0632***
（treat）	[0.0546]	[0.0485]	[0.0217]	[0.0194]	[0.0225]
时期	−0.00291	0.00786	0.0196	0.0228	0.0490**
（time）	[0.0465]	[0.0438]	[0.0208]	[0.0174]	[0.0225]
41~59 岁	−0.0742	0.0805**	0.0223	0.0176	0.0566
（age41_59）	[0.0697]	[0.0409]	[0.0159]	[0.0165]	[0.0412]
60 岁及以上	−0.108	0.124**	0.0572*	0.0325	0.0843
（age60up）	[0.0693]	[0.0553]	[0.0318]	[0.0336]	[0.0881]
性别	0.0831*	−0.00096	0.0248	0.00288	−0.0264
（sex）	[0.0470]	[0.0397]	[0.0192]	[0.0157]	[0.0188]
民族	−0.151	0.131**	0.000355	−0.0410*	0.0357
（nation）	[0.1218]	[0.0552]	[0.0306]	[0.0213]	[0.0266]
已婚	−0.0288	−0.0211	0.0453	0.019	−0.0147
（married）	[0.0605]	[0.1013]	[0.0294]	[0.0169]	[0.0174]
离婚或丧偶	−0.0486	−0.0673	−0.0191	−0.0282	0.000232
（divorce）	[0.0711]	[0.1369]	[0.0487]	[0.0375]	[0.1257]
一般单位	−0.063	−0.0303	−0.0184	−0.0394**	−0.024
（occ_or）	[0.0461]	[0.0424]	[0.0183]	[0.0162]	[0.0210]

续表

变量	（1）文盲	（2）小学毕业	（3）初中毕业	（4）高中	（5）大专及以上
国有单位	−0.00396	0.0481	−0.0117	−0.0215	0.0441
（occ_na）	[0.0580]	[0.0806]	[0.0300]	[0.0268]	[0.0321]
城镇	−0.00958	0.0514	−0.0243	−0.0169	−0.0295
（address）	[0.0390]	[0.0531]	[0.0230]	[0.0184]	[0.0251]
家庭规模	0.00254	0.00872	−0.0147**	−0.00887*	−9.9E−05
（hhsize）	[0.0127]	[0.0145]	[0.0059]	[0.0049]	[0.0065]
中等收入家庭	0.0763	−0.0287	0.0356	−0.0296	−0.032
（income_m）	[0.0583]	[0.0551]	[0.0259]	[0.0334]	[0.0324]
高收入家庭	0.00518	−0.0358	0.0351	−0.0096	−0.0242
（income_h）	[0.0613]	[0.0599]	[0.0260]	[0.0341]	[0.0311]
吸烟	0.0102	0.00568	0.00807	−0.00844	0.00919
（smoke）	[0.0618]	[0.0465]	[0.0196]	[0.0179]	[0.0261]
喝酒	−0.118**	0.0135	−0.0161	0.00268	0.0094
（alcoh）	[0.0576]	[0.0466]	[0.0204]	[0.0170]	[0.0361]
既往病史	0.0436	0.197***	0.132***	0.253***	0.0726
（eversick）	[0.0593]	[0.0533]	[0.0388]	[0.0573]	[0.0529]
身体不适	0.691***	0.636***	0.573***	0.464***	0.423***
（sick）	[0.0531]	[0.0538]	[0.0297]	[0.0395]	[0.0354]
常数项	0.0864	−0.0629	−0.0373	0.0673	−0.064
（_cons）	[0.1203]	[0.1478]	[0.0801]	[0.0563]	[0.0748]
省份	控制	控制	控制	控制	控制
年份	控制	控制	控制	控制	控制
样本量	285	328	1260	999	880
调整 R^2	0.6606	0.6058	0.5289	0.5098	0.4013

注：中括号内是稳健标准误；*、**、***分别表示在10%、5%、1%显著性水平下显著。

本书将教育程度分为五类：文盲、小学毕业、初中毕业、高中毕业、大专及以上毕业，在表4-23中，模型（1）对应的为文盲样本，模型（2）对应的为小学毕业样本，模型（3）对应的为初中毕业样本，模型（4）对应的为高中毕业样本，模型（5）对应的为大专及以上毕业样本；所有模型的被解释变量为过去两周是否门诊。回归结果表明：大专及以上学历样本在购买城职保后门诊概率增长了7.34%，在5%置信水平下显著，而其他样本在购买城职保之后门诊概率均稍有增加，只是增加量不同，结果也都不显著。这可能是因为高中及以上学历的样本找到的工作更为正规，工作单位以实际工资为基础交社保费用的可能性更大，所以个人账户余额积累速度快，就诊时无须额外支付医疗费用的可能性更高，对经济负担的减轻作用更为明显，能够更有效地释放医疗需求，增加门诊概率。其他样本参保后同样能够享受城职保的保障，但是可能个人账户余额积累速度慢一些，导致参保人仍然存在经济压力，所以门诊概率的增加结果不显著。

5. 分收入回归

表4-24　分收入样本下城职保对门诊的影响

变量	（1）	（2）	（3）
	低收入家庭	中等收入家庭	高收入家庭
交互效应	-0.0298	0.0193	0.0492**
（treat×time）	[0.0600]	[0.0271]	[0.0205]
处理变量	0.0684	0.00436	0.0393**
（treat）	[0.0427]	[0.0192]	[0.0155]
时期	0.0239	0.00624	0.0248*
（time）	[0.0385]	[0.0186]	[0.0150]
41~59岁	-0.0102	0.0326**	0.0277*
（age41_59）	[0.0344]	[0.0155]	[0.0147]
60岁及以上	-0.0362	0.0547*	0.0524**
（age60up）	[0.0757]	[0.0324]	[0.0235]
性别	0.064	-0.00856	0.00456
（sex）	[0.0406]	[0.0173]	[0.0125]
民族	-0.134*	-0.0064	0.00312
（nation）	[0.0735]	[0.0232]	[0.0170]
已婚	0.0599	0.00852	0.0126
（married）	[0.0419]	[0.0187]	[0.0143]
离婚或丧偶	0.0132	-0.0163	0.000223
（divorce）	[0.0931]	[0.0434]	[0.0325]
小学	0.1	-0.0387	0.0215
（primary）	[0.0831]	[0.0361]	[0.0299]

续表

变量	（1）	（2）	（3）
	低收入家庭	中等收入家庭	高收入家庭
初中	0.000613	−0.00451	0.0288
（junior）	[0.0755]	[0.0323]	[0.0266]
高中	0.0418	−0.018	0.0189
（high）	[0.0779]	[0.0317]	[0.0264]
大专及以上	0.0643	−0.00034	−0.0005
（college）	[0.0824]	[0.0355]	[0.0289]
一般单位	−0.0467	−0.0406**	−0.0213*
（occ_or）	[0.0345]	[0.0168]	[0.0129]
国有单位	0.029	−0.0372	0.0186
（occ_na）	[0.0656]	[0.0234]	[0.0210]
城镇	0.000946	−0.0583***	0.0194
（address）	[0.0364]	[0.0211]	[0.0169]
家庭规模	−0.0137	−0.00963*	−0.00177
（hhsize）	[0.0107]	[0.0051]	[0.0043]
吸烟	−0.0407	0.0517***	−0.0241
（smoke）	[0.0417]	[0.0183]	[0.0152]
喝酒	−0.0458	−0.0133	0.00425
（alcoh）	[0.0427]	[0.0210]	[0.0156]
既往病史	0.0584	0.151***	0.200***
（eversick）	[0.0636]	[0.0390]	[0.0301]
身体不适	0.585***	0.547***	0.513***
（sick）	[0.0558]	[0.0312]	[0.0229]
常数项	−0.245	0.162***	−0.124**
（_cons）	[0.1614]	[0.0544]	[0.0521]
省份	控制	控制	控制
年份	控制	控制	控制
样本量	370	1237	2145
调整 R^2	0.5291	0.5594	0.5162

注：中括号内是稳健标准误；*、**、*** 分别表示在 10%、5%、1% 显著性水平下显著。

本书将家庭人均收入排序，前 33.33% 的家庭归为低收入家庭，中间 33.33% 的家庭归为中等收入家庭，排位最高的三分之一家庭归为高收入家庭。

在表4-24中，模型（1）对应的为低收入家庭样本，模型（2）对应的为中等收入家庭样本，模型（3）对应的为高收入家庭样本；各个模型的被解释变量都是过去四周是否门诊。回归结果表明：在购买城职保之后，低收入家庭样本的门诊概率降低了2.98%，结果不显著；中等收入家庭样本的门诊概率增加长了1.93%，结果不显著；而高等收入家庭的样本门诊概率增长了4.92%，结果在5%置信水平下显著。因此，不同等级收入样本对门诊的影响方向不同，医疗保险能够使低收入家庭减少门诊次数，中高收入家庭增加门诊次数。低收入家庭减少门诊次数的最大原因应该是医药费因医疗保险的存在而大幅上涨，此时门诊医药费甚至会超过没有医疗保险时的情形，故而城职保无法促使这类家庭增加门诊次数，反而因经济负担加重，在无较重疾病或受伤时不去医院就诊，从而降低了门诊概率；中等收入家庭的工作压力也相对更高，作息不规律现象更为严重，但是另一方面他们又更关注自己的身体健康，有点小毛病都会去医院就诊，也有足够的经济能力负担医疗支出，从而导致门诊概率增加；高收入家庭的门诊概率显著增加的结果也证实了该观点，因为高收入家庭的工作压力会更大，因身体不适就医的可能性更高。

以上分样本回归的结果表明：城职保可以增加门诊概率，这很可能是正常医疗需求的释放与道德风险相互作用的结果。正常医疗需求的释放导致门诊可能性提高，而事前道德风险导致参保人选择不健康生活方式，健康变差，门诊概率增加，事后道德风险导致参保人就诊时实际支付的费用反而更多，从而倾向于选择不就诊，而在病情稍微严重时，参保者更愿意选择住院治疗，得到更高的报销比例。这些影响相互抵消，在城职保个人账户余额充足的情形下，道德风险所产生的效果由城职保个人账户承担，参保人无须额外支付医疗费用，正常医疗需求释放发挥主导作用，表现为门诊概率增加。这一结论与全样本分析的结果一致。

第五章 城镇职工医疗保险经济效应的 实证分析

正如上一章所讨论的，医疗保险的存在可能会引发参保者的"事前道德风险"，导致他们可能选择不健康的生活方式，从而增加了身体不适的概率。当参保者生病时，他们为了治疗而利用医疗服务，这通常需要支付一定的医疗费用，这无疑会加重他们的经济负担。然而，医疗保险能够报销一部分医疗费用，从而减轻参保者的经济压力，但这也可能导致医疗价格的扭曲，此时患者对医疗费用的价格变化不太敏感，容易发生道德风险，可能会导致过度治疗，进而增加总医疗费用。但是，扣除医疗保险报销的部分后，参保者实际支付的费用是否增加，这取决于道德风险的程度，并且最终会影响大病支出的发生情况。

在第三章的描述性统计分析中，我们发现医疗保险显著增加了医疗费用支出，道德风险非常明显。即使医疗保险报销了一部分费用，参保者的自付费用与参保前相比也没有明显降低，自付比例仍然较高。这些结果似乎表明，医疗保险并没有减轻人们的经济负担，这可能会引发我们对城镇职工医疗保险作用的质疑。但是，由于购买保险和未购买保险的群体在风险意识、健康水平和就医倾向等方面存在差异，因此描述性统计的分析结果需要进一步的实证研究来验证。在本章中，我们将通过构建 Heckman 样本选择模型来实证分析医疗保险的经济效应，以更客观地评估医疗保险的经济影响。

本章的结构安排如下：第一节将分析医疗保险对医疗支出的影响，主要关注的变量包括总医疗支出、自付医疗支出和自付比例；第二节将探讨医疗保险对大病支出的影响，主要关注的变量是大病支出的发生情况。

第一节 医疗支出的变化

正如之前所讨论的，医疗保险可能会导致总医疗支出的增加，而个人自付支出可能上升也可能下降。然而，有一点是肯定的，那就是在医疗保险参与报销的情况下，个人自付的比例会降低。在评估城镇职工医疗保险对医疗支出的影响时，需要注意到医疗支出的增加往往是医疗技术进步和药品价格上涨的结果。为了控制这些外部因素的影响，本书遵循了程令国、张晔（2012）的研究方法，将总医疗支出、自付医疗支出和自付比例作为因变量，并采用了差分内差分（DID）的面板数据分析方法。此外，为了纠正因大量零支出数据而可能引起的估计偏误，本书采用了 Heckman 样本选择模型来进行实证分析。

本节我们将从三个维度来实证分析城镇职工医疗保险对医疗支出的影响：一是探讨城镇职工医疗保险对总医疗支出的影响；二是分析其对个人自付医疗支出的影响；三是评估其对自付比例的影响。

一、总医疗支出的变化

正如第一章所讨论的，由于道德风险的影响，参保者可能会选择过度治疗，医院也可能漫天要价，甚至参保者可能与医生或医院串通，骗取医疗保险基金，这些行为都可能导致医疗费用急剧增加。与此同时，对于那些患有严重疾病的患者，在没有医疗保险的情况下，他们可能因为医疗费用过高而无法承担，不得不放弃治疗。然而，一旦有了医疗保险，大部分的医疗费用将由保险来承担，这解决了他们面临的"看病难、看病贵"问题，从而激发了一部分医疗需求，这最终也会导致总医疗费用的增加。

（一）全样本分析

根据第三章第一节构建的样本选择模型，本节使用两步法来计算城职保对总医疗支出的影响。第一步的选择方程为：

$$P(I_i = 1) = P(\beta_0 + \beta_1 treat_i + \beta_2 time + \beta_3 treat_i \times time + \beta_4 X_{tid} + \delta_s + \varepsilon_{tid} > 0)$$

$$(5-1)$$

上式计算了样本发生正的医疗支出的概率，使用 Probit 模型估计。而第二步的支出方程为：

$$\ln(topay_{tid}| I_i = 1) = \beta'_0 + \beta'_1 treat_i + \beta'_2 time + \beta'_3 treat_i \times time + \beta'_4 X_{tid} + \rho\sigma_2\lambda_i + \delta'_s + \varepsilon'_{tid}$$

$$(5-2)$$

在以上两个式子中，$topay_{tid}$ 表示医疗支出；虚拟变量 $treat$ 仍然表示是否购买了城职保，购买城职保的样本归为处理组，取值为 1，未购买城职保的样本归为控制组，取值为 0；虚拟变量 $time$ 表示时间变量，第一期所有样本均未购买任何医疗保险时取值为 0，第二期有部分样本购买城职保时取值为 1；X_{tid} 为控制变量，包括年龄、年龄的平方、性别、民族、婚姻状况、教育程度、职业、常住地址、收入、既往病史、是否吸烟、是否喝酒，并且选择方程的控制变量还增加了是否有其他亲人。δ_s 为省哑变量。ρ 为 ε_{tid}、ε'_{tid} 的相关系数，σ_1 为式

（5-1）的标准差，σ_2 为式（5-2）的标准差，λ_i 表示计算的逆米尔斯比率。

表 5-1 城职保对总医疗支出（对数）的影响

被解释变量：总医疗支出的对数	选择方程		支出方程	
变量	边际效应	标准误	系数	自助标准误
交互效应（treat×time）	0.0195	0.0233	0.0228	0.0972
处理效应（treat）	0.0345**	0.0172	0.155*	0.0801
时期（time）	0.138***	0.012	0.181*	0.1053
年龄（age）	−0.00355	0.0023	−0.00466	0.0114
年龄平方（age2）	0.0000663***	0	0.000210*	0.0001
性别（sex）	−0.0577***	0.0132	−0.0693	0.0691
民族（nation）	0.0106	0.0167	0.0123	0.0821
已婚（married）	−0.0564***	0.0191	0.217**	0.1
离婚或丧偶（divorce）	−0.0931***	0.0275	0.208	0.1347
小学（primary）	−0.007	0.02	0.195**	0.0877
初中（junior）	−0.0173	0.0188	0.045	0.0879
高中（high）	−0.0324	0.0206	0.0836	0.1036
大专及以上（college）	0.0164	0.0236	−0.083	0.1143
一般单位（occ_or）	0.0317**	0.0127	−0.258***	0.0599
国有单位（occ_na）	−0.0193	0.0206	−0.126	0.1014
城镇（address）	−0.0554***	0.0126	0.158**	0.073
收入的对数（lninc）	0.00904*	0.0053	0.126***	0.0248
吸烟（smoke）	0.005	0.0141	0.0301	0.072
喝酒（alcoh）	−0.0341**	0.0158	−0.149*	0.0825
既往病史（eversick）	0.240***	0.0193	0.730***	0.1403
身体不适（sick）	0.235***	0.0118	0.379**	0.1602
是否有其他亲人（family）	−0.0427*	0.0226		
逆米尔斯比率			−2.509*	1.3706
常数项（_cons）			6.151***	0.8209
省份	控制		控制	
样本量	8055		4275	

注：*、**、*** 分别表示在 10%、5%、1%显著性水平下显著。

根据表 5-1 中的计算结果，本书发现在控制医疗技术进步、药价上涨等因素之后，购买城职保后参保者发生正的医疗支出的概率增长了 1.95%，结果并不显著，这与第四章城职保对门诊效应的计算结果相同，表明医疗保险提高了医疗服务利用率，购买医疗保险之后医疗费用可以报销，参保者不用担心给家庭带来沉重的经济压力，所以在发现身体有不适症状时敢于及时就医，从而能够充分地释放医疗需求，提高医疗服务利用率。而对于产生了医疗支出的参保者来说，其支付的费用会有所上涨，总医疗支出比参保前增长了102.3%，结果不显著，这很可能是有滥用药、用贵药好药等过度治疗导致的结果，存在一定的道德风险，这与 Hou、Van De Poel、Van Doorslaer 等（2014），陈华、邓佩云（2016）等学者的研究结果相同[①]。

支出方程中时期变量的系数为0.181，意味着随着时间的变化，控制组样本的总医疗费用上涨119.8%，在10%置信水平下显著，这说明技术进步、药价上涨等与时间相关的因素是导致医疗费用增加的主要原因，与直觉认知一致。处理效应的系数为0.155，意味着参保前处理组样本比控制组样本的总医疗支出多116.77%，存在逆向选择问题。

除此之外，年龄平方、已婚、小学、一般单位、常住地址、家庭人均收入、喝酒、既往病史、身体不适也对总医疗支出有显著影响。年龄平方的系数为正，说明总医疗支出随年龄增长先降后增，呈现"U"形，与实际情况一致；已婚人士的总医疗支出比未婚者高124.23%，可能是因为已婚者年龄普遍较大，生病概率增加；小学毕业样本的系数为正，可能是因为这部分群体没有高学历找不到轻松工作，生活负担较重，工作强度和压力较大，生病可能性增加；一般单位的系数为负，因为在普通单位工作的职工迫于工作压力，在身体不是出现比较严重症状时一般不会去医院就诊，医疗支出相对较低；常住地址的系数为正，说明城镇居民比农村居民医疗费用高，这符合实际情况；收入的系数为正，说明收入越高总医疗费用越高，这是因为收入越高，越能负担得起看病时需要个人支付的费用，愿意用好药贵药加快疗效；喝酒的系数为负，说明经常喝养生酒的人更注重日常保健，生病可能性低，医疗费用少；有既往病史和身体不适的样本医疗费用更高，这符合人们的一般认知。

（二）稳健性检验

在上面实证结果中，本书发现购买城镇职工医疗保险以后总医疗支出会有所增加。为了保证以上结果的可靠性，本书重新使用固定效应模型和双重差分（DID）模型检验城职保对总医疗支出的影响，结果如表5-2所示。

---

① Hou Z，Van De Poel E，Van Doorslaer E，et al. Effects of Ncms on Access to Care and Financial Protection in China［J］. Health Economics，2014，23（8）：917-934. 陈华，邓佩云. 城镇职工基本医疗保险的健康绩效研究——基于chns数据［J］. 社会保障研究，2016（4）：44-52.

表 5-2　总医疗支出（对数）的稳健性检验

变量	固定效应模型		DID 模型	
	系数	标准误	系数	稳健标准误
交互效应（treat×time）	0.00748	0.1032	0.0478	0.1000
处理效应（treat）	0.200**	0.0824	0.227***	0.0796
时期（time）	-0.00933	0.0563	0.0217	0.0564
年龄（age）	-0.00693	0.0101	-0.00472	0.0104
年龄平方（age2）	0.000269***	0.0001	0.000256**	0.0001
性别（sex）	-0.138**	0.0593	-0.161***	0.059
民族（nation）	0.0289	0.078	-0.0438	0.0812
已婚（married）	0.132	0.0841	0.131	0.0888
离婚或丧偶（divorce）	0.0944	0.1205	0.0808	0.1259
小学（primary）	0.186**	0.0848	0.228***	0.0855
初中（junior）	0.0216	0.0798	0.106	0.0816
高中（high）	0.0436	0.0899	0.112	0.0939
大专及以上（college）	-0.061	0.103	0.013	0.1039
一般单位（occ_or）	-0.219***	0.058	-0.209***	0.0569
国有单位（occ_na）	-0.146	0.0966	-0.134	0.1013
城镇（address）	0.0908	0.0568	0.105*	0.0575
收入的对数（lninc）	0.138***	0.0233	0.0954***	0.0247
吸烟（smoke）	0.0365	0.0639	0.0482	0.0645
喝酒（alcoh）	-0.193***	0.0747	-0.174**	0.0755
既往病史（eversick）	0.967***	0.0662	0.894***	0.0648
身体不适（sick）	0.657***	0.0502	0.642***	0.0499
常数项（_cons）	4.780***	0.3512	7.204***	0.3968
省份	控制		控制	
样本量	4276		4276	

注：*、**、***分别表示在10%、5%、1%显著性水平下显著。

如表 5-2 所示，稳健性检验的结果与 Heckman 样本选择模型的回归结果相似，证明本书得出的结果是稳健的。具体而言，购买城镇职工医疗保险以后总医疗支出会有所增加，但是增加的比例不大，结果不显著，这很可能是滥用药、用贵药好药等过度治疗导致的结果，存在一定的道德风险。

（三）样本的异质性分析

接下来本书将样本按性别和收入分类分析城职保对总医疗支出的效应，对全样本分析结果进行检验。

1. 分性别回归

表5-3 分性别样本下城职保对总医疗支出（对数）的影响

变量	男性		女性	
	（1）选择方程	（2）支出方程	（3）选择方程	（4）支出方程
交互效应	0.0409	−0.111	−0.00052	0.0906
（treat×time）	[0.0330]	[0.1610]	[0.0326]	[0.1386]
处理变量	0.0271	0.0814	0.0421*	0.204*
（treat）	[0.0243]	[0.1254]	[0.0242]	[0.1116]
时期	0.130***	−0.152	0.144***	0.233*
（time）	[0.0174]	[0.1760]	[0.0163]	[0.1323]
年龄	−0.00688**	0.0167	−0.00042	−0.0237*
（age）	[0.0033]	[0.0172]	[0.0033]	[0.0140]
年龄的平方	0.0000916***	9.94E−07	4.67E−05	0.000374***
（age2）	[0.0000]	[0.0002]	[0.0000]	[0.0001]
民族	−0.00969	−0.0187	0.0342	0.0348
（nation）	[0.0248]	[0.1162]	[0.0227]	[0.1016]
已婚	−0.0700***	0.161	−0.0392	0.320***
（married）	[0.0266]	[0.1610]	[0.0279]	[0.1224]
离婚或丧偶	−0.0487	0.193	−0.128***	0.282
（divorce）	[0.0410]	[0.2335]	[0.0382]	[0.1740]
小学	0.0387	0.202	−0.0517*	0.251**
（primary）	[0.0296]	[0.1550]	[0.0274]	[0.1180]
初中	−0.046	−0.0095	0.0206	0.048
（junior）	[0.0282]	[0.1461]	[0.0254]	[0.1053]
高中	−0.0516*	0.191	−0.00359	−0.0326
（high）	[0.0305]	[0.1653]	[0.0285]	[0.1321]

续表

变量	男性		女性	
	（1）	（2）	（3）	（4）
	选择方程	支出方程	选择方程	支出方程
大专及以上	−0.0248	−0.0847	0.0646*	−0.148
（college）	[0.0345]	[0.1664]	[0.0331]	[0.1452]
一般单位	0.0237	−0.346***	0.0410**	−0.211**
（occ_or）	[0.0188]	[0.0945]	[0.0172]	[0.0838]
国有单位	−0.0109	−0.146	−0.0317	−0.133
（occ_na）	[0.0298]	[0.1528]	[0.0286]	[0.1306]
城镇	−0.0444**	0.197*	−0.0648***	0.141
（address）	[0.0183]	[0.1027]	[0.0176]	[0.0890]
收入的对数	0.0130*	0.130***	0.00601	0.121***
（lninc）	[0.0078]	[0.0450]	[0.0073]	[0.0283]
吸烟	−0.00198	−0.00071	0.0646*	0.132
（smoke）	[0.0160]	[0.0777]	[0.0341]	[0.1399]
喝酒	−0.0332*	−0.262**	−0.0222	0.276
（alcoh）	[0.0174]	[0.1059]	[0.0455]	[0.2039]
既往病史	0.267***	0.882***	0.217***	0.584***
（eversick）	[0.0282]	[0.2688]	[0.0263]	[0.1550]
身体不适	0.223***	0.459*	0.240***	0.266
（sick）	[0.0179]	[0.2670]	[0.0156]	[0.1752]
是否有其他亲人	−0.00242		−0.103***	
（family）	[0.0298]		[0.0358]	
逆米尔斯比率		−1.816		−3.577**
（invmills）		[2.3326]		[1.4858]
常数项		5.186***		7.250***
（_cons）		[1.3903]		[1.0191]
省份	控制	控制	控制	控制
样本量	3944	1951	4103	2321

注：中括号内是稳健标准误；模型（2）和模型（4）的标准误是用 Bootstrap 法自助得到的；*、**、*** 分别表示在 10%、5%、1% 显著性水平下显著。

在表 5-3 中，模型（1）和模型（3）的选择方程使用 Probit 模型进行估计，给出的是边际效应。本书发现：在购买城职保以后，男性发生正的医疗支出的概率增长了4.09%，女性发生正的医疗支出的概率降低，只是降低幅度很小，同样说明医疗保险能够增加医疗服务利用率；而对于产生了医疗支出的参保者来说，男性支付的费用会下降111.74%，可能是因为健康好转，病情减轻导致的结果，支出方程中时期变量的系数为负值也验证了该观点的正确性，而女性支付的总医疗费用增长109.48%，存在一定的道德风险。

2. 分收入回归

表5-4 分收入样本下城职保对总医疗支出（对数）的影响

变量	低收入家庭		中等收入家庭		高收入家庭	
	（1）	（2）	（3）	（4）	（5）	（6）
	选择方程	支出方程	选择方程	支出方程	选择方程	支出方程
交互效应	0.0586	0.537*	−0.0106	0.294	0.0417	0.0485
（treat×time）	[0.0733]	[0.2886]	[0.0415]	[0.1968]	[0.0321]	[0.1501]
处理变量	−0.0192	0.429*	0.0433	0.370**	0.0391	−0.0173
（treat）	[0.0503]	[0.2461]	[0.0293]	[0.1611]	[0.0241]	[0.1200]
时期	0.149***	0.0484	0.123***	0.0468	0.104***	−0.311**
（time）	[0.0223]	[0.1971]	[0.0205]	[0.1518]	[0.0200]	[0.1301]
年龄	0.00294	−0.0095	−0.0017	−0.0319*	−0.00765**	0.0266
（age）	[0.0047]	[0.0229]	[0.0041]	[0.0189]	[0.0036]	[0.0180]
年龄的平方	2.91E−06	0.000246	5.37E−05	0.000536***	0.0000990***	−9.2E−05
（age2）	[0.0000]	[0.0002]	[0.0000]	[0.0002]	[0.0000]	[0.0002]
性别	−0.0756***	−0.290*	−0.0412*	0.043	−0.0672***	−0.0408
（sex）	[0.0276]	[0.1743]	[0.0229]	[0.1186]	[0.0198]	[0.1036]
民族	0.0566	0.171	−0.0125	−0.0169	−0.0219	0.0141
（nation）	[0.0346]	[0.1830]	[0.0293]	[0.1530]	[0.0256]	[0.1284]
已婚	−0.0623	0.338	−0.0662**	0.202	−0.0419	0.152
（married）	[0.0422]	[0.2371]	[0.0336]	[0.1982]	[0.0278]	[0.1242]
离婚或丧偶	−0.0833	0.224	−0.116**	0.261	−0.0859**	0.207
（divorce）	[0.0578]	[0.3359]	[0.0477]	[0.2629]	[0.0417]	[0.2058]
小学	−0.0142	0.119	0.023	0.187	−0.0205	0.169
（primary）	[0.0339]	[0.1342]	[0.0339]	[0.1578]	[0.0369]	[0.1591]
初中	0.0371	0.0227	−0.0213	0.134	−0.0296	−0.0666
（junior）	[0.0344]	[0.1550]	[0.0315]	[0.1468]	[0.0333]	[0.1381]

续表

变量	低收入家庭		中等收入家庭		高收入家庭	
	（1）	（2）	（3）	（4）	（5）	（6）
	选择方程	支出方程	选择方程	支出方程	选择方程	支出方程
高中	-0.0297	0.184	-0.0159	0.0208	-0.0477	0.0323
（high）	［0.0409］	［0.1974］	［0.0347］	［0.1529］	［0.0352］	［0.1590］
大专及以上	0.0629	-0.188	0.0397	-0.147	-0.0216	-0.107
（college）	［0.0526］	［0.2431］	［0.0418］	［0.2020］	［0.0380］	［0.1604］
一般单位	0.0706***	-0.281**	0.0081	-0.202**	0.0267	-0.220**
（occ_or）	［0.0260］	［0.1397］	［0.0209］	［0.0970］	［0.0206］	［0.0981］
国有单位	0.0325	-0.00598	-0.0909***	0.111	0.0151	-0.279**
（occ_na）	［0.0573］	［0.2674］	［0.0342］	［0.1987］	［0.0300］	［0.1393］
城镇	-0.0517**	0.0512	-0.0448**	0.147	-0.0571***	0.219**
（address）	［0.0249］	［0.1299］	［0.0211］	［0.1091］	［0.0214］	［0.1098］
收入的对数	-0.00043	0.0204	0.170***	0.664***	0.0488***	0.122
（lninc）	［0.0104］	［0.0451］	［0.0259］	［0.2103］	［0.0151］	［0.0909］
吸烟	0.00499	0.198	0.0198	0.0708	0.00371	-0.0128
（smoke）	［0.0294］	［0.1567］	［0.0240］	［0.1173］	［0.0216］	［0.0993］
喝酒	-0.0126	-0.103	-0.02	-0.312**	-0.0557**	-0.0622
（alcoh）	［0.0341］	［0.1520］	［0.0274］	［0.1448］	［0.0235］	［0.1277］
既往病史	0.209***	1.162***	0.215***	0.959***	0.276***	0.283
（eversick）	［0.0406］	［0.2513］	［0.0333］	［0.2059］	［0.0292］	［0.2363］
身体不适	0.262***	1.034***	0.248***	0.559**	0.205***	0.117
（sick）	［0.0232］	［0.3192］	［0.0204］	［0.2583］	［0.0184］	［0.1972］
是否有其他亲人	-0.0704		0.00151		-0.0388	
（family）	［0.0514］		［0.0504］		［0.0303］	
逆米尔斯比率				-0.0824		-5.807***
（invmills）				［2.0449］		［1.9309］
常数项		1.678		0.313		7.311***
（_cons）		［2.1010］		［2.8773］		［1.5453］
省份	控制	控制	控制	控制	控制	控制
样本量	1791	982	2742	1405	3516	1888

注：中括号内是稳健标准误；模型（2）、模型（4）和模型（6）的标准误是用 Bootstrap 法自助得到的；*、**、*** 分别表示在 10%、5%、1%显著性水平下显著。

在表5-4中，模型（1）、模型（3）、模型（5）的选择方程使用Probit模型进行估计，给出的是边际效应。本书发现：在购买城职保以后，低收入家庭和高收入家庭发生正的医疗支出的概率都会提高，只是结果都不显著，而中等收入家庭发生正的医疗支出的概率会稍有降低。说明医疗保险能够提高医疗服务利用率，并且对低收入家庭的提高作用更明显，增加的总医疗费用也最多，能够让曾经看不起病的人不再因经济问题拒绝就医，从而提高医疗服务利用率。

通过分收入回归分解正常医疗需求和道德风险所带来的医疗支出上涨，本书认为，对于产生医疗支出的参保者来说，低收入家庭最有可能"因病致贫、因病返贫"，所以医疗保险的兜底功能可以释放出本来"看不起病"的患者的需求，使得总医疗支出增长了171.09%，充分释放出正常医疗需求；中等收入家庭在没有医疗保险的情况下也能够支付医疗费用，故而医疗费用的增加主要来源于道德风险，使得支付的费用增长了134.18%；高等收入家庭支付的费用增加程度最低，这是因为他们即便没有保险的情况下也有能力支付医疗费，所以小病大治等道德风险问题比中等收入家庭小，总医疗支出上涨的程度较小，大概可以增长104.97%。

样本的异质性分析结果与全样本回归结果一致，参保人购买城职保后，基本上都会提高医疗服务利用率，与第四章第三节的结果相同，但是一旦就诊，总医疗支出必然会高于参保前的状况，能够充分释放正常医疗需求，使总医疗费用增长171.09%，也存在一定的道德风险，导致总医疗支出增长134.18%。

二、自付医疗支出的变化

自付医疗支出是个人实际承担的医疗费用，计算方式是将总医疗支出中医疗保险报销的部分扣除。这种支出的变化是由两种相互对立的力量所决定的。一方面，道德风险的存在和医疗需求的释放，可能会导致总医疗支出的增加；另一方面，医疗保险的报销减轻了个人的经济负担，从而减少了实际需要支付的医疗支出。自费医疗支出的最终变化，取决于这两种力量之间的相对大小。如果总医疗支出的增长超过了医疗保险的报销额度，那么自付医疗支出将会增加。相反，如果总医疗支出的增长低于医疗保险的报销额度，那么自付医疗支出将会减少。而如果两者的增长幅度相等，自费医疗支出则将保持不变。

（一）全样本分析

在被解释变量为自付医疗支出时，构建的Heckman样本选择模型中第一步选择方程与式（5-1）相同，只是该式计算了样本发生正的自付医疗支出的概率，同样使用 Probit 模型估计。而第二步的支出方程为：

$$\ln(selfpay_{tid}|I_i = 1) = \beta'_0 + \beta'_1 treat_i + \beta'_2 time + \beta'_3 treat_i \times time +$$
$$\beta'_4 X_{tid} + \rho\sigma_2\lambda_i + \delta'_s + \varepsilon'_{tid} \tag{5-3}$$

以上式子中，$selfpay_{tid}$ 表示实际自付医疗支出；其他变量的含义与式（5-1）和式（5-2）相同，仍然使用差分内差分（DID）的面板结构，得出的结果如表 5-5 所示。

表 5-5 城职保对自付医疗支出的影响

被解释变量：自付支出的对数变量	选择方程		支出方程	
	边际效应	标准误	系数	自助标准误
交互效应（treat×time）	0.0635***	0.0218	−0.233	0.1493
处理效应（treat）	−0.0192	0.0169	0.182	0.1171
时期（time）	0.0806***	0.0115	−0.148	0.113
年龄（age）	−0.00449**	0.0021	0.00864	0.0126
年龄平方（age2）	0.0000555***	0	7.08E−05	0.0001
性别（sex）	−0.0154	0.0124	−0.176**	0.0786
民族（nation）	0.0906***	0.0155	−0.250**	0.1272
已婚（married）	−0.0440**	0.0179	0.330**	0.1363
离婚或丧偶（divorce）	−0.0850***	0.0256	0.313*	0.1816
小学（primary）	−0.0610***	0.0182	0.382**	0.1216
初中（junior）	−0.101***	0.0171	0.245	0.1534
高中（high）	−0.106***	0.019	0.371**	0.1676
大专及以上（college）	−0.0792***	0.0218	0.0532	0.145
一般单位（occ_or）	0.0232*	0.0121	−0.189**	0.0781
国有单位（occ_na）	−0.005	0.0197	−0.172	0.1371
城镇（address）	−0.0619***	0.0118	0.232**	0.0983
收入的对数（lninc）	0.0578***	0.0053	0.0172	0.0717
吸烟（smoke）	−0.0252*	0.0134	0.182**	0.0812
喝酒（alcoh）	−0.0300*	0.0153	−0.159	0.1071
既往病史（eversick）	0.199***	0.0156	0.585***	0.2166
身体不适（sick）	0.165***	0.0108	0.348*	0.187
是否有其他亲人（family）	−0.104***	0.0203		

续表

被解释变量：自付支出的对数变量	选择方程		支出方程	
	边际效应	标准误	系数	自助标准误
逆米尔斯比率			-2.76	1.7769
常数项（_cons）			7.011***	1.6516
省份	控制		控制	
样本量	8055		2678	

注：*、**、***分别表示在10%、5%、1%显著性水平下显著。

根据表5-5中的计算结果，本书发现购买城职保后参保者自付医疗支出大于0的概率增长了6.35%，结果在1%置信水平下显著，与前面对总医疗支出的分析一样，表明医疗保险提高了医疗服务利用率。而对于产生自付医疗支出的参保者来说，其支付的费用会略有下降，控制药费价格的变化之后，自付医疗支出比参保前降低了20.78%，结果不显著，说明医疗保险能够在一定程度上减轻了参保者的经济负担，但未达到预期效果，与封进、刘芳、陈沁（2010）以及臧文斌、刘国恩、徐菲等（2012）的研究结果相同，这很可能是滥用药、用贵药好药导致的结果，存在道德风险问题，所以自付医疗费用未明显降低。

支出方程中时期变量的系数为-0.148，意味着随着时间的变化，控制组样本的自付医疗费用略有下降，结果不显著，这说明技术进步、药价上涨等与时间相关的因素对自付医疗费用的影响不大。处理效应的系数为0.182，意味着参保前处理组样本比控制组样本的自付医疗支出多119.96%，存在逆向选择问题。

除此之外，性别、民族、婚姻状况、教育程度、一般单位、常住地址、吸烟、既往病史、身体不适也对自付医疗支出有显著影响。性别的系数为负，说明男性的自付医疗支出更低，因为男性生病概率低；民族的系数为负，说明少数民族自付医疗支出比汉族低，因为少数民族生病概率较低；已婚、离婚或丧偶者的自付医疗支出都比未婚者高，可能是因为他们年龄普遍较大，生病概率增加；小学毕业、高中毕业样本的系数都显著为正，可能是因为这部分群体没有足够高的学历找不到轻松工作，生活负担较重，工作强度和压力较大，生病可能性增加；一般单位的系数为负，因为在普通单位工作的职工迫于工作压力，在身体不是出现比较严重症状时一般不会去医院就诊，医疗支出相对较低，自付费用也就较低；常住地址的系数为正，说明城镇居民比农村居民的自付医疗费用高，这符合实际情况，因为城镇居民就医更便捷，对身体也更关注，医疗服务利用率高；吸烟的系数为正，因为吸烟在一定程度上代表人们的风险态度和健康意识，吸烟有害健康，生病的可能性更高，自付医疗支出增加；有既往病史和身体不适的样本需要利用更多医疗服务，自付医疗费用更高，这符合人们的一般认知。

（二）稳健性检验

在上面全样本分析过程中，本书发现购买城镇职工医疗保险以后自付医疗支出会有所减少。为了保证以上结果的可靠性，本书重新使用固定效应模型和双重差分（DID）模型检验城职保对自付医疗支出的影响，结果如表5-6所示。

表5-6　自付医疗支出（对数）的稳健性检验

变量	固定效应模型		DID 模型	
	系数	标准误	系数	稳健标准误
交互效应（treat×time）	−0.127	0.1361	−0.0845	0.1334
处理效应（treat）	0.145	0.1108	0.116	0.1086
时期（time）	−0.0238	0.0714	0.0207	0.0726
年龄（age）	0.00245	0.0128	0.0015	0.0131
年龄平方（age2）	0.000154	0.0001	0.000173	0.0001
性别（sex）	−0.202***	0.0743	−0.207***	0.0748
民族（nation）	−0.101	0.0936	−0.088	0.0942
已婚（married）	0.210**	0.1045	0.174	0.1108
离婚或丧偶（divorce）	0.19	0.1533	0.133	0.1599
小学（primary）	0.291***	0.1075	0.282***	0.1078
初中（junior）	0.0854	0.1017	0.0855	0.1026
高中（high）	0.201*	0.1138	0.184	0.1221
大专及以上（college）	−0.0621	0.1293	−0.0786	0.1315
一般单位（occ_or）	−0.145*	0.0766	−0.104	0.0759
国有单位（occ_na）	−0.169	0.1258	−0.124	0.1355
城镇（address）	0.131*	0.0725	0.124*	0.0747
收入的对数（lninc）	0.113***	0.0337	0.109***	0.0379
吸烟（smoke）	0.149*	0.0819	0.149*	0.0824
喝酒（alcoh）	−0.211**	0.0982	−0.212**	0.101
既往病史（eversick）	0.899***	0.0828	0.878***	0.084
身体不适（sick）	0.617***	0.0641	0.624***	0.065

续表

变量	固定效应模型		DID 模型	
	系数	标准误	系数	稳健标准误
常数项 (_cons)	4.674***	0.4699	6.454***	0.5196
省份	控制		控制	
样本量	2678		2678	

注：*、**、***分别表示在10%、5%、1%显著性水平下显著。

如表5-6所示，稳健性检验的结果与 Heckman 样本选择模型的回归结果相似，证明本书得出的结果是稳健的。具体而言，在控制医药费价格变化的情况下，购买城镇职工医疗保险以后自付医疗支出比参保前分别降低了11.93%（固定效应模型）和8.1%（双重差分模型），结果不显著，说明医疗保险能够在一定程度上减轻参保者的经济负担，但未达到预期效果。

（三）样本的异质性分析

接下来本书将样本按性别和收入分类分析城职保对自付医疗支出的效应，对全样本分析结果进行检验。

1. 分性别回归

表5-7 分性别样本下城职保对自付医疗支出的影响

变量	男性		女性	
	（1）	（2）	（3）	（4）
	选择方程	支出方程	选择方程	支出方程
交互效应	0.0454	-0.414*	0.0879***	-0.0993
（treat×time）	[0.0303]	[0.2218]	[0.0311]	[0.2006]
处理变量	-0.00612	0.108	-0.0351	0.261
（treat）	[0.0233]	[0.1666]	[0.0243]	[0.1617]
时期	0.0658***	-0.171	0.0923***	-0.209
（time）	[0.0163]	[0.1756]	[0.0161]	[0.1270]
年龄	-0.00544*	0.0534**	-0.00315	-0.0211
（age）	[0.0030]	[0.0230]	[0.0031]	[0.0168]
年龄的平方	0.0000619**	-0.00038	4.71E-05	0.000369**
（age2）	[0.0000]	[0.0002]	[0.0000]	[0.0002]
民族	0.0583***	-0.366*	0.119***	-0.195
（nation）	[0.0222]	[0.1953]	[0.0216]	[0.1626]

续表

变量	男性		女性	
	（1）	（2）	（3）	（4）
	选择方程	支出方程	选择方程	支出方程
已婚	-0.0603**	0.346	-0.0308	0.412***
（married）	[0.0241]	[0.2294]	[0.0269]	[0.1566]
离婚或丧偶	-0.0478	0.523*	-0.130***	0.232
（divorce）	[0.0367]	[0.2816]	[0.0371]	[0.2237]
小学	-0.0440*	0.556***	-0.0841***	0.334**
（primary）	[0.0260]	[0.1882]	[0.0258]	[0.1685]
初中	-0.137***	0.585*	-0.0672***	0.147
（junior）	[0.0250]	[0.3492]	[0.0238]	[0.1548]
高中	-0.121***	0.798**	-0.0960***	0.176
（high）	[0.0272]	[0.3257]	[0.0269]	[0.1994]
大专及以上	-0.125***	0.424	-0.0438	-0.116
（college）	[0.0308]	[0.3366]	[0.0314]	[0.2037]
一般单位	0.0109	-0.294**	0.0373**	-0.115
（occ_or）	[0.0174]	[0.1211]	[0.0168]	[0.1063]
国有单位	-0.0032	-0.241	-0.00813	-0.196
（occ_na）	[0.0277]	[0.2314]	[0.0281]	[0.1738]
城镇	-0.0406**	0.398***	-0.0828***	0.145
（address）	[0.0167]	[0.1528]	[0.0167]	[0.1168]
收入的对数	0.0556***	-0.0541	0.0611***	0.0145
（lninc）	[0.0077]	[0.1524]	[0.0074]	[0.0725]
吸烟	-0.0372**	0.251*	0.0321	0.138
（smoke）	[0.0146]	[0.1314]	[0.0320]	[0.1945]
喝酒	-0.0355**	-0.238*	0.0264	0.305
（alcoh）	[0.0163]	[0.1363]	[0.0430]	[0.3156]
既往病史	0.200***	0.386	0.202***	0.522**
（eversick）	[0.0224]	[0.4729]	[0.0218]	[0.2074]
身体不适	0.162***	0.0823	0.163***	0.351**
（sick）	[0.0158]	[0.4026]	[0.0148]	[0.1715]
是否有其他亲人	-0.0499*		-0.198***	
（family）	[0.0263]		[0.0323]	

变量	男性		女性	
	（1） 选择方程	（2） 支出方程	（3） 选择方程	（4） 支出方程
逆米尔斯比率 （invmills）		−5.512 [3.8256]		−2.545* [1.4704]
常数项 （_cons）		7.886** [3.2433]		7.601*** [1.5252]
省份	控制	控制	控制	控制
样本量	3944	1236	4103	1439

注：中括号内是稳健标准误；模型（2）和模型（4）的标准误是用 Bootstrap 法自助得到的；*、**、*** 分别表示在 10%、5%、1%显著性水平下显著。

在表 5-7 中，模型（1）和模型（3）的选择方程使用 Probit 模型进行估计，给出的是边际效应。本书发现：无论男性还是女性，在购买城职保以后，发生正的自付医疗支出的概率都会提高，只是男性的提高幅度不显著，而女性的提高幅度非常显著，达到了 8.79%；而对于产生自付医疗支出的参保者来说，男性自付医疗支出显著降低了 151.29%，女性自付医疗支出减少了 110.44%。

男性和女性发生正的自付医疗费用和实际自付费用的变动方向一致，医疗保险可以释放患者正常的医疗需求，所以二者都会在参加医疗保险之后提高医疗服务利用率，同时考虑到女性患小病的可能性大于男性，所以女性会更多地使用医疗服务，增加就诊次数；另外，由于医疗保险主要保大病支出，能够大幅减少个人自付的住院费用，对小病的保障效果不明显，表现为门诊时仍然需要使用本人的个人账户余额付款，所以女性的自付医疗费用下降幅度很小，男性大多于患大病时去医院就诊，所以自付医疗费用得以大幅减少。

2. 分收入回归

表 5-8　分收入样本下城职保对自付医疗支出的影响

变量	低收入家庭		中等收入家庭		高收入家庭	
	（1） 选择方程	（2） 支出方程	（3） 选择方程	（4） 支出方程	（5） 选择方程	（6） 支出方程
交互效应 （treat×time）	−0.0557 [0.0695]	−0.261 [0.4408]	−0.00821 [0.0359]	−0.213 [0.2464]	0.121*** [0.0301]	−0.376 [0.2446]

续表

变量	低收入家庭		中等收入家庭		高收入家庭	
	（1）	（2）	（3）	（4）	（5）	（6）
	选择方程	支出方程	选择方程	支出方程	选择方程	支出方程
处理变量	0.000886	0.191	0.0316	0.191	−0.0367	0.227
（treat）	[0.0503]	[0.3003]	[0.0266]	[0.2024]	[0.0237]	[0.1569]
时期	0.0967***	−0.163	0.015	0.0981	0.0425**	−0.0918
（time）	[0.0215]	[0.1849]	[0.0182]	[0.1269]	[0.0192]	[0.1212]
年龄	0.00525	−0.0145	−0.00216	−0.0248	−0.00957***	0.0327
（age）	[0.0044]	[0.0314]	[0.0035]	[0.0259]	[0.0033]	[0.0239]
年龄的平方	−2.4E−05	0.000217	8.52E−06	0.000444*	0.000109***	−0.00015
（age2）	[0.0000]	[0.0003]	[0.0000]	[0.0003]	[0.0000]	[0.0003]
性别	−0.0454*	−0.283	0.00761	0.0512	−0.0296	−0.209*
（sex）	[0.0266]	[0.1844]	[0.0199]	[0.1466]	[0.0185]	[0.1198]
民族	0.114***	−0.124	0.0301	−0.144	0.0476**	−0.23
（nation）	[0.0326]	[0.2955]	[0.0246]	[0.1887]	[0.0238]	[0.1458]
已婚	−0.104***	0.603*	0.00746	0.497*	−0.0442*	0.15
（married）	[0.0402]	[0.3150]	[0.0292]	[0.2615]	[0.0259]	[0.1822]
离婚或丧偶	−0.191***	0.491	−0.0423	0.466	−0.0635	0.148
（divorce）	[0.0539]	[0.4551]	[0.0419]	[0.3356]	[0.0387]	[0.2542]
小学	−0.0700**	0.153	−0.0425	0.207	−0.0411	0.495**
（primary）	[0.0319]	[0.2185]	[0.0282]	[0.2063]	[0.0330]	[0.2036]
初中	−0.0176	−0.0221	−0.124***	0.328	−0.0974***	0.186
（junior）	[0.0322]	[0.2079]	[0.0268]	[0.2983]	[0.0299]	[0.2320]
高中	−0.0729*	0.341	−0.103***	0.316	−0.108***	0.323
（high）	[0.0387]	[0.2824]	[0.0294]	[0.2886]	[0.0319]	[0.2711]
大专及以上	−0.0143	−0.21	−0.0700**	0.0773	−0.0997***	0.0335
（college）	[0.0497]	[0.2761]	[0.0354]	[0.2857]	[0.0344]	[0.2491]
一般单位	0.00822	−0.357**	0.00289	−0.068	0.0379*	−0.169
（occ_or）	[0.0251]	[0.1514]	[0.0184]	[0.1294]	[0.0198]	[0.1344]
国有单位	0.0822	−0.39	−0.0732**	0.0694	0.0355	−0.244
（occ_na）	[0.0529]	[0.4011]	[0.0311]	[0.2871]	[0.0286]	[0.1873]
城镇	−0.0466**	0.137	−0.0345*	0.253*	−0.0405**	0.156
（address）	[0.0236]	[0.1560]	[0.0180]	[0.1421]	[0.0200]	[0.1413]

续表

变量	低收入家庭		中等收入家庭		高收入家庭	
	（1）	（2）	（3）	（4）	（5）	（6）
	选择方程	支出方程	选择方程	支出方程	选择方程	支出方程
收入的对数	0.112***	-0.0835	0.439***	-0.353	0.124***	-0.101
（lninc）	[0.0119]	[0.2002]	[0.0213]	[0.8453]	[0.0138]	[0.2092]
吸烟	0.0332	0.299	-0.0398*	0.182	-0.0264	0.0981
（smoke）	[0.0282]	[0.1874]	[0.0209]	[0.1620]	[0.0205]	[0.1217]
喝酒	-0.0365	-0.128	-0.0117	-0.399**	-0.0397*	-0.0835
（alcoh）	[0.0334]	[0.2112]	[0.0243]	[0.1832]	[0.0228]	[0.1786]
既往病史	0.179***	0.826***	0.225***	0.631	0.185***	0.455
（eversick）	[0.0339]	[0.3069]	[0.0250]	[0.4083]	[0.0236]	[0.3133]
身体不适	0.192***	0.491	0.181***	0.322	0.134***	0.415*
（sick）	[0.0220]	[0.3272]	[0.0171]	[0.3455]	[0.0168]	[0.2353]
是否有其他亲人	-0.188***		-0.0502		-0.0824***	
（family）	[0.0472]		[0.0416]		[0.0271]	
逆米尔斯比率		-0.806		-1.696		-3.458
（invmills）		[2.5468]		[2.9014]		[2.6205]
常数项		5.336		9.757		8.531***
（_cons）		[3.7208]		[9.0963]		[3.2524]
省份	控制	控制	控制	控制	控制	控制
样本量	1776	648	2742	855	3516	1175

注：中括号内是稳健标准误；模型（2）、模型（4）和模型（6）的标准误是用 Bootstrap 法自助得到的；*、**、***分别表示在 10%、5%、1%显著性水平下显著。

在表 5-8 中，模型（1）、模型（3）、模型（5）的选择方程使 Probit 模型进行估计，给出的是边际效应。本书发现：在购买城职保以后，低收入家庭和中等收入家庭发生正的自付医疗支出的概率都会降低，只是结果都不显著，而高收入家庭发生正的自付医疗支出的概率会显著增加，说明可能因为医疗保险导致药价上涨，参保人即使有医疗保险报销部分医药费，但最终实际支付的金额反而高于参保前，使得收入较低的参保人在没有大病重病的情况下不选择就医，从而医疗服务利用率下降，而高收入家庭能够负担得起自付医疗费用，只需要考虑实际医疗需求，此时医疗需求得以充分释放，医疗服务利用会增加。

对于产生自付医疗支出的参保者来说，低收入家庭的总医疗费用显著增加，但是自付医疗支出下降了 129.82%，医疗保险在低收入家庭中发挥了充分的作用；中等收入家庭和高收入家庭的总医疗费用也有所增加，存在明显道德风险问题，但是自付医疗费用仍然下降了 123.74% ~ 146.64%，医疗保险同样可以发挥减轻患者经济负担的作用。

样本的异质性分析结果与全样本回归结果一致，参保人购买城职保后，基本上都会提高医疗服务利用率，与第四章第三节及上一部分的结果相同，而一旦就诊，自负医疗支出会有所减少，结果基本都不显著，说明医疗保险能够在一定程度上减轻参保者的经济负担，但未达到预期效果。

三、自付比例的变化

自付比例是指个人自费支付的医疗支出占总医疗支出的百分比。在没有医疗保险的情况下，个人必须全额承担所有医疗支出，因此自付比例达到 100%。相反，一旦有了医疗保险，保险公司会承担一部分医疗费用，这就意味着个人需要支付的自费部分会少于总医疗支出，导致自付比例降低。自付比例的降低幅度，实际上反映了城镇职工医疗保险（城职保）的直接影响。

（一）全样本分析

在被解释变量为自付比例时，构建的 Heckman 样本选择模型中第一步选择方程与式（5-1）相同，只是该式计算了样本自付比例大于 0 的概率，同样使用 Probit 模型估计。而对于其中自付比例大于 0 的样本，第二步的自付比例方程为：

$$selfratio_{tid} = \beta'_0 + \beta'_1 treat_i + \beta'_2 time + \beta'_3 treat_i \times time +$$
$$\beta'_4 X_{tid} + \rho\sigma_2\lambda_i + \delta'_s + \varepsilon'_{tid} \tag{5-4}$$

以上式子中，$selfratio_{tid}$ 表示自付比例；其他变量的含义与式（5-1）和式（5-2）相同，仍然使用差分内差分（DID）的面板结构，得出的结果如表 5-9 所示。

表 5-9　城职保对自付比例的影响

被解释变量：自付比例变量	选择方程		自付比例方程	
	边际效应	标准误	系数	自助标准误
交互效应（treat×time）	-0.00776	0.0234	-0.0893 ***	0.025
处理效应（treat）	0.0366 **	0.0173	-0.0573 ***	0.0189
时期（time）	0.138 ***	0.0121	-0.00576	0.0204
年龄（age）	0.00254 ***	0.0005	-0.00254 ***	0.0006
性别（sex）	-0.0526 ***	0.0133	-0.00085	0.0142

被解释变量：自付比例变量	选择方程		自付比例方程	
	边际效应	标准误	系数	自助标准误
民族（nation）	0.0221	0.0164	−0.00704	0.013
已婚（married）	−0.0699***	0.017	0.0496***	0.019
离婚或丧偶（divorce）	−0.104***	0.027	0.0364	0.028
小学（primary）	−0.00332	0.0201	0.0175	0.0161
初中（junior）	−0.0111	0.0189	0.00223	0.0168
高中（high）	−0.0239	0.0207	0.0121	0.0177
大专及以上（college）	0.0241	0.0237	0.0057	0.021
一般单位（occ_or）	0.0188	0.0126	0.00458	0.0113
国有单位（occ_na）	−0.0303	0.0206	−0.0128	0.023
城镇（address）	−0.0552***	0.0127	−0.0112	0.014
收入的对数（lninc）	0.00782	0.0054	−0.0108*	0.0057
吸烟（smoke）	−0.00516	0.0142	−0.015	0.0123
喝酒（alcoh）	−0.0313**	0.0159	0.0258	0.0168
既往病史（eversick）	0.231***	0.0191	−0.0307	0.0276
身体不适（sick）	0.234***	0.0118	0.00963	0.0327
是否有其他亲人（family）	−0.0526**	0.0227		
逆米尔斯比率			−0.119	0.2718
常数项（_cons）			1.139***	0.1646
省份	控制		控制	
样本量	8055		2774	

注：*、**、***分别表示在10%、5%、1%显著性水平下显著。

根据表5-9中的计算结果，本书发现购买城职保后参保者自付比例大于0的概率变化很小，结果并不显著，自付比例大于0，即医疗保险只报销了部分医疗费，参保人自己也需要承担一部分，该比例不会因为参保行为变化。而对于产生自付医疗支出的参保者来说，在购买城职保之前，所有的医疗费用都需要自费，此时自付比例为100%，而在购买城职保之后，参保者的自付比例会降低8.93%，在1%置信水平下显著，这就是当年所有医疗费用中医疗保险的平均报销比例。

（二）稳健性检验

在上面全样本分析过程中，本书发现购买城镇职工医疗保险以后自付比例显著降低了 17.9%，这是城职保的净效应。为了保证以上结果的可靠性，本书重新使用固定效应模型和双重差分（DID）模型检验城职保对自付比例的影响，结果如表 5-10 所示。

表 5-10　自付比例的稳健性检验

变量	固定效应模型		DID 模型	
	系数	标准误	系数	稳健标准误
交互效应（treat×time）	-0.0899***	0.0217	-0.0922***	0.0242
处理效应（treat）	-0.0552***	0.0178	-0.0526***	0.0185
时期（time）	0.0022	0.0115	-0.00562	0.01
年龄（age）	-0.00239***	0.0005	-0.00254***	0.0005
性别（sex）	-0.0038	0.0119	-0.00282	0.0119
民族（nation）	-0.00571	0.0145	-0.0102	0.0128
已婚（married）	0.0448***	0.015	0.0506***	0.014
离婚或丧偶（divorce）	0.0307	0.024	0.0361	0.0234
小学（primary）	0.0174	0.0173	0.0183	0.0167
初中（junior）	0.00144	0.0163	0.000483	0.0162
高中（high）	0.0107	0.0183	0.0111	0.0178
大专及以上（college）	0.00727	0.0207	0.0072	0.0206
一般单位（occ_or）	0.00585	0.0121	0.00124	0.0116
国有单位（occ_na）	-0.0142	0.0198	-0.0193	0.0219
城镇（address）	-0.0143	0.0116	-0.012	0.0111
收入的对数（lninc）	-0.0103*	0.0054	-0.0120**	0.005
吸烟（smoke）	-0.0152	0.0131	-0.0142	0.0136
喝酒（alcoh）	0.0239	0.0157	0.0228	0.0165
既往病史（eversick）	-0.0197	0.0133	-0.0177	0.0138
身体不适（sick）	0.0228**	0.0103	0.0217**	0.0101
常数项（_cons）	1.070***	0.0667	0.928***	0.0782
省份	控制		控制	
样本量	2775		2775	

注：*、**、*** 分别表示在 10%、5%、1%显著性水平下显著。

如表 5-10 所示，稳健性检验的结果与 Heckman 样本选择模型的回归结果相似，证明本书得出的结果是稳健的。在购买城职保之后，参保者的自付比例都会显著下降，固定效应模型下降低 8.99%，双重差分模型下降低 9.22%，都在 1% 置信水平下显著。

（三）样本的异质性分析

接下来本书将样本按性别和收入分类分析城职保对自付比例的效应，对全样本分析结果进行稳健性检验。

1. 分性别回归

表 5-11 分性别样本下城职保对自付比例的影响

变量	男性		女性	
	（1）	（2）	（3）	（4）
	选择方程	自付比例方程	选择方程	自付比例方程
交互效应	0.00778	−0.131***	−0.021	−0.0479
（treat×time）	[0.0331]	[0.0365]	[0.0328]	[0.0321]
处理变量	0.0321	−0.0206	0.0412*	−0.0843***
（treat）	[0.0245]	[0.0269]	[0.0245]	[0.0274]
时期	0.130***	0.0394	0.144***	−0.00827
（time）	[0.0176]	[0.0395]	[0.0165]	[0.0226]
年龄	0.00186**	−0.00117	0.00360***	−0.00271***
（age）	[0.0007]	[0.0009]	[0.0007]	[0.0008]
民族	0.0074	−0.0187	0.0413*	0.00254
（nation）	[0.0243]	[0.0198]	[0.0224]	[0.0175]
已婚	−0.0987***	−0.0273	−0.0397	0.0807***
（married）	[0.0242]	[0.0371]	[0.0243]	[0.0207]
离婚或丧偶	−0.0719*	−0.0155	−0.129***	0.0521
（divorce）	[0.0402]	[0.0405]	[0.0374]	[0.0326]
小学	0.0344	0.0129	−0.0382	0.0382*
（primary）	[0.0296]	[0.0306]	[0.0276]	[0.0218]
初中	−0.0353	0.0123	0.0238	−0.00668
（junior）	[0.0283]	[0.0265]	[0.0255]	[0.0205]
高中	−0.0376	−0.00224	0.000878	0.0268
（high）	[0.0306]	[0.0300]	[0.0287]	[0.0224]
大专及以上	−0.0135	0.0235	0.0681**	−0.00057
（college）	[0.0347]	[0.0317]	[0.0334]	[0.0292]

续表

变量	男性		女性	
	（1）	（2）	（3）	（4）
	选择方程	自付比例方程	选择方程	自付比例方程
一般单位	0.00659	0.0091	0.0308 *	0.00767
（occ_or）	[0.0184]	[0.0187]	[0.0172]	[0.0165]
国有单位	-0.0259	-0.00959	-0.0407	-0.025
（occ_na）	[0.0295]	[0.0332]	[0.0288]	[0.0313]
城镇	-0.0442 **	-0.022	-0.0657 ***	-0.019
（address）	[0.0184]	[0.0225]	[0.0178]	[0.0180]
收入的对数	0.0138 *	-0.011	0.00346	-0.00864
（lninc）	[0.0079]	[0.0089]	[0.0074]	[0.0066]
吸烟	-0.013	-0.0186	0.0553	-0.0121
（smoke）	[0.0160]	[0.0179]	[0.0343]	[0.0285]
喝酒	-0.0283	0.0212	-0.0363	0.0492
（alcoh）	[0.0175]	[0.0190]	[0.0455]	[0.0471]
既往病史	0.250 ***	0.00663	0.217 ***	-0.00352
（eversick）	[0.0277]	[0.0646]	[0.0262]	[0.0268]
身体不适	0.222 ***	0.0864	0.239 ***	0.00434
（sick）	[0.0179]	[0.0659]	[0.0157]	[0.0339]
是否有其他亲人	-0.00539		-0.119 ***	
（family）	[0.0300]		[0.0359]	
逆米尔斯比率		0.426		-0.0149
（invmills）		[0.5795]		[0.2766]
常数项		0.934 ***		0.984 ***
（_cons）		[0.3365]		[0.1889]
省份	控制	控制	控制	控制
样本量	3944	1284	4103	1487

注：中括号内是稳健标准误；模型（2）和模型（4）的标准误是用 Bootstrap 法自助得到的；*、**、*** 分别表示在 10%、5%、1%显著性水平下显著。

在表 5-11 中，模型（1）和模型（3）的选择方程使用 Probit 模型进行估计，给出的是边际效应。本书发现：在购买城职保以后，男性自付比例大于 0 的概率基本不变，女性自付比例大于 0 的概率稍微下降了 2.1%；而对于自付比例大于 0 的参保者来说，男性自付比例显著下降了 13.1%，在 1%置信水平下显著，而女性自付比例下降了4.79%，结果不显著。

在购买城职保之后，医疗保险只会报销部分医疗费用，所以参保与否基本不会改变参保人是否需要自付医疗费用的结果；而对于就医的患者来说，有城职保报销部分医疗费用，自付比例必然下降，只是女性的自付比例下降幅度远小于男性，有可能是因为女性更经常因为感冒等常发病看门诊，此时城职保无法报销门诊费用，所以自付比例下降幅度较小。

2. 分收入回归

表5-12　分收入样本下城职保对自付比例的影响

变量	低收入家庭		中等收入家庭		高收入家庭	
	（1）	（2）	（3）	（4）	（5）	（6）
	选择方程	支出方程	选择方程	支出方程	选择方程	支出方程
交互效应	0.0285	−0.0718	−0.0174	−0.0585	0.0109	−0.0767**
（treat×time）	[0.0733]	[0.0646]	[0.0417]	[0.0403]	[0.0324]	[0.0345]
处理变量	−0.0182	−0.026	0.0443	−0.0531*	0.0404*	−0.0619**
（treat）	[0.0509]	[0.0485]	[0.0295]	[0.0322]	[0.0244]	[0.0308]
时期	0.158***	−0.0288	0.125***	0.0053	0.0994***	−0.00012
（time）	[0.0224]	[0.0473]	[0.0206]	[0.0343]	[0.0203]	[0.0252]
年龄	0.00280***	−0.00252**	0.00346***	−0.00072	0.00135*	−0.00420***
（age）	[0.0010]	[0.0012]	[0.0009]	[0.0012]	[0.0008]	[0.0009]
性别	−0.0768***	0.00457	−0.0383*	0.00649	−0.0573***	−0.0212
（sex）	[0.0278]	[0.0317]	[0.0230]	[0.0198]	[0.0200]	[0.0231]
民族	0.0599*	−0.0185	−0.0085	−0.00833	−0.00319	−0.00242
（nation）	[0.0335]	[0.0271]	[0.0288]	[0.0209]	[0.0254]	[0.0245]
已婚	−0.058	0.04	−0.0829***	0.0679**	−0.0578**	0.0425
（married）	[0.0372]	[0.0297]	[0.0298]	[0.0322]	[0.0253]	[0.0282]
离婚或丧偶	−0.0911	0.0527	−0.140***	0.0389	−0.0839**	0.0348
（divorce）	[0.0568]	[0.0380]	[0.0463]	[0.0598]	[0.0414]	[0.0417]
小学	−0.0176	0.00117	0.0411	0.0373	−0.0283	0.0373
（primary）	[0.0342]	[0.0235]	[0.0339]	[0.0337]	[0.0371]	[0.0313]
初中	0.0356	−0.0151	0.00324	0.0655**	−0.0433	−0.0327
（junior）	[0.0346]	[0.0267]	[0.0315]	[0.0298]	[0.0335]	[0.0318]
高中	−0.0373	−0.0284	0.0095	0.0741**	−0.053	−0.00929
（high）	[0.0413]	[0.0370]	[0.0348]	[0.0341]	[0.0355]	[0.0362]

续表

变量	低收入家庭		中等收入家庭		高收入家庭	
	（1）	（2）	（3）	（4）	（5）	（6）
	选择方程	支出方程	选择方程	支出方程	选择方程	支出方程
大专及以上	0.0567	−0.00625	0.0631	0.0487	−0.025	−0.015
（college）	[0.0530]	[0.0354]	[0.0420]	[0.0412]	[0.0384]	[0.0347]
一般单位	0.0621**	−0.00913	−0.00801	−0.00699	0.0124	−0.00602
（occ_or）	[0.0261]	[0.0274]	[0.0207]	[0.0181]	[0.0202]	[0.0225]
国有单位	0.0117	−0.0203	−0.102***	−0.011	−7.9E−05	−0.0483
（occ_na）	[0.0578]	[0.0507]	[0.0342]	[0.0419]	[0.0298]	[0.0360]
城镇	−0.0445*	−0.00047	−0.0467**	−0.00318	−0.0596***	−0.023
（address）	[0.0251]	[0.0251]	[0.0212]	[0.0203]	[0.0216]	[0.0269]
收入的对数	0.000575	−0.00182	0.157***	−0.0871*	0.0410***	−0.00099
（lninc）	[0.0105]	[0.0093]	[0.0261]	[0.0484]	[0.0152]	[0.0159]
吸烟	−0.00268	0.00284	0.0104	−0.0364	−0.00817	−0.00886
（smoke）	[0.0297]	[0.0271]	[0.0241]	[0.0227]	[0.0218]	[0.0214]
喝酒	−0.0074	0.0394	−0.0179	−0.0173	−0.0525**	0.0443
（alcoh）	[0.0344]	[0.0285]	[0.0275]	[0.0295]	[0.0237]	[0.0279]
既往病史	0.183***	−0.0888*	0.206***	−0.0465	0.278***	0.0355
（eversick）	[0.0400]	[0.0513]	[0.0330]	[0.0449]	[0.0289]	[0.0504]
身体不适	0.259***	−0.0984	0.243***	0.00486	0.209***	0.072
（sick）	[0.0234]	[0.0790]	[0.0204]	[0.0648]	[0.0184]	[0.0441]
是否有其他亲人	−0.0827		−0.00427		−0.0519*	
（family）	[0.0517]		[0.0507]		[0.0305]	
逆米尔斯比率		−0.82		−0.0378		0.296
（invmills）		[0.5953]		[0.5072]		[0.4322]
常数项		1.701***		1.788***		0.896***
（_cons）		[0.4294]		[0.6908]		[0.3227]
省份	控制	控制	控制	控制	控制	控制
样本量	1791	663	2742	879	3516	1232

注：中括号内是稳健标准误；模型（2）、模型（4）和模型（6）的标准误是用 Bootstrap 法自助得到的；*、**、*** 分别表示在10%、5%、1%显著性水平下显著。

在表5-12中，模型（1）、模型（3）、模型（5）的选择方程使用 Probit 模型进行估计，给出的是边际效应。本书发现：在购买城职保以后，中等收入家庭发生自付比例大于 0 的概率会略微降低，而低收入家庭和高收入家庭自付比例大于 0 的概率会稍有增加，结果都不显著，说明参保与否基本不会改变参保人是否需要自付医疗费用，因为不管是门诊还是住院，城镇职工医疗保险都只能报销部分医疗费用，也就是说一旦就医，患者必定要支付部分医疗费用。

对于产生自付医疗支出的参保者来说，所有参保者的自付比例都有所下降，其中低收入家庭下降了 7.18%，中等收入家庭下降了 5.85%，高收入家庭下降了 7.67%，这些结果中只有高等收入家庭在 5% 置信水平下显著，可能是因为城职保主要保障住院费用，而大多数家庭特别是中低收入家庭只有真正发生大病才会住院，因此自付费用一般都只包含门诊费用，无法享受城职保的报销待遇，所以自付比例下降幅度不大；而高收入家庭的道德风险问题更为突出，他们有能力承担好药、贵药的自付费用，更倾向于小病大治，住院概率增加，所以自付比例下降幅度更大。

样本的异质性分析结果与全样本回归结果一致，参保人购买城职保后，基本上不会改变是否需要自付医疗费用的结果，与全样本分析结果相同，而一旦就诊，自付比例必然会下降，这是由自付比例的定义所决定的。

第二节　大病支出的消长

假如参保者采取了不健康的生活方式，这可能会导致他们的健康状况恶化，进而增加患上严重疾病的风险。一旦患者确诊患有重大疾病，这不仅对他们的生命安全构成严重威胁，而且可能产生巨额的医疗费用，有可能导致患者家庭陷入贫困或重新返贫。社会基本医疗保险设立的初衷是满足人们的基本健康需求，特别是保障大病的医疗费用，确保患者能够承担得起高额的医疗费用。基于这样的设计初衷，我们预期医疗保险应该能够帮助减轻参保者在面临重大疾病时的经济负担，降低大病导致的支出发生率。本节内容将通过实证研究来检验这一假设是否成立。

一、大病支出的界定

《社会保险法》在其"总则"篇章中明确指出："社会保险制度坚持广覆盖、保基本、多层次、可持续的方针。"这是中国医疗保险事业稳定、健康和持续发展的基准线和生命线。在这一方针中，"保基本"是这个方针的核心要义和中心环节，它构成了医疗保险长期稳定发展的基础和先决条件。这就引出了一个问题："保基本"究竟是指保大病还是保小病？所谓"保大病"，是指社会基本医疗保险承担患者的高额医疗费用，这包括住院费用和门诊大病医疗费用；而"保小病"，则是指覆盖患者的小额医疗费用，主要是门诊费用[①]。

基本医疗保险的设计宗旨是满足公众对生命和健康的基本医疗需求。无力承担高额医疗费用而导致患者家庭经济困难，甚至出现因病致贫或因病返贫的现象较为普遍，因此基本医疗保险制度的建立初衷是将"保基本"聚焦在大病（或高额医疗费用）风险上，即以住院治疗为限。但随着实践的深入，人们逐渐认识到这种限定过于局限，因为有些疾病虽然不需要住院，但治疗周期长且费用高昂。因此，为了缓解参保人员的门诊大病风险，推出了门诊统筹制度。总而言之，基本医疗保险的主要目的是为最广泛的群体提供大病风险保障，其本质是"大病保险"[②]。

为了深入分析城镇职工医疗保险对缓解大病支出的作用，本节将参照世界卫生组织对灾难性医疗支出的定义，将大病支出定义为家庭年收入中自付医疗支出所占比例超过20%和30%的情况。

二、实证结果分析

（一）大病支出发生率的变化结果

本书在实证分析医疗保险对大病支出发生率的影响时，参考程令国、张晔（2012）的方法，构建Probit模型，假设大病支出发生率超过20%或30%的条件概率为标准正态的累积分布函数，即：

$$P(major20 = 1 \mid x) = \Phi(x'\beta) = \int_{-\infty}^{x'\beta} \phi(t)\,\mathrm{d}t \tag{5-5}$$

$$P(major30 = 1 \mid x) = \Phi(x'\beta) = \int_{-\infty}^{x'\beta} \phi(t)\,\mathrm{d}t \tag{5-6}$$

其中，x 为所有自变量和控制变量的向量，β 为变量的系数向量。$major20$ 和 $major30$ 为因变量，表示自付医疗支出占家庭年收入的比重是否超过20%或30%，是的取值为1，否的取值为0；自变量包括 $treat$、$time$ 以及二者的交互项，虚拟变量 $treat$ 表示是否购买了城职保，购买城职保的样本归为处理组，取值为1，未购买城职保的样本归为控制组，取值为0；虚拟变量 $time$ 表示时间变量，第一期所有样本均未购买任何医疗保险时取值为0，第二期有部分样本购买城职保时取值为1；控制变量包括年龄、性别、民族、婚姻状况、教育程度、

---

① 王东进. 守住底线　保好基本 [J]. 中国医疗保险，2014 (1)：5-8.

② 王东进. 把握客观规律　坚持基本方针　确保医疗保险制度可持续发展 [J]. 中国医疗保险，2012 (1)：9-12.

职业、常住地址、收入、家庭规模、是否喝酒、既往病史、过去两周内是否有身体不适。

表 5-13　城职保对大病支出发生率的影响

被解释变量	模型（1）：major20		模型（2）：major30	
变量	边际效应	稳健标准误	边际效应	稳健标准误
交互效应（treat×time）	−0.0137	0.0089	−0.0116	0.0072
处理效应（treat）	−0.00233	0.0064	0.0024	0.0052
时期（time）	0.00770*	0.004	0.00523	0.0033
41~59 岁（age41_59）	−0.00025	0.0054	0.00101	0.0048
60 岁及以上（age60up）	0.0159**	0.0062	0.0110**	0.0053
性别（sex）	0.00348	0.0041	0.00314	0.0033
民族（nation）	0.0133**	0.0054	0.0102**	0.0045
已婚（married）	0.0062	0.0067	0.00491	0.0056
离婚或丧偶（divorce）	0.0147*	0.0086	0.0113	0.007
小学（primary）	0.00294	0.0053	−0.00516	0.0043
初中（junior）	−0.00970*	0.0052	−0.00840**	0.0041
高中（high）	−0.0127*	0.0068	−0.0135**	0.0058
大专及以上（college）	−0.00202	0.0078	−0.00703	0.0066
有工作（occ）	−0.0109**	0.0043	−0.00860**	0.0036
城镇（address）	0.00204	0.0041	−0.00217	0.0034
家庭人均收入对数值（lninc）	−0.0135***	0.0014	−0.00920***	0.0011
家庭规模（hhsize）	−0.00567***	0.0013	−0.00529***	0.0011
喝酒（alcoh）	−0.0097	0.0061	−0.0105*	0.0054
既往病史（eversick）	0.0381***	0.0045	0.0255***	0.0037
身体不适（sick）	0.0276***	0.0039	0.0189***	0.0032
样本量	8056		8056	

注：*、**、*** 分别表示在 10%、5%、1% 显著性水平下显著。

在表 5-13 中，模型（1）将大病支出界定为自付医疗支出占家庭年收入的比重超过 20%，此时 F 统计量为 440.95，p 值小于 0.0001，城职保使得大病支出发生率降低了 1.37%；而模型（2）将大病支出界定为自付医疗支出占家庭年收入的比重超过 30%，此时 F 统计量为 352.77，p 值小于 0.0001，城职保使得大病支出发生率降低了 1.16%，结果都不显著，与程令国、张晔（2012）的研究结果一样，说明城职保在发挥"保大病"的作用方面非常有限[①]，也就是说，对大病保障功能而言，城职保的功能实现并没有达到它的预期[②]。

除此之外，年龄、民族、教育程度、有无工作、家庭人均收入、家庭规模、既往病史、过去两周内是否有身体不适对大病支出发生率有显著影响，具体而言：年龄较高时，大病支出发生率也较高，这符合实际情况；少数民族发生大病的概率高于汉族，可能是因为少数民族生病概率相对较低，而一旦生病，得大病的可能性较高；学历高的大病支出发生率低于学历低的，这应该是学历越高，越重视疾病的预防干预，定期体检能够及时发现身体问题，早发现早治疗，所以得大病的可能性降低；有固定工作的大病支出发生率更低，因为这部分人群的工作压力和工作强度相对无固定工作者要低，得大病的可能性也会更低；收入越高，大病支出发生率越低，因为收入高的家庭能够做到营养均衡，生大病的概率相对低一些，同时大病支出发生率是用自付医疗支出除以家庭年收入计算得到的，收入越高越有足够的经济实力就医治疗，自己能够负担更多的医疗费用；家庭规模与大病支出发生率成反比，家庭人员数量越多，大病支出发生率越低，可能是因为在成年人都工作的前提下，人员越多，家庭收入越高，故而大病支出发生率会下降；既往病史、身体不适与大病支出发生率成正比，这是因为这类人的健康状况较差，生大病的可能性也增加，大病支出发生率会提高。

（二）稳健性检验

当以 20% 的比例作为划分标准时，城镇职工医疗保险（城职保）降低的大病支出发生率为 1.37%；而当以 30% 的比例作为划分标准时，城职保使得大病支出发生率降低了 1.16%。这两个结果在统计上均不显著。为了保证以上结果的可靠性，本书重新使用 Logit 模型检验城职保对大病支出发生率的影响，结果如表 5-14 所示。

① 段婷，高广颖，马骋宇，等. 北京市新农合大病保险实施效果分析与评价 [J]. 中国卫生政策研究, 2015, 8（11）：41-46. 许建强，郑娟，井淇，等. 山东省某市新农合大病保险补偿 20 类大病费用分布情况及效果评价 [J]. 中国卫生统计, 2016, 33（1）：81-84, 87.
② 高广颖，马骋宇，胡星宇，等. 新农合大病保险制度对缓解灾难性卫生支出的效果评价 [J]. 社会保障研究, 2017（2）：69-76. 王文杰，罗密，彭宏宇，等. 我国中部地区新型农村合作医疗保险运行效果评价 [J]. 中国公共卫生, 2019, 35（2）：157-161.

表 5-14　大病支出发生率的稳健性检验

被解释变量	模型（1）：major20		模型（2）：major30	
变量	系数	稳健标准误	系数	稳健标准误
交互效应（treat×time）	-0.474	0.3564	-0.694	0.4277
处理效应（treat）	-0.12	0.2558	0.162	0.3015
时期（time）	0.304*	0.1563	0.340*	0.1926
41~59 岁（age41_59）	0.0335	0.2272	0.0348	0.304
60 岁及以上（age60up）	0.604**	0.2519	0.579*	0.3259
性别（sex）	0.117	0.166	0.189	0.1973
民族（nation）	0.480**	0.2189	0.551**	0.2712
已婚（married）	0.243	0.2919	0.34	0.3742
离婚或丧偶（divorce）	0.496	0.3575	0.684	0.4416
小学（primary）	0.0853	0.196	-0.332	0.2408
初中（junior）	-0.357*	0.2015	-0.463*	0.2411
高中（high）	-0.538**	0.2712	-0.879**	0.3519
大专及以上（college）	-0.129	0.3233	-0.462	0.4211
有工作（occ）	-0.497***	0.1778	-0.596***	0.2307
城镇（address）	0.0778	0.1577	-0.0682	0.1979
家庭人均收入对数值（lninc）	-0.470***	0.0466	-0.476***	0.0499
家庭规模（hhsize）	-0.212***	0.051	-0.296***	0.0656
喝酒（alcoh）	-0.389	0.2519	-0.617*	0.3284
既往病史（eversick）	1.386***	0.1611	1.389***	0.1984
身体不适（sick）	1.078***	0.1488	1.127***	0.1881
常数项（constant）	0.442	0.5029	0.381	0.5626
样本量	8056		8056	

注：*、**、*** 分别表示在 10%、5%、1% 显著性水平下显著。

如表 5-14 所示，稳健性检验的结果与 Probit 模型的回归结果相似，证明本书得出的结果是稳健的。在购买城职保之后，参保者的大病支出发生率都会有所下降，按 20% 的划分比例降低了 37.75%，按 30% 的划分比例降低了 50%，结果都不显著。说明城职保在发挥"保大病"的作用方面非常有限，没有达到它的预期效果。

第六章　政策建议与实践应用

在前两章中，我们对城镇职工医疗保险（城职保）的健康和经济效应进行了实证分析，结果揭示了城职保的作用存在局限性：虽然它在提升参保者的健康水平方面发挥了一定作用，但同时也因为道德风险的存在而增加了参保者的医疗费用支出，且并未显著降低参保者的大病支出发生率。为了提高城职保的效果，本书提出了以下三项建议：一是在城职保中引进健康管理，以提升参保者的整体健康水平；二是转变医保支付方式，以遏制医疗费用的不合理增长；三是深化医疗、医药、医保"三医联动"改革，以提高医疗资源的配置效率和医疗服务的整体质量。

第一节　城镇职工医疗保险中引进健康管理

自党的十八届五中全会提出"健康中国"战略以来，社会基本医疗保险的宗旨已经从单纯的"病有所医"转变为更加积极的"促进和保障国民健康"[①]。面对医疗费用的持续增长，仅仅依靠医疗费用的报销已不足以满足新的目标。因此，引入健康管理服务显得尤为关键。健康管理涉及对个人或群体的健康状况、相关风险因素进行系统的监测、分析、评估和预测，还包括提供专业的健康咨询和指导，以及对健康风险因素采取干预措施[②]。将健康管理纳入医疗保险体系，不仅可以确保其在疾病治疗中起到经济补偿的作用，还能在疾病预防和控制方面发挥作用，从而有效提升公众的健康水平。

一、疾病预防和疾病控制阶段的健康管理

"健康中国"战略无疑是中国医疗卫生领域的一大里程碑，其核心理念在于通过全方位、全周期的健康管理，实现从源头预防疾病，而不仅仅依赖于疾

---

① 申曙光. 新时期我国社会医疗保险体系的改革与发展 [J]. 社会保障评论, 2017, 1 (2): 40-53.

② 中华医学会健康管理学分会, 中华健康管理学杂志编委会. 健康管理概念与学科体系的中国专家初步共识 [J]. 中华健康管理学杂志, 2009 (3): 141-147.

病发生后的治疗。这一战略致力于通过提高全民健康素养，优化健康服务，打造健康环境，全面提升公众的健康水平。然而，当前我国的城镇职工医疗保险（城职保）制度，其主要功能仍然集中在疾病发生后的医疗费用报销上，这种事后补偿的机制在一定程度上激励了参保者寻求治疗，但对于疾病的预防和控制作用有限。这与"健康中国"战略所倡导的预防为主、防治结合的理念存在一定的差异。

面对这一现状，如何将"健康中国"的理念更好地融入城职保制度，成为摆在我们面前的一个重要课题。我们可以从以下几个方面入手，实现两者的有效结合。

一是建立健全家庭医生联系制度。通过为每一位参保者分配家庭医生，建立起长期的健康服务关系，使参保者能够在日常生活中得到及时的健康咨询和指导。

二是完善个人健康档案管理。通过收集、整理和分析参保者的健康信息，建立起完善的个人健康档案，为医生提供更为全面、准确的健康数据支持，从而制订更为科学合理的健康管理计划。

三是加强健康教育和宣传。通过各种渠道和形式，向参保者普及健康知识，提高他们的健康素养和自我保健能力，激发他们主动参与健康管理的积极性。

四是将健康管理相关费用纳入医保支付范围。这不仅可以增强公众的健康意识，鼓励他们积极参与疾病预防和进行健康投资，还可以有效降低疾病的发生率，从根本上减少因疾病治疗而产生的高额医疗费用。具体而言，可以将慢性病筛查、癌症早期检查等预防性健康服务纳入医保支付范围，使参保者能够享受到更为全面、优质的健康管理服务。

卫生投资的增加可以显著改善人们的健康状况[1]。通过主动进行健康投资，不仅可以降低疾病的发生率，减少医疗费用支出，还可以提高生活质量，实现个人和社会的共赢。对于老年人群体而言，通过积极参与健康管理，同样可以有效提升自身的健康水平，减少疾病的发生，降低整体的医疗费用支出[2]，减轻家庭和社会的负担。

因此，将"健康中国"理念融入城职保制度，不仅有助于实现战略目

---

① 马小利，李阳. 经济增长、卫生投入与健康投资效益：基于Favar模型的实证研究[J]. 中国卫生经济，2017，36（6）：79-81.

② 江莉莉，巢健茜，刘恒. 健康保险公司与社区卫生服务机构共建的健康管理模式的建立与探讨[J]. 中国全科医学，2010，13（1）：78-80.

标，提高全民健康水平，还有助于优化医疗资源配置，提高医疗保险制度的效率和可持续性。这是一项长期而艰巨的任务，需要政府、医疗机构、保险公司以及社会各界的共同努力和支持。

二、疾病治疗阶段的健康管理

在疾病治疗领域，健康管理的作用同样不容小觑。它不仅仅是治疗疾病的一个辅助手段，更是实现高效、合理医疗服务的核心环节。健康管理通过为参保者提供个性化的健康指导和诊疗干预，大大增强了他们对健康知识和医疗服务的了解，有效减少了医患之间的信息不对称，使得诊疗服务更加贴合患者的实际需求，提高了治疗的针对性和有效性。

具体而言，健康管理通过提供专业的健康风险评估、咨询服务和指导，帮助参保者了解自身健康状况，掌握预防疾病的知识和技能，从而减少了不必要的医疗行为，如过度检查、重复用药等。这不仅减轻了患者的经济负担，也避免了医疗资源的浪费，有效降低了医疗费用①。

另外，随着分级诊疗制度的逐步实施，健康管理在医疗保险中的地位越发凸显。基层卫生服务机构作为分级诊疗体系的基础和核心，通过与社区居民建立紧密的联系，为居民提供全面的健康管理服务。家庭医生成为社区居民的健康守门人，他们通过创建社区健康档案，了解居民的健康状况和生活习惯，为居民提供个性化的健康指导。这些措施不仅有助于预防疾病的发生，特别是慢性病的发生，还能够提高社区居民的健康素养，提升他们的整体健康水平。当疾病发生时，基层医疗卫生服务机构能够提供初步的诊疗服务，如常见病的诊断和治疗、慢性病的管理等。对于需要特殊治疗的患者，基层医生会及时将他们转诊给专科医生，确保患者得到及时、有效的治疗。这种分级诊疗模式不仅提高了医疗服务的效率和质量，还有效控制了医疗费用的增长。

为了激发社区对健康管理的参与热情，我们需要进一步明确在健康管理过程中，哪些费用可以被纳入医保统筹基金的支付范围。例如，可以将健康风险评估、健康咨询、慢性病管理等预防性健康服务纳入医保支付范围，使参保者能够享受到更为全面、优质的健康管理服务。这将有助于确保医疗保险制度更加公平、合理，同时也能够鼓励更多的社区成员积极参与到健康管理中来，共同促进健康水平的提升。其具体应用场景包括：

首先，随着医疗技术的进步，健康管理可以更加精准地预测和干预疾病的

---

① 巢健茜，蔡瑞雪. 健康中国背景下健康管理在社会医疗保险中的应用 [J]. 山东大学学报（医学版），2019，57（8）：53-60.

发展。例如，通过基因检测和大数据分析，可以预测个体患某种疾病的风险，从而提前进行干预，如改变生活习惯、提供预防性药物或治疗方案。这种个性化的健康管理方式可以大大降低疾病的发生率，并减轻医疗体系的负担。在医疗保险中，我们可以将这种精准的健康管理服务纳入保障范围，为参保者提供更为全面和个性化的保障。这不仅可以提高参保者的健康水平，还可以降低医疗费用的支出，实现医疗资源的优化配置。

其次，随着远程医疗和移动医疗的发展，健康管理可以更加便捷地服务于广大参保者。通过手机 App、在线平台等工具，参保者可以随时随地获取健康咨询、预约挂号、健康监测等服务。这种服务模式不仅可以提高医疗服务的可及性，还可以提高医疗服务的效率和质量。医疗保险制度可以积极利用这些新技术，为参保者提供更加便捷和高效的健康管理服务。例如，可以与远程医疗平台合作，为参保者提供在线的健康咨询和诊疗服务；可以与移动医疗公司合作，为参保者提供健康监测设备和健康管理软件等。

最后，我们还可以通过加强健康教育、推广健康生活等方式，提高社区居民的健康意识和自我保健能力。这将有助于从根本上减少疾病的发生，降低医疗费用的支出，实现健康与经济的双赢。

综上所述，健康管理在疾病治疗领域中扮演着至关重要的角色，它与医疗保险制度的深度融合将为参保者提供更加全面、便捷和高效的健康保障服务。我们需要进一步加强健康管理的建设和推广，为实现"健康中国"战略贡献力量。

第二节　转变医保支付方式，控制医疗费用增长

医疗服务市场中包含三个主要参与者：医院作为医疗服务的提供者，参保患者作为医疗服务的消费者，以及医疗保险机构作为医疗服务费用的支付者。这三方在市场中的角色、目标和利益并不完全一致。患者接受的医疗服务种类和数量通常由医生或医院来决定；医院倾向于增加患者使用服务的数量，以从患者和医疗保险机构那里获取更多收益，这可能导致道德风险的出现；而医疗保险机构则承担着保持医保基金收支平衡的责任，它们致力于控制医疗费用的总额。

医疗保险费用的支付机制，即医保支付方式，指的是医疗保险机构为购买医疗服务而向服务提供者支付费用的计算和结算方法。在医疗保险体系的改革中，医保支付方式的改革始终是一个关键环节。这项改革的主要目标是解决医

疗服务提供者，尤其是医院可能引发的道德风险，以此遏制医疗费用的不合理增长。

通过改革医保支付方式，可以更有效地激励医院提供合理、高效的医疗服务，同时保护患者的利益和医保基金的可持续性。这样的改革有助于实现医疗服务市场各参与方之间的利益平衡，推动医疗保险制度的健康发展。

一、由后付制转向预付制与后付制相结合

在医疗保险的支付机制中，后付制和预付制是两种截然不同的方式，它们各自具有优势和局限性。

后付制，作为传统的医疗费用支付方式，医疗保险机构会根据医院提供的具体服务，如诊断、治疗、药品、检验、麻醉等服务项目，或是根据投入的资源数量来支付费用。这种支付方式下，医院的收入与其提供的服务量直接挂钩，这在某种程度上促进了医疗服务的提供，但也带来了一些问题。由于后付制是基于实际发生的费用进行支付，医院和医生可能会倾向于提供更多、更昂贵的服务，以增加自身的收入。在这种模式下，医疗服务的提供方往往缺乏控制成本的动力，容易产生道德风险，如诱导患者进行不必要的检查、过量开药等，导致医疗费用的不合理增长。这不仅增加了医疗保险基金的负担，也可能给患者带来经济压力。

相比之下，预付制是一种更为先进的医疗费用支付方式。它不再仅仅依据实际发生的费用进行支付，而是根据预先设定的标准或协议进行支付。预付制包含多种支付方式，如按人头付费、按服务单元付费、总额预付制、按病种付费等。这些方式虽各有特点，但共同点在于它们都设定了支付的上限，从而促使医疗机构在提供服务时更加注重成本控制和效率提升。预付制的优势在于，它可以通过设定支付上限来限制医疗费用的增长，同时激励医疗机构提高服务效率和质量。然而，预付制也存在一些潜在的问题。例如，医疗机构为了降低成本，可能会减少必要的服务或推诿重症患者，导致患者得不到充分的治疗。此外，预付制的实施需要建立完善的标准体系和监管机制，以确保支付标准的合理性和公平性。

后付制与预付制的根本区别在于支付的依据不同。如果医疗保险的支付是基于投入要素，那么它属于后付制，主要是按服务项目支付；而如果是基于产出结果，那么它属于预付制，包括多种不同的支付方式。每种支付方式都有其特定的功能和适用条件，但也存在各自的缺陷。例如，长期实施的后付制可能导致医疗服务提供方的道德风险，引发过度医疗问题；而预付制虽然设定了支

付上限，但医疗机构为了降低成本，可能会拒绝为重症患者提供服务，导致患者被推诿或治疗不足。

因此，理想的医疗保险支付方式应该是将预付制和后付制的优势结合起来。具体来说，可以针对不同的医疗服务项目和患者群体，采用不同的支付方式。对于一些常见的、标准化的医疗服务项目，可以采用预付制进行支付，以控制医疗费用的增长；而对于一些复杂的、个性化的医疗服务项目，则可以采用后付制进行支付，以确保患者得到充分的治疗。

此外，还可以通过建立风险共担机制来平衡预付制和后付制的缺陷。例如，可以设立医疗保险基金与医疗机构之间的风险共担池，当医疗机构因提供必要服务而超出预付标准时，可以从风险共担池中获得一定的补偿；而当医疗机构因推诿患者或提供不必要服务而导致医疗费用增加时，则需要承担相应的责任。

总之，将预付制和后付制相结合是医疗保险支付方式改革的重要方向。通过充分发挥两种支付方式的优势并克服其缺陷，可以实现医疗保险制度的最优效果，为广大患者提供更加优质、高效、合理的医疗服务。

二、由单一支付方式转向多元复合型支付方式

在医疗保险制度的实施过程中，支付方式的选择直接关系到医疗服务的效率、质量以及医疗保险基金的可持续性。过去，医疗保险支付方式往往单一，缺乏灵活性，难以适应多样化的医疗服务需求。然而，随着医疗改革的深入和医疗保险制度的完善，支付方式也逐渐从单一走向多元复合型。

首先，每种医疗保险支付方式都有其特定的适用场景。无论是总额预付结算、服务项目结算，还是服务单元结算，它们各自都有其优势和局限性。因此，在选择支付方式时，必须根据具体医疗服务的特点来综合考虑，选择最合适的支付方式。

在城镇职工医疗保险制度建立之初，劳动和社会保障部便已经意识到这一点，并在相关政策文件中推荐采用多种支付方式相结合的方式，如在《关于印发加强城镇职工基本医疗保险费用结算管理意见的通知》中推荐采用总额预付结算、服务项目结算、服务单元结算等多种支付方式。这种多元化的支付方式旨在更好地满足不同类型医疗服务的需求，同时也有利于激励医疗服务提供者提高服务质量和效率。

随着政策的不断推进，总额预算制逐渐成为主要的付费方式，并与其他方式相结合，形成了更加完善的支付体系。2017 年，国务院办公厅发布的《关于

进一步深化基本医疗保险支付方式改革的指导意见》更是明确提出，"要全面推行以按病种付费为主的多元复合型医保支付方式"①。

具体来说，这种多元复合型医保支付方式在应用中体现出了极高的灵活性。例如，在门诊服务和健康管理等基层医疗服务中，可以采用按人头付费的方式。这种方式能够激励社区医生提供更丰富的健康管理服务，有助于降低参保人员的患病率和发病率，从而进一步减少医疗费用的支出。同时，对于需要长期住院且病情稳定的疗养康复服务，则可以采用按病床日付费的方式。这种方式能够更好地加强医疗服务资源的利用效率和成本控制。而在住院医疗服务中，则可以结合总额预付制和按病种付费的方式。通过总额预付制，可以确保医疗保险基金的安全性和稳定性；而按病种付费则能够更准确地反映不同病种的治疗成本和风险，从而激励医疗机构和医生提高治疗效率和质量。

总的来说，这种差异化的支付方式能够更好地适应不同类型的医疗服务需求，同时也能够更有效地激励医疗服务提供者提高服务质量、控制医疗成本。通过这种方式，我们不仅可以确保医疗保险制度的可持续性，还能够为参保人员提供更加全面、高效、优质的医疗保障。

第三节 深化医疗、医药、医保"三医联动"改革

导致患者经济压力不断攀升的核心原因，无疑是医疗费用的迅猛增长。这一增长趋势并非单一因素所致，而是多方面因素共同作用的结果。其中，药品价格的持续上涨和医疗卫生管理体制改革的相对滞后，无疑是两大主要驱动力。药品作为医疗过程中的重要组成部分，其价格的飙升直接导致了患者治疗成本的增加。同时，医疗卫生管理体制改革的滞后，使得医疗资源的配置不够合理，医疗服务效率和质量未能得到有效提升，也间接加剧了医疗费用的增长。

然而，面对这一严峻的挑战，单纯依赖医疗保险制度的改革显然是不够的。医疗保险制度虽然能够在一定程度上为患者提供经济上的保障，减轻其经济负担，但并不能从根本上解决医疗费用过快增长的问题。因此，我们必须采取更为全面、协调一致的改革措施，即所谓的"三医联动"——药品流通体系、医疗保险体系和医疗卫生体系三者共同推进改革。

通过药品流通体系的改革，我们可以打破原有的药品价格形成机制，引入市场竞争机制，降低药品的采购成本，从而减轻患者的直接经济负担。同

---

① 《国务院办公厅关于进一步深化基本医疗保险支付方式改革的指导意见》（国办发〔2017〕55号）。

时，加强药品监管，确保药品质量和安全，也是药品流通体系改革的重要一环。

医疗保险体系的改革则应当以提高保障水平、增强风险抵御能力为目标。通过完善医保政策，提高医保报销比例，降低患者自费比例，进一步减轻患者的经济压力。同时，加强医保基金管理，防范医保基金风险，确保医保制度的稳健运行。

而医疗卫生体制的改革则应当聚焦于优化资源配置、提高医疗服务效率和质量。通过推进医疗资源的合理配置，加强基层医疗服务体系建设，提升基层医疗服务能力，使得患者能够在家门口享受到优质的医疗服务。同时，加强医疗卫生人才培养和引进，提高医务人员的素质和水平，也是医疗卫生体制改革的重要方向。

总之，"三医联动"是解决医疗费用过快增长问题的关键所在。只有通过全面、协调一致的改革措施，才能从根本上解决医疗费用过快增长的问题，为患者提供更加优质、高效、经济的医疗服务，有效减轻患者的经济负担。

一、医疗保险体制改革中强化医保机构的核心作用

医疗保险机构与参保人之间的关系，实际上是一种权利与义务对等的委托代理关系。参保人通过定期缴纳保险费用，将自己的健康风险转移给医疗保险机构，当遇到保险条款中约定的医疗事件时，医疗保险机构则根据合同规定提供相应的赔偿或支付保险金。这种关系不仅体现了参保人对医疗保险机构的信任，也彰显了医疗保险机构代表所有参保人利益的重要职责。

在整个医疗卫生体系中，医院和医生作为医疗服务的直接提供者，为参保者提供治疗、康复等医疗服务。而医疗保险机构则作为医疗服务的购买者和支付者，与医院和医生之间形成了紧密的合作关系。这种合作关系使得医疗保险机构在医疗卫生体系中扮演了至关重要的角色。

一方面，医疗保险机构凭借其所管理的庞大医保基金，在医疗消费市场中占据了举足轻重的地位。作为最主要的医疗服务购买者，医疗保险机构在选择医疗服务提供者时拥有极大的话语权。它们通过对不同医疗服务提供者的质量和价格进行比较，筛选出那些既能够保证服务质量又能够降低成本的医疗服务提供者。这种筛选机制不仅有助于提升医疗服务提供者的竞争意识，也推动了公立医院的改革，使其更加注重服务质量和成本控制。

另一方面，经过二十多年的医疗保险改革，医疗保险机构已经发展成为具备强大议价能力的第三方购买者。它们在与医疗服务提供者进行谈判时，能够就服务和药品的价格、数量、质量标准以及费用支付方式等问题进行公正、自

由的协商。这种谈判机制不仅保护了参保人的合法权益，也促使医疗服务提供者提供更加合理、透明的医疗服务价格。同时，医疗保险机构还能够对医疗服务提供者的行为施加影响和约束，通过制定和执行相应的政策和规定，控制医药价格的不合理上涨，从而减轻患者的经济负担。

因此，在医疗保险体制改革中，强化医保机构的核心作用至关重要。通过完善医保机构的运行机制、提高其管理效率和服务水平、加强其与医疗服务提供者之间的合作与监督等措施，可以进一步推动医疗卫生体系的改革和发展，为参保人提供更加优质、高效、便捷的医疗服务。

二、医疗卫生体制改革中落实"管办分离"原则

在当前我国医疗卫生体制的运作模式中，医院评级方式依旧沿用的是传统的行政评级模式，这意味着一家医院的等级、声誉乃至其市场地位，往往是由政府机构通过行政手段来划定和确定的。这样的评级机制直接关联到公众对于医院的整体印象，并影响患者的就医选择。然而，这种以行政级别为标准的评级方式，却往往导致了一个不容忽视的现象：患者更倾向于选择行政级别较高的三甲医院就医，而非根据医生的实际专业能力或者医院的服务质量进行选择。这种"追求高等级"的就医心理，使三甲医院常年人满为患，而许多基层医院则面临患者稀少、资源闲置的困境。

在这种评级体系下，医生的行为也受到不小的影响。由于工资与绩效挂钩，一些医生可能会出于个人利益考虑，倾向于开具更多的处方和检查单，以增加医疗行为，从而获取更高的收入。而医院方面，由于长期依赖政府的行政评级来维持其声誉和地位，往往缺乏足够的动力去监管和纠正医生可能存在的滥用行为。这种医生滥用医院声誉、医院滥用政府声誉的"双滥用"现象，无疑加剧了医疗资源的浪费，也导致了医疗费用的不合理增长。

因此，为了破解这一难题，推动医疗卫生体制的改革，实施"管办分离"政策显得尤为关键。这一政策的核心在于打破公立医院与国家医疗卫生行政部门之间的传统依赖关系，使公立医院能够真正地参与市场竞争，依靠自身的服务质量和管理水平来赢得患者的信任和市场地位。

为了实现这一目标，我们需要从多个方面入手。首先，废除公立医院的行政评级制度，取消医生的行政级别和编制限制，让医生和医院都能够摆脱行政束缚，更加自由地开展医疗服务。其次，鼓励医生在多个医疗机构执业甚至自由执业，增加医疗服务的供给和多样性，让患者能够根据自己的实际需求选择医生和服务。同时，我们还需要建立基于市场的声誉机制，让医疗服务的质量

和效率成为决定医院和医生声誉的关键因素，从而引导医院和医生合理使用药物和检查，控制不合理的医疗费用增长。

通过这些措施的实施，我们可以有效地推动医疗卫生体制的改革，实现医疗服务的合理化和高效化。在市场竞争的推动下，医院将更加注重提高自身的服务质量和管理水平，以吸引更多的患者；医生也将更加注重自身的专业能力和医德医风，以赢得患者的信任和尊重。这样一来，医疗资源将得到更加合理的配置和使用，医疗服务的质量和效率将得到显著提高，患者的就医体验和满意度也将得到大幅提升。最终，我们有望实现医疗费用的合理控制，为人民群众提供更加优质、高效、便捷的医疗服务。

三、药品流通体制改革中推行市场定价机制

在我国，药品和医疗服务的价格长期以来受到政府严格的统一定价管制。然而，这种由政府主导的定价机制在实践中暴露出诸多问题。首先，政府与医药服务提供者之间存在信息不对称，政府往往难以准确评估药品和医疗服务的真实成本和市场价值，导致定价不准确，时常出现价格扭曲的现象。其次，价格调整的过程往往滞后于市场变化，无法及时反映市场的供需情况和价格变动趋势。当市场价格需要上调时，政府可能因为种种原因未能及时调整；当市场价格需要下降时，同样也可能因为种种障碍而未能及时降低。

这种由政府主导的定价机制，还常常低估了医院和医生所提供服务的价值。由于服务价格未能得到充分补偿，医院和医生往往会利用其在市场上的垄断地位和信息优势，通过提高药品和检查项目的价格来增加收入，以此来弥补医疗服务价格的不足。这不仅导致了药品价格长期居高不下，也给患者带来沉重的经济负担。同时，"以药养医""以检查养医""以器械养医"等问题也随之而来，严重制约了医疗卫生体制的健康发展。

为了解决这些问题，我们需要深化药品流通体制改革，全面推行市场定价机制。首先，我们需要实施"管办分离"，打破公立医院的垄断地位，让公立医院真正成为市场竞争的主体。同时，取消政府对医疗服务价格的管制，推动医疗服务市场化改革，让医疗服务和药品价格由市场来决定。

在市场化改革的背景下，医疗保险机构、医疗服务提供者以及药品供应商之间可以自由进行谈判。医疗保险机构可以根据自身的支付能力和市场需求，与医疗服务提供者和药品供应商协商确定合理的价格。医疗服务提供者也可以根据自身的服务质量和市场价值，与医疗保险机构和药品供应商进行谈判，争取更高的价格补偿。药品供应商则可以根据市场需求和生产成本，与医

疗服务提供者和医疗保险机构进行谈判，确定合理的药品价格。

通过这种自由谈判的方式，可以确保医疗服务提供者能够覆盖成本并获得合理的利润回报，同时也能通过竞争机制降低医药价格，有效控制医疗费用的不合理增长。此外，这种市场化改革还可以促进医疗服务和药品价格更加合理透明，提高医疗服务效率和质量，同时减轻患者的经济负担，推动医疗卫生体制的健康发展。

在实施市场定价机制的过程中，我们还需要加强监管和执法力度，确保市场定价的公平性和透明性。同时，建立健全的医疗服务质量评价体系和患者投诉处理机制，加强社会监督和舆论监督，共同维护医疗市场的公平竞争和患者的合法权益。

总之，深化药品流通体制改革、全面推行市场定价机制是解决我国医疗卫生体制中存在问题的关键举措。通过市场化改革和自由谈判，可以促进医疗服务和药品价格更加合理透明、提高医疗服务效率和质量、减轻患者经济负担、推动医疗卫生体制的健康发展。

第七章 结 语

第一节 研究发现

医疗保险在实际运作中具有双面性：它能够发挥正面影响，如缓解家庭经济压力、增强家庭风险应对能力、普及保险和健康相关知识、提升医疗服务的使用率以及减轻人们的心理压力；然而，如同所有机制一样，医疗保险也可能带来一些负面效应，如可能诱发不健康的生活方式、造成医疗资源的浪费以及引发过度医疗等问题。作为社会基本医疗保险体系中的关键一环，城镇职工医疗保险是否也面临这些问题？本书以城镇职工医疗保险为研究对象，参考卫生经济学的基础概念，建立了一个二维评价体系来衡量医疗保险在家庭层面的微观效应。该评价体系包含两个主要维度和五项具体内容，两个维度指的是医疗保险的健康效应和经济效应，五项内容则具体探讨医疗保险对健康行为、健康产出、医疗服务利用、医疗费用支出以及大病医疗支出的影响。基于医疗保险的设计宗旨和功能，我们期待它能够为参保者带来正面的健康效应和经济效应，即促使参保者采取更健康的生活方式、提升健康水平、增加医疗服务的使用、提高总医疗费用、减少自费部分和大病支出。至于城镇职工医疗保险的实际效果如何，本书利用 2010—2020 年 6 期的中国家庭追踪调查（CFPS）数据，对城镇职工医疗保险的健康效应和经济效应进行了实证分析，得出以下结论。

一、健康效应结果

健康效应指的是医疗保险对个人健康状况的作用和影响，最直观的衡量指标是人们健康水平的变化。然而，健康行为的调整、健康水平的变化与医疗服务的使用之间存在着紧密的联系，不健康的生活方式可能会导致健康状况恶化，进而需要更频繁地利用医疗服务进行治疗和调养；而健康的生活方式有助于维持良好的身体状况，减少疾病的发生，从而降低对医疗服务的需求。因此，在评估医疗保险的健康效应时，需要从健康行为、健康产出和医疗服务的使用三个维度进行综合考量。本书通过构建 PSM-DID 模型，对医疗保险的健康效应进行了深入分析，并得出以下发现。

（一）城镇职工医疗保险会导致不健康行为发生的可能性增加

在进行实证分析时，本书采用了谢明明、王美娇、熊先军（2016）的研究方法，将吸烟和饮酒作为衡量健康行为的代理变量。分析结果与马双、张劼（2011）以及彭晓博、秦雪征（2014）的研究结果相一致：参保城镇职工医疗保险后，处理组样本更倾向于采取不健康的生活方式，增加了吸烟和饮酒的频率，表明医疗保险可能会促进不健康行为的发生。稳健性检验进一步证实了该结果，暗示了一定程度的事前道德风险。

这种现象产生的原因可能是，参保医疗保险后，一方面，由于事前道德风险的存在，参保者因为城镇职工医疗保险将承担不健康行为导致的医疗费用，而不再担心治疗费用，可能会更加放纵自己，吸烟和饮酒的概率增加。另一方面，参保者在了解医疗保险的过程中，也会获得更多关于健康行为与健康结果之间关系的知识，为了减少生病的次数和避免疾病带来的痛苦，他们可能会更加注重健康管理，选择更健康的生活方式，从而降低吸烟和饮酒的概率。因此，参保者最终的行为是这两种力量相互作用的结果，可能表现为不健康的行为，也可能表现为健康的行为。

出现这种结果的原因之一是，城镇职工医疗保险中尚未引入健康管理。如果能够在城职保中加入健康管理内容，对参保者的健康行为进行积极干预，建立健康档案，开展健康教育，就有可能引导参保者改善他们的行为方式，减少吸烟和饮酒的频率，最终提升他们的健康水平。

（二）城镇职工医疗保险会导致健康产出变好

在本书中，我们借鉴了 Lei 和 Lin（2009）的研究方法，选取包括客观健康指标"过去两周是否有身体不适"和主观健康指标"自评健康"在内的健康产出变量。我们的研究结果与潘杰、雷晓燕、刘国恩（2013）以及于大川、吴玉锋、赵小仕（2019）的研究结论相似：城镇职工医疗保险对健康产出有积极的影响。具体来说，虽然参保后的样本组身体不适的概率略有增加，但他们对自身健康的自我评价却有所改善，这一结果在10%的置信水平下是显著的。

这种影响可能是由两种相互对立的力量共同作用的结果。一方面，参加医疗保险后，由于医疗费用可以得到报销，减轻了经济压力，参保者可能会忽视保健和锻炼，选择不利于健康的生活方式，从而增加生病或受伤的可能性，这是道德风险效应的体现。另一方面，生病或受伤会带来身体和精神上的痛苦，治疗也需要投入时间和精力，为了避免这种痛苦，参保者会采取措施减少生病和受伤的可能性，如加强锻炼、注重保健，并选择科学的生活方式，养成良好的生活习惯，最终降低生病或受伤的概率，这是健康认知作用的体现。参保者对自己健康状况的评价取决于生病的概率、患病的类型和个人的风险态度。在这两种力量的对比下，参保者购买城职保后的健康状况可能变好也可能变差，这取决于道德风险和健康认知的相对强度。根据我们的实证结果，健康认知的作用似乎大于道德风险。

为了进一步提升参保人的健康水平，如果在城职保中引入健康管理，如开展健康教育、提供健康咨询、进行健康体检，并将慢性病检查筛查、癌症筛查等健康管理费用纳入医保基金的支付范围，就可以提高人们的健康意识，鼓励他们积极参与疾病预防和健康投资。这样不仅可以降低疾病发生率，从源头上控制疾病的发生，还可以进一步提高参保人的健康水平。

（三）城镇职工医疗保险会导致门诊医疗服务利用率提高

本书在评估医疗服务利用率时，采用了姚瑶、刘斌、刘国恩等（2014）的研究方法，选择过去两周内是否进行了门诊就医作为代理变量。所得结果与程令国、张晔（2012）以及范红丽、刘素春、陈璐（2019）的研究结果相一致：参加城镇职工医疗保险后，处理组样本的门诊医疗服务利用率有所提升，门诊的概率或频次增加，这一结果在10%的置信水平下是显著的。

出现这一现象的原因可以归结为两种相互竞争的因素共同作用的结果：一方面，参保者在购买医疗保险之后，可以报销门诊时产生的医疗费用，这使得那些原本认为病情不严重、不愿意就医的患者，因为不需要自己支付费用而选择接受治疗，从而增加了他们就医的概率或次数。这表明医疗保险确实能够激发一部分潜在的医疗需求。另一方面，医疗保险在门诊报销方面设置了起付线和封顶线，这意味着当患者的病情较轻、治疗费用较低时，他们仍然需要自己承担大部分甚至全部的医疗费用；此外，医疗保险可能引发道德风险，导致医疗费用的大幅上涨，有时甚至超过保险报销的比例，使患者在门诊就医时实际支付的费用反而增加。在这种情况下，医疗保险对患者就医的激励作用减弱，患者可能更倾向于选择自我恢复或到药店自行购买药品进行治疗，而不是去医院门诊。事实上，城职保设有个人账户，参保人门诊时的自付费用可以直接从个人账户余额中划扣，在个人账户余额充足的情况下不会形成事实上的费用支付，参保人对道德风险导致的费用增加反应不敏感，因此医疗需求释放的因素起到主导作用，最终表现为城职保能够增加门诊次数。对于那些个人账户余额积累较慢的参保人，他们在身体不适时可以先到基层医疗卫生服务机构接受初步诊疗，这样可以减少时间成本和费用支出。

二、经济效应结果

医疗保险的经济效应指的是其对参保者经济压力的影响。当参保者使用医疗服务并面临医疗费用支付时，这无疑会加重他们的经济负担。医疗保险的核心功能在于提供经济补偿，即在参保者产生医疗费用时，由医疗保险机构对部分费用进行报销，从而降低参保者的实际自付费用，导致医疗价格扭曲。在这种情况下，患者对医疗成本的变化不太敏感，可能会引发道德风险，进而引起过度医疗，这可能会导致参保者的总医疗费用上升。然而，在扣除保险报销之后，参保者最终实际支付的费用是增加还是减少，这取决于道德风险的大小，并且这将最终影响大病支出的发生频率。因此，在评估医疗保险的经济效应时，需要从医疗支出和大病支出两个维度进行考量。在实证分析医疗保险对医疗支出影响的过程中，本书构建了 Heckman 样本选择模型；而在评估医疗保险对大病医疗支出影响时，则采用了 Probit 模型。通过这些分析，本书有一些发现。

（一）城镇职工医疗保险增加了医疗支出

对于重大疾病患者而言，在没有医疗保险覆盖的情况下，高额的医疗费用可能成为他们无法承受的负担，导致他们不得不放弃治疗。然而，一旦有了医疗保险的支撑，大部分医疗费用将由保险来承担，有效缓解了"看病难、看病贵"的困境，激发了原本被压抑的医疗需求。然而，道德风险的存在也可能带来一些负面影响。参保者可能因为保险的存在而对轻微疾病采取过度治疗的手段，医院方面可能因此提高收费标准，甚至可能出现参保者与医疗机构共谋，滥用医保基金的情况，这些都可能导致医疗费用的急剧上升。道德风险的产生，归根结底是由于医保支付制度设计不够完善。在我国，实施时间最长的是后付制，这种制度特别容易引发医疗服务提供方的道德风险，造成过度医疗的现象，从而推动医疗费用的不合理增长。

（1）城镇职工医疗保险（城职保）导致总医疗支出增长了 102.3%，这一增长既包含正常医疗需求的释放效应，也有道德风险的作用。具体来说，低收入家庭往往因医疗费用负担沉重而陷入贫困或返贫，医疗保险的保障作用使得原本无力支付医疗费用的患者得以就医，这一群体的医疗支出因此增长了171.09%，这是需求释放的直接体现；而中等收入家庭即使在没有医疗保险的情况下也能承担医疗费用，他们医疗支出增长的 134.18% 更多是道德风险所导致。

（2）自费医疗支出是总医疗支出中扣除保险报销后的剩余部分，其变化是两种力量对抗的结果。一方面，由于道德风险和医疗需求的释放，总医疗支出有所增加；另一方面，医疗保险覆盖了部分费用，减轻了参保者的自付费用。参保者实际自付费用的变化，取决于这两种因素的相对影响。实证分析显示，对于那些产生了自费部分的参保者，其自费支出在保险报销后有所下降。即使考虑了药品价格的变化，自费医疗支出相比参保前仍降低了20.78%，只是结果在统计上不显著，但它表明医疗保险能够在一定程度上减轻参保者的经济负担，尽管效果可能未达到预期。

（3）参加城职保后，参保者的自付比例显著下降了8.93%，这一降低主要得益于医疗保险的报销机制。在高收入家庭中，这种作用更为明显，他们的自付比例下降了7.67%。这表明医疗保险在减轻高收入家庭医疗经济压力方面发挥了重要作用。

（二）城镇职工医疗保险未降低大病支出发生率

本书将大病支出定义为家庭年收入中自费医疗费用所占比例超过20%和30%两个阈值，利用Probit模型进行实证分析。结果显示，当以20%的比例作为划分标准时，城镇职工医疗保险（城职保）降低的大病支出发生率为1.37%；而当以30%的比例作为划分标准时，城职保使得大病支出发生率降低了1.16%。这两个结果在统计上均不显著，反映出城职保在提供大病保障方面的作用有限，即其在大病保障功能方面并未实现预期目标。

这种情况可能是当发生重大疾病时，随着医疗技术的进步和药品价格的上涨，治疗成本的增加速度迅猛，而医疗保险的报销却受限于共保比例、封顶线以及"三大目录"的制约，导致其为参保者提供的经济保障作用不足。因此，参保者在面对大病时仍需承担较高的医疗费用，这导致大病支出的发生率并没有因为保险的介入而有显著的降低。

第二节　实践中的启示

一、加快推进分级诊疗，控制医疗费用增长

分级诊疗制度，作为现代医疗体系中的一项重要策略，其核心理念在于实现"基层首诊、双向转诊、急慢分治、上下联动"。这一制度并非空穴来风，而是由三大支柱共同支撑：完善的三级医疗卫生服务体系、明确的首诊或一线照护机制，以及高效运转的转诊系统。而在这背后，全科医生与专科医生之间的紧密合作，更是该制度能否有效运作的关键。

实施分级诊疗的初衷在于引导患者合理分流，首选基层医疗机构进行初步诊疗，这不仅可以降低医疗成本，减轻患者和医保的经济负担，更能让医疗资源得到更合理的配置。在全球范围内，这一做法已被多个国家证明是行之有效的。

在我国，分级诊疗的构想自 2003 年被提出，但真正的推广与实施则是在 2015 年《国务院办公厅关于推进分级诊疗制度建设的指导意见》（国办发〔2015〕70 号）发布之后。这一文件为分级诊疗的实施提供了明确的指导，但在实际操作中，我们仍然面临诸多挑战。

首先，公众对分级诊疗的认知度并不高。这需要我们通过多渠道、多形式的宣传教育活动，提高公众对分级诊疗的认识和接受度。宣传策略应充分考虑目标人群的特点，如年龄、教育水平等，选择最合适的传播渠道，如电视、报纸、新媒体等，确保信息能够准确、快速地传达给广大民众。

其次，首诊效果有待提高。当前，许多患者仍然对基层医疗服务的质量持有疑虑，导致他们更愿意选择大医院进行诊疗。为此，我们需要加强基层医疗机构的建设，提高基层医生的诊疗水平和服务质量，同时加大对基层医疗服务的宣传力度，提高患者的接受度和信任度。

再次，双向转诊流程存在障碍。转诊过程烦琐、缺乏有效的系统支持等问题，导致患者只能自行转诊，这不仅增加了患者的负担，还可能引发重复检查、成本增加和治疗延误等问题。同时，大医院的医疗水平较高，患者更倾向于选择高级别医院，导致向上转诊容易而向下转诊难。为此，我们需要优化转诊流程，建立有效的转诊系统支持，确保患者能够顺畅地在不同层级的医疗机构之间转诊。

最后，急慢分治的理念在实际操作中并未得到完全贯彻。理论上，慢性病患者应更多地由基层医疗机构负责治疗和管理，但在实际操作中，无论是急性还是慢性病患者，都更倾向于选择大医院进行诊疗。这需要我们进一步完善医疗体系，提高基层医疗机构的诊疗能力和服务质量，同时加强医保政策的引导作用，鼓励患者合理分流。

针对上述问题，我们可以考虑利用医疗保险制度来推动分级诊疗的进程。具体来说，可以通过建立一个合理的付费机制来引导居民合理就医。在分级转诊过程中，居民的医疗费用应视为单次治疗费用进行统一结算；同时，应调整不同层级医疗机构的报销比例，以激励患者优先选择基层医疗机构，当前，城镇职工基本医疗保险在各级医疗机构的报销比例差异不大，未能充分发挥促进患者向下转诊的激励作用；在不同医疗机构的医保政策存在差异时，可以根据诊疗时间和内容进行差异化报销，以更好地发挥医保政策的引导作用。这些措施的实施将有助于促进分级诊疗制度的深入发展，提高医疗服务效率和可及性。

二、引导灵活就业人员积极参保

城镇职工基本医疗保险与城乡居民基本医疗保险在覆盖人群、资金筹集方式和待遇标准等方面存在显著的差异。城职保主要面向有稳定工作单位的城镇职工，其资金筹集通常包括个人缴费和单位缴费两部分，待遇上往往较为优厚，包括更高的报销比例和更广泛的报销范围。同时，城职保实行强制参保制度，确保了参保人群的广泛性和稳定性。

相比之下，城居保则针对无固定工作单位的城乡居民，如学生、老人、自由职业者等。其资金筹集主要依赖个人缴费和政府补贴，待遇标准相对较低，但覆盖面广，为广大城乡居民提供了基本的医疗保障。城居保采取自愿参保的方式，居民可以根据自己的实际情况选择是否参保。

由于我国医疗保险制度已基本实现全面覆盖，因此在参保过程中，逆向选择问题并不是特别突出。然而，随着互联网经济的兴起，灵活就业人员数量迅速增加，他们的工作性质决定了他们可以自由选择是否参保，他们不仅可以自愿选择是否参保，还能在城职保和城居保之间作出选择，在这种情况下，逆向选择问题在灵活就业人员中就显得尤为突出。此外，由于参保条件限制、意识不足以及转移接续难题等因素，灵活就业人员的参保率仍然较低。即便参保，由于他们的工作不稳定、收入波动大，往往也更倾向于选择缴费较低、保障水平相对较低的城居保，或者选择不参保，从而给医疗保障体系带来一定的挑战。

为了应对灵活就业人员参保过程中的挑战，我们可以采取以下策略：

（1）加强医疗保险和健康政策的宣传教育工作。通过利用新媒体平台，如社交媒体、短视频等，结合参保受益者的真实案例，向灵活就业人员宣传医疗保险的重要性和好处，提高他们对医疗保险的认知度和参保意愿。

（2）明确基本医疗保险的参保界限。虽然政策上推荐灵活就业人员参加城职保，但在实际操作中，他们仍能在两种保险之间自由选择。为了解决险种选择的问题，可以明确规定灵活就业人员必须参加城职保，或者设定一定的条件，如收入、工作性质等，来引导他们选择适合自己的保险类型。

（3）建立以社区、劳务派遣公司和行业协会为基础的参保平台。这些平台可以为灵活就业人员提供集体参保的机会，通过内部的强制性参保措施，实际上形成对灵活就业人员的强制保险制度。这样不仅可以提高参保率，还可以减少逆向选择现象的发生。同时，这些平台还可以为灵活就业人员提供咨询、指导等服务，帮助他们更好地了解和使用医疗保险。

通过这些措施的实施，我们可以进一步提高灵活就业人员的参保率，确保他们在面临健康风险时能够得到必要的保障。同时，也有助于完善我国医疗保障体系，提高整体医疗保障水平。

三、合理确定缴费人群及水平，维持医保基金收支平衡

（一）合理确定缴费水平

在深入探讨合理的医疗保险缴费水平时，我们需进一步细化其与经济、社会、人口等多维度因素的相互作用关系。首先，政府财政收入作为社会保障体系的重要支撑，其稳定性与增长性直接影响到医疗保险的财政补贴能力及长期可持续性。因此，制定缴费政策时需紧密关注财政收支状况，确保在保障医保基金充足的同时，不给国家财政带来过重的负担。

企业经营状况则是决定其能否承担医疗保险缴费责任的关键因素。在全球经济环境复杂多变的背景下，不同行业、不同规模的企业面临着不同的经营挑战。过高的缴费率可能挤占企业用于技术研发、市场拓展等方面的资金，影响其竞争力，而2018年7月实施的《国税地税征管体制改革方案》规定由税务部门统一征收社会保险费。税务部门掌握企业的工资成本和税务数据[1]，有利于提高社会保险费的收缴效率[2]，还增强了征缴的公平性和透明度，有效遏制了部分企业逃避缴费、低报缴费基数等行为，为医保基金的稳定增长奠定了坚实基础。

对于个人而言，支付能力同样是设定缴费水平时必须考虑的重要因素。医疗保险作为社会保障体系的重要组成部分，旨在保障公民的基本医疗需求，减轻因病致贫、因病返贫的风险。因此，缴费水平应确保大多数人能够负担得起，避免因过高缴费而降低参保意愿，同时也要避免过低的缴费水平导致医保基金收入不足，影响保障水平。

在确定城镇职工医疗保险缴费水平时，费率和费基的设定尤为关键。费率作为缴费比例，其调整直接影响企业和个人的经济负担；费基则基于职工工资

---

① 郑秉文. 社会保险费"流失"估算与深层原因分析——从税务部门征费谈起 [J]. 国家行政学院学报，2018（6）：12-20，186.

② 汪德华. 税务部门统一征收社会保险费：改革必要性与推进建议 [J]. 学习与探索，2018（7）：103-110.

收入，其准确性和真实性直接关系到医保基金的筹集规模。在解决了企业逃避缴费、低报缴费基数等问题的情况下，如果继续维持原有的费率不变，可能会增加企业的负担。为了确保医保基金的收支平衡，同时减轻企业负担，适当降低费率、优化费基结构，采用更加科学合理的工资统计方法，减少人为干预和误差成为必要之举，这也是保障医保制度可持续发展的有效途径。

一些学者通过研究城职保的合理费率，指出当前的费率偏高，有下调的空间①。因此，本书建议在确定医疗保险缴费水平时，应综合考虑人口结构、疾病发生率、预期寿命、死亡率、经济发展水平以及企业和个人的承受能力等因素，同时借鉴"拉弗曲线"理论，即在一定范围内降低税率可能刺激经济增长，从而扩大税基，最终增加税收总收入，这一原理同样适用于医疗保险缴费政策的制定。通过合理协调费率、费基和保费收入之间的关系，在提高保费收缴率的基础上，适当降低缴费费率，可以在保障医保基金收支平衡的同时，激发企业活力，促进经济增长，形成良性循环。

综上所述，合理的医疗保险缴费水平应是一个动态调整的过程，需要政府、企业、个人三方共同努力，综合考虑多种因素，通过科学决策和精细管理，实现医疗保险制度的可持续发展，确保每一个公民都能享受到公平、高质量的医疗服务。

（二）退休职工适当缴费

在探讨退休人员医疗保险费用免除政策的可持续性时，我们不得不深入剖析其背后的社会经济变迁及其对医保体系的影响。随着全球及国内人口老龄化趋势的加速，退休人口占比逐年上升，这不仅意味着对医疗资源的需求激增，也直接挑战着现有的医疗保险融资模式。传统的公费医疗、劳保医疗及城镇职工基本医疗保险体系，在设计之初往往基于较为稳定的劳动年龄人口与退休人口比例，所以退休人员通常被免除缴纳医疗保险费用的义务，而当前这一比例已发生显著变化：缴费的在职职工数量相对减少，而享受医疗保险福利的退休人员数量相对增多②，导致在职职工的负担相对加重，给医疗保险基金带

① 曹一明．征管机构改革背景下社会保险缴费率下调空间测算——以城镇职工基本医疗保险为例［J］．西安建筑科技大学学报（社会科学版），2020，39（1）：55-63．何文炯，杨一心，刘晓婷，等．社会医疗保险纵向平衡费率及其计算方法［J］．中国人口科学，2010（3）：88-94，112．贾洪波．城镇职工医保适度缴费率确定的动态模型及"十三五"期间现有缴费率降低测算［J］．中国卫生经济，2018，37（1）：51-53．杨翠迎，鲁於，汪润泉．社会保险费率的适度性、降费空间及统征统管——基于待遇与基金平衡视角［J］．税务研究，2019（6）：16-23．
② 何文炯，徐林荣，傅可昂，等．基本医疗保险"系统老龄化"及其对策研究［J］．中国人口科学，2009（2）：74-83，112．

来越来越大的压力。一些地区已经出现了收支不平衡的状况，且这种缺口有进一步扩大的趋势，城镇职工医疗保险制度在未来可能面临不可持续的风险①，对医保基金的稳定性构成了严峻考验。

为解决这一困境，重新审视并调整退休人员医疗保险缴费政策显得尤为迫切。首先，探索建立退休职工适度缴费机制，成为平衡医保基金收支、减轻在职职工负担的重要策略。这一机制的设计应充分考虑退休人员的经济承受能力，采用阶梯式费率或根据退休前收入水平设定不同档次的缴费标准，确保既体现公平性又兼顾可行性。同时，为鼓励退休职工积极参与缴费，可配套实施连续缴费奖励、缴费年限与待遇挂钩等激励机制。

针对经济条件困难、难以承担缴费义务的退休职工群体，国家应加大政策扶持力度，通过精准识别与分类施策，提供费用减免、财政补贴或医疗救助等多种形式的支持②。这包括但不限于设立专项基金，为低收入退休职工提供医疗保险费用补贴；优化社会保障体系，确保其基本生活不受影响的同时，也能享有必要的医疗保障；以及加强社会救助体系与医疗保险制度的衔接，形成对困难群体的全方位保护网。

此外，推动医疗保险制度改革还需加强信息化建设，提高医保基金的管理效率和透明度。通过构建统一的医疗信息平台，实现跨地区、跨机构的数据共享与互联互通，有助于精准掌握医保基金的运行情况，及时发现并解决潜在风险。同时，加强对医疗服务的监管，打击骗保、过度医疗等行为，确保医保资金的有效利用，减轻基金负担。

综上所述，面对人口老龄化的挑战，调整退休人员医疗保险缴费政策、加强政策扶持与差异化处理、推动信息化建设与监管升级，是保障医疗保险制度可持续发展的重要路径。通过这些措施的实施，不仅能够缓解医保基金的压力，还能更好地满足广大退休职工的医疗需求，促进社会的和谐稳定与长期发展。

四、充分发挥企业补充医疗保险和商业医疗保险的补充作用

城镇职工医疗保险的主要目的是满足参保者的基本医疗需求，重点在于应对大病（或高额医疗费用）的风险。然而，其保障内容和保险额度相对有限，特别是受到"三大目录"的限制，许多医疗服务和药品并未纳入报销范

① 胡鹏．基本医疗保险运行及可持续发展的精算模型分析 [D]．大连：东北财经大学，2015.
② 翟方明．我国退休职工医保缴费政策及其理论争议的再反思 [J]．中国卫生政策研究，2018，11 (1)：6-12.

围，在应对特殊疾病、先进疗法及非医保目录内的高值药品费用时显得力不从心，这导致城镇职工医疗保险无法全面满足参保者的医疗保障需求。为了弥补这一不足，充分发挥企业补充医疗保险和商业医疗保险的补充作用，便成为多层次医疗保障体系中不可或缺的一环，具体措施包括以下几个方面。

1. 倡导用人单位购买企业补充医疗保险

首先，政府应出台相关政策，积极倡导并鼓励用人单位为其职工购买企业补充医疗保险，使之成为员工福利的重要组成部分。通过立法或税收优惠政策等手段，激励企业主动承担这一社会责任，确保所有职工都能享受到这一额外保障。企业补充医疗保险的设计应充分考虑职工的实际需求，灵活调整保障范围与赔付比例，特别是针对城镇职工医疗保险未覆盖的自费项目，如高端诊疗技术、进口药品及康复服务等，提供有效补充，切实减轻职工及其家庭的经济负担。

同时，建立企业补充医疗保险的监管与评估机制，确保资金运作透明、赔付流程高效，防止逆向选择和道德风险，保障职工的合法权益。此外，加强宣传教育，提高职工对企业补充医疗保险的认识与参与度，形成企业与职工共担风险、共享利益的良好氛围。

2. 鼓励参保者个人补充购买商业医疗保险

在个人层面，政府应加大对商业医疗保险的宣传力度，鼓励有条件的参保者根据个人及家庭的实际需求，选择购买适合的商业医疗保险产品。商业医疗保险以其灵活多样的产品设计、广泛的保障范围和高额度的赔付能力，成为补充城镇职工医疗保险的重要力量。通过提供包括高端医疗、海外就医、健康管理在内的多元化服务，商业医疗保险能够满足不同人群的差异化需求，为参保者构建更加全面的健康保障网。

另外，为促进商业医疗保险市场的健康发展，监管部门应加强对保险公司的监管，确保其产品设计合理、费率公平、赔付及时，同时推动保险公司创新服务模式，提升服务质量，增强消费者信心。此外，鼓励保险公司与医疗机构、健康管理公司等合作，构建"医+保+健康管理"的服务闭环，为参保者提供更加便捷、高效的医疗与健康管理服务。

因此，通过充分发挥企业补充医疗保险和商业医疗保险的补充作用，不仅能够更好地满足人民群众日益增长的医疗保障需求，更全面地保障参保者的健康和经济安全，还能有效减轻个人及家庭的经济负担，促进社会和谐稳定与可持续发展。

第三节 展望未来

本书旨在构建一个综合的医疗保险效应评价体系，以评估城镇职工医疗保险的实施效果。本书采用了信息不对称理论来探讨参保者购买医疗保险的动机，并结合行为经济学、卫生经济学的相关指标，建立了一个涵盖健康行为、健康产出和医疗服务利用的医疗保险效应评价体系，确保了研究的理论深度和视角的广阔性。

在研究内容上，本书进一步细化了医疗保险效应评价体系，将其划分为健康效应和经济效应两个维度，涵盖健康行为、健康产出、医疗服务利用、医疗支出和大病医疗支出五项具体内容。在研究方法上，本书区分了医疗保险效应的两种实现路径——正常医疗需求的释放和道德风险的影响，并在控制信息不对称的条件下，科学地评估了医疗保险的效应。此外，通过收入分类来确定正常医疗需求释放效应和道德风险效应，这种方法不仅能够验证道德风险的存在，还能定量衡量其影响程度。

然而，在本书的撰写过程中，由于笔者能力所限，存在以下不足之处，希望未来的研究能够予以补充和完善。

（1）在实证研究中，受限于数据获取的局限性，最新的中国家庭追踪调查（CFPS）数据仅更新至2020年，这导致实证分析的时效性不足，无法准确反映城镇职工医疗保险的最新实施效果。

（2）在实证方法的选择上，本书采用倾向得分匹配—双重差分（PSM-DID）模型评估医疗保险的健康效应，以及Heckman样本选择模型和Probit模型评估经济效应。这些模型选择的合理性可能会受到一定的质疑。

（3）在分析医疗保险对医疗服务利用的影响时，本书仅考虑了门诊情况，未涉及住院情况。这是因为在处理后的样本数据中，住院样本数量较少，无法满足PSM-DID模型的分析需求。同时，医疗保险重在保障大病风险，对门诊费用的保障相对较低，因此医疗保险对门诊服务的影响可能较小，这可能导致相关实证结论的准确性有所不足。

（4）在分析医疗保险效应的实现路径时，本书假设低收入家庭的医疗费用增长原因是正常医疗需求的释放，而中等收入家庭的医疗费用增长则主要受道德风险的影响。通过分收入层次的回归分析，分离出正常医疗需求释放效应和道德风险效应，这种分析思路的合理性可能会受到质疑，需要未来的研究进一步探讨和验证。

　　本书的不足之处，为未来医疗保险效应评价体系的完善和实证研究的深入提供了宝贵的参考和启示。希望通过不断的探索和改进，能够为医疗保险制度的优化和完善提供更加科学、全面的支持。

参考文献

［1］白雪．老龄化背景下城镇职工基本医疗保险基金风险与退休人员筹资模型研究［D］．武汉：华中科技大学，2017.

［2］白重恩，李宏彬，吴斌珍．医疗保险与消费：来自新型农村合作医疗的证据［J］．经济研究，2012，47（2）：41-53.

［3］曹一明．征管机构改革背景下社会保险缴费率下调空间测算——以城镇职工基本医疗保险为例［J］．西安建筑科技大学学报（社会科学版），2020，39（1）：55-63.

［4］巢健茜，蔡瑞雪．健康中国背景下健康管理在社会医疗保险中的应用［J］．山东大学学报（医学版），2019，57（8）：53-60.

［5］陈华，邓佩云．城镇职工基本医疗保险的健康绩效研究——基于chns数据［J］．社会保障研究，2016（4）：44-52.

［6］陈强．高级计量经济学及Stata应用（第二版）［M］．北京：高等教育出版社，2014.

［7］陈仰东．报销比例应该适当［J］．中国医疗保险，2017（6）：22-23.

［8］程令国，张晔．"新农合"：经济绩效还是健康绩效？［J］．经济研究，2012，47（1）：120-133.

［9］段婷，高广颖，马骋宇，等．北京市新农合大病保险实施效果分析与评价［J］．中国卫生政策研究，2015，8（11）：41-46.

［10］范红丽，刘素春，陈璐．商业健康保险是否促进了居民健康——基于微观数据的实证研究［J］．保险研究，2019（3）：116-127.

［11］方鹏骞．中国医疗卫生事业发展报告——中国医疗保险制度改革与发展专题2016［M］．北京：人民出版社，2017.

［12］封进，刘芳，陈沁．新型农村合作医疗对县村两级医疗价格的影响［J］．经济研究，2010，45（11）：127-140.

［13］封进，王贞，宋弘．中国医疗保险体系中的自选择与医疗费用——基于灵活就业人员参保行为的研究［J］．金融研究，2018（8）：85-101.

［14］封进，余央央，楼平易．医疗需求与中国医疗费用增长——基于城

乡老年医疗支出差异的视角 [J]. 中国社会科学, 2015 (3): 85-103, 207.

[15] 傅虹桥, 袁东, 雷晓燕. 健康水平、医疗保险与事前道德风险——来自新农合的经验证据 [J]. 经济学 (季刊), 2017 (2): 599-620.

[16] 甘晓成, 姚娇, 蔡瑶瑶. 城乡居民基本医疗保险省级统筹对我国居民医疗费用支出和健康状况的影响 [J]. 医学与社会, 2024, 37 (4): 90-96.

[17] 高广颖, 马骋宇, 胡星宇, 等. 新农合大病保险制度对缓解灾难性卫生支出的效果评价 [J]. 社会保障研究, 2017 (2): 69-76.

[18] 高娜娜, 胡宏兵, 刘奥龙. 医疗保险异地就医直接结算对居民健康的影响研究 [J]. 财经研究, 2023, 49 (6): 94-108.

[19] 高月霞. 社会医疗保险政策对医疗服务影响的效果评价 [D]. 成都: 西南财经大学, 2014.

[20] 弓宪文, 王勇, 李廷玉. 信息不对称下医患关系博弈分析 [J]. 重庆大学学报 (自然科学版), 2004 (4): 126-129.

[21] 顾海, 朱晓文, 钱瑛琦. 大病保险政策评价指标体系构建与效果评价——以江苏省为例 [J]. 中国卫生管理研究, 2016, 1 (00): 63-83, 198.

[22] 郭永松, 马伟宁. 论医疗保险中的道德风险及对策 [J]. 中国医学伦理学, 2004 (2): 40-41.

[23] 国家统计局. 国民经济与社会发展统计公报 [R]. 1987—2019.

[24] 国家统计局. 关于工资总额组成的规定 (国家统计局令第 1 号) [Z]. 1990-01-01.

[25] 国务院. 关于建立城镇职工基本医疗保险制度的决定 (国发 〔1998〕44 号) [Z]. 1998-12-14.

[26] 国务院. 关于整合城乡居民基本医疗保险制度的意见 (国发 〔2016〕3 号) [Z]. 2016-01-12.

[27] 国务院办公厅. 国务院办公厅关于进一步深化基本医疗保险支付方式改革的指导意见 (国办发 〔2017〕55 号).

[28] 韩文, 杨雯婷, 雷震, 等. 广西城镇居民大病保险实施效果评价: 基于第一批试点地区的分析 [J]. 中国卫生经济, 2016, 35 (4): 27-30.

[29] 何文炯, 徐林荣, 傅可昂, 等. 基本医疗保险 "系统老龄化" 及其对策研究 [J]. 中国人口科学, 2009 (2): 74-83, 112.

[30] 何文炯, 杨一心, 刘晓婷, 等. 社会医疗保险纵向平衡费率及其计算方法 [J]. 中国人口科学, 2010 (3): 88-94, 112.

[31] 胡宏伟, 刘国恩. 城镇居民医疗保险对国民健康的影响效应与机制

[J]．南方经济，2012（10）：186-199.

[32] 胡宏伟，栾文敬，李佳怿．医疗保险、卫生服务利用与过度医疗需求——医疗保险对老年人卫生服务利用的影响 [J]．山西财经大学学报，2015，37（5）：14-24.

[33] 胡宏伟，曲艳华，高敏．医疗保险对家庭医疗消费水平影响的效应分析——兼论医疗保险与贫困的联合影响 [J]．西北大学学报（哲学社会科学版），2013，43（4）：20-27.

[34] 胡宏伟，张小燕，赵英丽．社会医疗保险对老年人卫生服务利用的影响——基于倾向得分匹配的反事实估计 [J]．中国人口科学，2012（2）：57-66，111-112.

[35] 胡鹏．基本医疗保险运行及可持续发展的精算模型分析 [D]．大连：东北财经大学，2015.

[36] 胡思洋．大病医疗保险中医保机构的道德风险问题研究 [J]．西安财经学院学报，2017（1）：91-96.

[37] 胡苏云．医疗保险中的道德风险分析 [J]．中国卫生资源，2000（3）：128-129.

[38] 胡晓义．走向和谐：中国社会保障发展60年 [M]．北京：中国劳动社会保障出版社，2009.

[39] 胡晓义．医疗保险和生育保险 [M]．北京：中国劳动社会保障出版社，2011.

[40] 黄枫，甘犁．过度需求还是有效需求？——城镇老人健康与医疗保险的实证分析 [J]．经济研究，2010，45（6）：105-119.

[41] 黄枫，甘犁．医疗保险中的道德风险研究——基于微观数据的分析 [J]．金融研究，2012（5）：193-206.

[42] 黄枫，吴纯杰．中国医疗保险对城镇老年人死亡率的影响 [J]．南开经济研究，2009（6）：126-137.

[43] 贾洪波．城镇职工医保适度缴费率确定的动态模型及"十三五"期间现有缴费率降低测算 [J]．中国卫生经济，2018，37（1）：51-53.

[44] 江莉莉，巢健茜，刘恒．健康保险公司与社区卫生服务机构共建的健康管理模式的建立与探讨 [J]．中国全科医学，2010，13（1）：78-80.

[45] 解垩．与收入相关的健康及医疗服务利用不平等研究 [J]．经济研究，2009，44（2）：92-105.

[46] 解祥优，李婧．商业医疗保险市场中道德风险的产生机理——基于一

个理论模型的探讨 [J]. 上海金融, 2016 (4)：40-46.

[47] 金维刚. 医保待遇及其调整应与筹资水平相适应 [J]. 中国医疗保险, 2017 (6)：21-22.

[48] 李玲, 李影, 袁嘉. 我国医疗卫生改革中道德风险的探究及其影响 [J]. 中国卫生经济, 2014 (1)：5-10.

[49] 李湘杉. 中国特色社会保障制度研究 [D]. 北京：中共中央党校, 2019.

[50] 刘国恩, 蔡春光, 李林. 中国老人医疗保障与医疗服务需求的实证分析 [J]. 经济研究, 2011, 46 (3)：95-107, 118.

[51] 刘洪清, 侯俏俏. 走过"两江"试点 [J]. 中国社会保障, 2009 (10)：54-57.

[52] 刘俊霞, 帅起先, 吕国营. 灵活就业人员纳入基本医疗保险的逆向选择——基于逆向选择的分析 [J]. 经济问题, 2016 (1)：66-70.

[53] 刘明霞, 仇春涓. 医疗保险对老年人群住院行为及负担的绩效评价——基于中国健康与养老追踪调查的实证 [J]. 保险研究, 2014 (9)：58-70.

[54] 刘彤彤, 周绿林, 詹长春, 等. 大病保险实施效果评价指标体系构建及应用 [J]. 中国卫生经济, 2018, 37 (9)：27-29.

[55] 刘玮, 孟昭群, 韩笑. 医疗保险对儿童健康的影响 [J]. 保险研究, 2016 (4)：77-87.

[56] 刘晓梅, 邵文娟. 社会保障学 [M]. 北京：清华大学出版社, 2014.

[57] 罗楚亮. 城镇居民健康差异与医疗支出行为 [J]. 财经研究, 2008 (10)：63-75.

[58] 马双, 张劼. 新型农村合作医疗保险与居民营养结构的改善 [J]. 经济研究, 2011, 46 (5)：126-137, 153.

[59] 马小利, 李阳. 经济增长、卫生投入与健康投资效益：基于 Favar 模型的实证研究 [J]. 中国卫生经济, 2017, 36 (6)：79-81.

[60] 母玉清. 我国医疗保险制度发展的历程、现状及趋势 [J]. 中国初级卫生保健, 2016, 30 (2)：16-17.

[61] 潘杰, 雷晓燕, 刘国恩. 医疗保险促进健康吗？——基于中国城镇居民基本医疗保险的实证分析 [J]. 经济研究, 2013, 48 (4)：130-142, 156.

[62] 潘琳, 杨世雅, 齐新叶, 等. 城镇职工医疗保险制度运行效果评价 [J]. 中国公共卫生, 2021 (2).

［63］彭晓博，秦雪征．医疗保险会引发事前道德风险吗？理论分析与经验证据［J］．经济学（季刊），2015（1）：159-184.

［64］乔丽丽．医疗保险差异对健康绩效的影响效应研究［J］．保险职业学院学报，2019，33（3）：36-43.

［65］任燕燕，阚兴旺，宋丹丹．逆向选择和道德风险：基于老年基本医疗保险市场的考察［J］．上海财经大学学报，2014（4）：54-63.

［66］申曙光．新时期我国社会医疗保险体系的改革与发展［J］．社会保障评论，2017，1（2）：40-53.

［67］申宇鹏．医保统筹层次、医疗服务利用与健康福利——兼论省级统筹下医疗费用上涨的中介机制［J］．社会保障评论，2022，6（4）：83-101.

［68］史文璧，黄丞．道德风险与医疗保险风险控制［J］．经济问题探索，2005（2）：60-63.

［69］苏春红，李齐云，王大海．基本医疗保险对医疗消费的影响——基于chns微观调查数据［J］．经济与管理研究，2013（10）：23-30.

［70］唐迪，高向东，方中书．我国医疗保险制度对新生儿健康的影响［J］．保险研究，2019（5）：97-106.

［71］汪德华．税务部门统一征收社会保险费：改革必要性与推进建议［J］．学习与探索，2018（7）：103-110.

［72］王超群．城镇职工基本医疗保险个人账户制度的起源、效能与变迁［J］．中州学刊，2013（8）：80-86.

［73］王翠琴，李林，薛惠元．改革开放40年中国医疗保障制度改革回顾、评估与展望［J］．经济体制改革，2019（1）：25-31.

［74］王东进．回顾与前瞻：中国医疗保险体制改革［M］．北京：中国社会科学出版社，2008.

［75］王东进．坚持基本方针不动摇［J］．中国医疗保险，2011（2）：6-9.

［76］王东进．把握客观规律　坚持基本方针　确保医疗保险制度可持续发展［J］．中国医疗保险，2012（1）：9-12.

［77］王东进．守住底线　保好基本［J］．中国医疗保险，2014（1）：5-8.

［78］王东进．切实加强政府医保职能的重大举措　更好保障人民健康福祉的时代变革——对组建国家医疗保障局的认知所及［J］．中国医疗保险，2018（4）：1-4.

［79］王冬妮．不对称信息下的健康保险效应研究［D］．北京：对外经济贸

易大学，2017.

[80] 王珺，高峰，冷慧卿．健康险市场道德风险的检验 [J]．管理世界，2010 (6)：50-55.

[81] 王凌峰，李兆友．我国城镇医疗保障制度的发展历程 [J]．中国医疗前沿，2012，7 (3)：80-81，88.

[82] 王文杰，罗密，彭宏宇，等．我国中部地区新型农村合作医疗保险运行效果评价 [J]．中国公共卫生，2019，35 (2)：157-161.

[83] 王翌秋，雷晓燕．中国农村老年人的医疗消费与健康状况：新农合带来的变化 [J]．南京农业大学学报（社会科学版），2011，11 (2)：33-40.

[84] 温兴生．中国医疗保险学 [M]．北京：经济科学出版社，2019.

[85] 吴联灿，申曙光．新型农村合作医疗制度对农民健康影响的实证研究 [J]．保险研究，2010 (6)：60-68.

[86] 谢明明，王美娇，熊先军．道德风险还是医疗需求释放？——医疗保险与医疗费用增长 [J]．保险研究，2016 (1)：102-112.

[87] 谢明明，朱铭来．医疗保险对医疗费用影响的门槛效应研究 [J]．江西财经大学学报，2016 (4)：57-65.

[88] 辛琳．信息不对称理论研究 [J]．嘉兴学院学报，2001 (3)：38-42.

[89] 徐伟，杜珍珍．大病保险实施效果评价——以江苏省 a 市为例 [J]．卫生经济研究，2016 (9)：54-57.

[90] 许建强，郑娟，井淇，等．山东省某市新农合大病保险补偿 20 类大病费用分布情况及效果评价 [J]．中国卫生统计，2016，33 (1)：81-84，87.

[91] 阳义南，肖建华．"以医促养" 还是 "以养促养"：医疗保险与养老金的健康绩效比较 [J]．保险研究，2019 (6)：81-95.

[92] 杨翠迎，鲁於，汪润泉．社会保险费率的适度性、降费空间及统征统管——基于待遇与基金平衡视角 [J]．税务研究，2019 (6)：16-23.

[93] 姚瑶，刘斌，刘国恩，等．医疗保险、户籍制度与医疗服务利用——基于 charls 数据的实证分析 [J]．保险研究，2014 (6)：105-116.

[94] 于大川，吴玉锋，赵小仕．社会医疗保险对老年人医疗消费与健康的影响——制度效应评估与作用机制分析 [J]．金融经济学研究，2019，34 (1)：149-160.

[95] 袁正，孙月梅，陈禛．我国商业医疗保险中的道德风险 [J]．保险研究，2014 (6)：53-62.

[96] 臧文斌，刘国恩，徐菲，等. 中国城镇居民基本医疗保险对家庭消费的影响 [J]. 经济研究，2012，47（7）：75-85.

[97] 翟方明. 我国退休职工医保缴费政策及其理论争议的再反思 [J]. 中国卫生政策研究，2018，11（1）：6-12.

[98] 张春霖. 存在道德风险的委托代理关系：理论分析及其应用中的问题 [J]. 经济研究，1995（8）：3-8.

[99] 张梦遥. 城镇职工基本医疗保险基金收支失衡与应对策略研究 [D]. 沈阳：辽宁大学，2018.

[100] 张莹. 我国社会医疗保险中的道德风险表现及治理 [D]. 济南：山东大学，2011.

[101] 赵斌，尹纪成，刘璐. 我国基本医疗保险制度发展历程 [J]. 中国人力资源社会保障，2018（1）：22-25.

[102] 赵桂芹，吴洪. 保险市场道德风险实证研究评述 [J]. 保险研究，2011（4）：116-123.

[103] 赵曼. 社会医疗保险费用约束机制与道德风险规避 [J]. 财贸经济，2003（2）：54-57.

[104] 赵曼，潘常刚. 医疗保障制度改革30年的评估与展望 [J]. 财政研究，2009（2）：20-23.

[105] 赵绍阳，臧文斌，傅十和，等. 强制医保制度下无保险人群的健康状况研究 [J]. 经济研究，2013，48（7）：118-131.

[106] 赵绍阳，臧文斌，尹庆双. 医疗保障水平的福利效果 [J]. 经济研究，2015，50（8）：130-145.

[107] 赵为民. 新农合大病保险改善了农村居民的健康吗？[J]. 财经研究，2020，46（1）：141-154.

[108] 赵忠，侯振刚. 我国城镇居民的健康需求与 Grossman 模型——来自截面数据的证据 [J]. 经济研究，2005（10）：79-90.

[109] 郑秉文. 信息不对称与医疗保险 [J]. 经济社会体制比较，2002（6）：8-15.

[110] 郑秉文. 社会保险费"流失"估算与深层原因分析——从税务部门征费谈起 [J]. 国家行政学院学报，2018（6）：12-20，186.

[111] 中华医学会健康管理学分会，中华健康管理学杂志编委会. 健康管理概念与学科体系的中国专家初步共识 [J]. 中华健康管理学杂志，2009（3）：141-147.

［112］周钦，刘国恩．健康冲击：现行医疗保险制度究竟发挥了什么作用？［J］．经济评论，2014（6）：78-90．

［113］周小菲，薛建礼，陈滔．经济增长、社会医疗保险和国民健康的相互影响——基于 Favar 模型的实证研究［J］．保险研究，2019（2）：88-100．

［114］Arrow K J. Uncertainty and The Welfare Economics of Medical Care ［J］. American Economic Review, 1963, 53（5）：941-973.

［115］Ayanian J Z, Kohler B A, Abe T, et al. The Relation Between Health Insurance Coverage and Clinical Outcomes Among Women with Breast Cancer ［J］. The New England Journal of Medicine, 1993, 329（5）：326-331.

［116］Ayanian J Z, Weissman J S, Schneider E C, et al. Unmet Health Needs of Uninsured Adults in the United States ［J］. Journal of American Medical Associate, 2000, 284（16）：2061-2069.

［117］Baker D W, Sudand J J, Albert J M, et al. Lack of Health Insurance and Decline in Overall Health in Late Middle Age ［J］. The New England Journal of Medicine, 2001, 345（15）：1106-1112.

［118］Card D, Dobkin C, Maestas N. The Impact of Nearly Universal Insurance Coverage on Health Care Utilization and Health：Evidence from Medicare ［J］. The American Economic Review, 2008, 98（5）：2242-2258.

［119］Cardon J H, Hendel I. Asymmetric Information in Health Insurance：Evidence from the National Medical Expenditure Survey ［J］. The Rand Journal of Economics, 2001, 32（3）：408-427.

［120］Chen Y, Jin GZ. Does Health Insurance Coverage Iead to Better Health and Educational Outcomes？Evidence from Rural China ［J］. Journal of Health Economics, 2012, 31（1）：1-14.

［121］Cheng L, Liu H, Zhang Y, et al. The Impact of Health Insurance on Health Outcomes and Spending of the Elderly：Evidence from China's New Cooperative Medical Scheme ［J］. Health Economics, 2015, 24（6）：672-691.

［122］Chiappori P, Durand F, Geoffard P. Moral Hazard and the Demand for Physician Services：First Lessons from A French Natural Experiment ［J］. European Economic Review, 1998, 42：499-511.

［123］Courbagn C, De Coulon. Prevention and Private Health Insurance in the Uk ［J］. The Geneva Papers on Risk and Insurance-Issues and Practice, 2004, 29（4）：719-727.

［124］Currie J, Gruber J. Health Insurance Eligibility, Utilization of Medical Care, and Child Health ［J］. Quarterly Journal of Economics, 1996, 111 (2): 431-466.

［125］Currie J, Gruber J. Saving Babies: The Efficacy and Cost of Recent Changes in the Medicaid Eligibility of Pregnant Women ［J］. Journal of Political Economy, 1996, 104 (6): 1263-1296.

［126］Ehrlich I, Becker GS. Market Insurance, Self-insurance, and Self-Protection ［J］. Journal of Political Economy, 1972, 80 (4): 164 - 189, 623-648.

［127］Finkelstein A, Mcknight R. What did Medicare Do? The Initial Impact of Medicare on Mortality and Out of Pocket Medical Spending ［J］. Journal of Public Economics, 2008, 92 (7): 1644-1668.

［128］Franks P, Clancy C M, Gold MR. Health Insurance and Mortality. Evidence from A National Cohort ［J］. Journal of American Medical Associate, 1993, 270 (6): 737-741.

［129］Hafnereaton C. Physician Utilization Disparities Between the Uninsured and Insured. Comparisons of the Chronically Ill, Acutely Ill, and Well Nonelderly Populations ［J］. Journal of American Medical Associate, 1993, 269 (6): 787-792.

［130］Hanratty M J. Canadian National Health Insurance and Infant Health ［J］. The American Economic Review, 1996, 86 (1): 276-284.

［131］Hou Z, Van De Poel E, Van Doorslaer E, et al. Effects of Ncms on Access to Care and Financial Protection in China ［J］. Health Economics, 2014, 23 (8): 917-934.

［132］Klick J, Stratmann T. Diabetes Treatments and Moral Hazard ［J］. The Journal of Law and Economics, 2007, 50 (3): 519-538.

［133］Lei X, Lin W. The New Cooperative Medical Scheme in Rural China: Does More Coverage Mean More Service and Better Health? ［M］. 2009.

［134］Liu D, Tsegai D. The New Cooperative Medical Scheme (Ncms) and Its Implications for Access to Health Care and Medical Expenditure: Evidence from Rural China ［J/OL］. 2011.

［135］Manning WG. Health Iinsurance and the Demand for Medical Care: Evidence from A Randomized Experiment ［J］. The American Economic Review,

1987, 77 (3): 251-277.

[136] Rosenbaum P R, Rubin D B. The Central Role of the Propensity Score in Observational Studies for Causal Effects [J]. Biometrika, 1983, 70 (1): 41-55.

[137] Shi W, Chongsuvivatwong V, Geater A, et al. The Influence of the Rural Health Security Schemes on Health Utilization and Household Impoverishment in Rural China: Data from A Household Survey of Western and Central China [J]. International Journal for Equity in Health, 2010, 9 (1): 7.

[138] Son N, Nicholas G. Selection Bias and Moral Hazard in the Australian Private Health Insurance Market: Evidence from the Queensland Skin Cancer Database [J]. Economic Analysis and Policy, 2019, 64: 259-265.

[139] Wagstaff A, Lindelow M, Jun G, et al. Extending Health Insurance to the Rural Population: An Impact Evaluation of China's New Cooperative Medical Scheme [J]. Journal of Health Economics, 2009, 28 (1): 1-19.

[140] Wilper A P, Woolhandler S, Lasser K E, et al. Health Insurance and Mortality in Us Adults [J]. American Journal of Public Health, 2009, 99 (12): 2289-2295.

[141] Yilma Z, Van Kempen L, De Hoop T. A Perverse Net Effect? Health Insurance and Ex - ante Moral Hazard in Ghana [J]. Social Science & Medicine, 2012, 75 (1): 138-147.

[142] Zhou Z, Gao J, Xue Q, et al. Effects of Rural Mutual Health Care on Outpatient Service Utilization in Chinese Village Medical Institutions: Evidence from Panel Data [J]. Health Economics, 2009, 18: 129-136.